人際關係與溝通技巧

【精華版】

Interpersonal Relationships and Communication Skills

鄭佩芬、王淑俐◎編著

曾華源◎校閱

校閱序

人際關係是生活中影響我們社會適應的重要關鍵。許多人都會發現，專業知識不必然是成功的唯一標準。許多事情是需要人際之間的協調與配合。因此，溝通技巧就成爲重要的生活技能。在溝通上詞不達意可能影響不大，但是如果表達錯誤或使人會錯意，恐怕有可能帶來大的衝突。此外，人際關係能提供個人多方面心理需求的滿足；例如，被接納、自尊和安全感等等。而要能受他人接納與歡迎，就必須要能適當的和他人互動。因此，溝通是現代人需要學習的課題。

許多人都認爲溝通的能力是天生，不需要學習或認識。雖然我們從小就在講話或與他人溝通，不過，我們是否能每次和他人溝通都成功？其實溝通不僅是一門學問，而且溝通是需要學習與實踐的。有時候我們的成長環境並不一定能提供良好的學習環境。例如，環境中重要他人講話的用詞、姿態、表情、語調等等，會影響我們日後的人際溝通行爲，就是最好的例證。既然溝通行爲是學習來的，當然我們可以藉由認識、瞭解與練習的過程，增進溝通行爲，使人際關係內涵更具多功能性。

過去的溝通與人際關係之課題，常常著重在溝通技巧之介紹與演練。其實溝通是一種藝術，不僅要能夠瞭解溝通之知識，更需要實際去操作。因此，學習溝通要注意幾件事情。首先，溝通行爲並非純然只是生物性反應，其意義是具有社會文化性質的。也就是溝通行爲必須因地制宜，要看時間、地點和對象。有時，不說話還比講錯話的結果好。因此，愛講話或是話多，不見的就是溝通高手。認識溝通過程，是如何做適當反應的基礎。其次，溝通之重點在於

使雙方能相互瞭解，達成共識才算溝通完成。難以溝通的人，應該是指無法理解他人意思，或是無法把話講得讓人聽得懂。難以溝通的人，絕對不是指對方不接受你意見的人。第三，溝通的藝術在於先能準確把意思傳達清楚，讓人覺得你是誠懇的和可信的。至於幽默或技巧性轉移話題等等層次，則是需要更多經驗和機會才能學習更好。第四，溝通行爲之意義是具有社會文化性質。換言之，溝通行爲會因爲處於不同文化，需要有不同的表現，也需要以當時的社會脈絡來解釋，否則常會造成誤解。例如泰國社會不允許摸小孩子的頭，因爲會把人的福氣帶走，而中國社會摸孩子的頭代表憐愛和關心。第五，溝通行爲之意義具主觀性，所以溝通者不能強調「我的意思是　」，而必須重視接收訊息者認爲是什麼意義，才能做好溝通。另外，兩性在表達與意義上是有差異的，因此溝通時必須多加注意，否則常會造成誤解。

長榮管理學院社會工作系鄭佩芬老師學有專精，授課精彩，很高興她願意針對此一主題，花許多時間彙整資料出書。書中內容不僅針對溝通過程與影響因素深入分析，而且強調不是溝通技巧好就能建立人際關係。因此，鄭老師還整理人際關係相關理論，以說明人際吸引力的來源，和建構親密人際關係之基礎。尤其難能可貴的是該書還囊括我國文化內容輔佐說明，也特別包括不同情境中，人際溝通與技巧運用之說明。其內容相當紮實，故本人很高興她願意在揚智文化事業出版公司的邀約下出版本書，相信對於有志於增進人際關係和溝通能力的人，定有具體的幫助。故樂意爲文推薦。

東海大學社會工作系
曾華源
大度山麓

目　錄

第1章 人際溝通緒論

人際溝通的重要
人際溝通的意義
人際溝通的歷程
人際溝通的特質
摘要

有人可以在大眾面前侃侃而談，就算時間到了還結束不了，滔滔不絕，讓身邊的人總插不上話。有人說起話來尖酸刻薄，言語之間讓人難以下台，好像他的口才很好似的。但是，愛講話的人，就等於溝通能力很好嗎？口才便給的人，真懂得怎麼講話嗎？其實真正會講話的人，是該講的時候講，而且要把話講對，使人感覺舒服，願意跟你在一起。否則，言詞犀利或咄咄逼人，恐怕只會弄巧成拙，使人感到厭惡。

日常生活也是如此，我們總把「溝通」兩字放在嘴邊，卻缺乏真正的溝通。讓美意成了惡意，彼此產生誤解，甚至惡言相向、反目成仇。所以說，溝通的良窳，會使人產生截然不同的感受，進而影響彼此的關係。

常聽人說，只要「多溝通」，就可以化解許多人際阻礙。「溝通」這兩個字，在現代社會幾乎成了流行語，每個人可以說上一大串溝通的道理，也成為媒體廣告常見的訴求。但是，「溝通」究竟是什麼？「溝通」的英文是communication，字源為拉丁文的communis，原意為「彼此分享」、「建立共同的看法」。所以，溝通是指：互動的雙方，彼此瞭解、相互回應；經由溝通的行為與歷程，建立接納關係及形成共識。

溝通的範圍廣泛，包含的層次概分為三種：

1.**自我溝通**：個人內心進行的自我對話（inner talk）或獨白（monologue）。例如，曾參的「吾日三省吾身」，每天自問：哪些地方做得不夠好？哪些地方需要改進？藉此增進個人的品德修養，就是一種自我溝通。
2.**人際溝通**：與其他人的訊息交換，可能發生在「一對一」、「一對多」或「多對一」。經由不同的訊息管道，如：說話、書信，或是臉部表情、手勢等肢體語言，來交換訊息。

3.大眾溝通：經由傳播媒體的協助，以「多對多」的方式進行；或是不同文化之間的溝通，都稱爲大衆溝通。

本書探討以人際溝通（interpersonal communication）爲主，其內涵及原則，也能運用在自我溝通及大衆溝通之中。

一、人際溝通的重要

人是社會的動物，自出生以來，無時無刻不在與人溝通，藉由溝通滿足各種需求。馬斯洛（Maslow）的「需要階層論」指出，人類的需求由下而上分別是：生理、安全感、愛與歸屬、尊重、自我實現。在現今社會高度依存的情況下，這些需求，幾乎都要仰賴人際互動，才能得到滿足。比方說，嬰兒不會講話，饑餓時就以啼哭進行溝通，讓媽媽前來察看並餵食。而愛與歸屬的需求，更須經由與人互動，才能得到滿足。在團體中，因爲感覺到被愛、被接納，我們才願意成爲團體的一分子，對團體效忠。社會心理學家佛洛姆（Fromm）指出，人類與生俱來就有「關係需求」（need of relatedness），每個人都期待跟他人產生情感上的連結，藉此確定自己的角色、地位與存在的價值。

在人際關係中，還可以獲得許多資訊與資源，增進個人的社會適應。Verderber夫婦（曾端眞、曾玲珉譯，1995）指出，人際溝通具有心理、社會和決策等功能。

1.心理功能方面：人際溝通能滿足我們和他人互動的需求，獲得關懷、接納與尊重，不會感到孤單寂寞，並更進一步地認識自我。

2.社會功能方面：藉由和他人溝通，建立、維持或改變各種社會關係，包括：朋友、同事、夫妻等，從中獲得社會支持與社會地位。

3.**決策功能方面**：我們每天從是否起床，到早餐吃什麼，以及是否要上學，都在做決定。這當中，有些由自己決定，有些則是和別人商量後一起決定。溝通對於決策而言，具有相當關鍵的地位。透過溝通，我們可以：(1)獲取與決策有關的資訊，蒐集到不同的意見；(2)交換意見，完成觀念的互動。在試圖影響他人的同時，也受到他人影響。想法及意見的交換，有時經由觀察，有時經由閱讀，有些則經由視聽傳播媒體，或在與人交談中，使得我們的思考更多元化，更能避免錯誤。然後，我們可能會想影響他人的行為，讓他人接受或同意我們的決定。例如，說服朋友參加宴會，而不要去看電影；力勸朋友改變政治立場等。

生命歷程中，無時無刻不在進行溝通，經由溝通建立各種程度不同的人際關係。人際關係是溝通互動的結果，如果缺乏溝通技能，很容易在人際關係的經營上成為失敗者；或溝通技巧不足，影響我們的學習與工作。因此，不論人生的哪一個階段，為了交友或工作、一般的學習活動或生活瑣事，都必須藉由溝通來達成。就像高夫曼教授（Goffman）所說：「你可以停止說話，但不能停止溝通。」

二、人際溝通的意義

人際溝通是人與人之間訊息傳送和被人瞭解的過程，是一個「有意義」的互動歷程。溝通的本質在於傳達訊息，以使溝通雙方「相互瞭解」，而非讓對方「一定要接受」發訊者的期望。

人際溝通包含以下四個重要概念：

(一)人際溝通是互動性的（interactive）

溝通是有來有往，不是單方面的表現。溝通歷程中，雙方對於溝通後形成的意義和關係，均負有責任。因此，溝通行爲是彼此相互連結的過程。舉個例子來說，老師在下課前宣布：「記得下禮拜要考試　。」這段話傳遞出來的意義及效果，要看接著發生的事情而定。如果學生沒有反應就下課了，表示雙方互動到此結束，不見得表示老師已經成功的傳遞了訊息。如果學生回答：「考哪幾章？」這表示，老師原先宣布的訊息，對學生並不足以呈現完整的意義。因此老師需進一步提供訊息，彼此才能完成眞正的溝通。

(二)人際溝通是一個過程（process）

它是在一段時間當中，有目的進行的一連串行爲，且是持續不斷發展的過程。十分鐘的電話對談，或在下課時間跟同學聊個幾分鐘，甚至在車站跟朋友交換一個微笑、揮手道別等，都是溝通過程。幾乎可以說，溝通是現在進行式，它是communicating。

(三)人際溝通是有意義的（meaning）

意義是指溝通的內容、意圖及其被賦予的重要性。「內容」（content）是指所傳遞的訊息，即要溝通「什麼」，也就是發訊者希望傳達給收訊者的意思。不同的內容可以藉著不同的符號來表達，包含口語與非口語兩種。「意圖」（intention）是指說話者進行溝通的理由，也就是「爲什麼」要溝通，發訊者期待溝通後得到哪些效果。也許是意見的表達或是傳遞消息，也可能只是發洩情緒。「重要性」（significance）則是指溝通的價值，亦即溝通對雙方有「多麼重要」。這個重要性也許隨著內容而產生，也可能因應溝通對象的不同而來。

(四)人際溝通結果會創造關係

透過互動，傳達訊息之後，雙方會產生正負向的心理感受，覺得對方是可信任或不可信任的人，進而在心理上形成一種連結（bond），以決定是否要繼續互動或交往下去。

從上述說明看來，溝通具有相當強的主觀性，由接收訊息的人來「瞭解」訊息，也就是「解讀」資訊。因此，在溝通過程中，發訊者認爲「我的意思是什麼」並不重要；接受訊息的一方如何解釋「傳訊者的溝通行爲」，才眞正重要。「眞相」可說只存在每個人的心中，所以我們可以瞭解，爲何會有「各說各話」、「同一件事可以有那麼多的版本」的原因了。

三、人際溝通的歷程

自出生以來，就需不斷與人溝通，但是，溝通是一個相當複雜的歷程，有效能的溝通並不容易達成。從一個簡單的基本模式來看（如圖1-1），溝通是一個訊息傳送的過程；傳送者將訊息編碼後，經由各種不同管道，將訊息傳送出去，接收訊息的人再進行譯碼解讀。

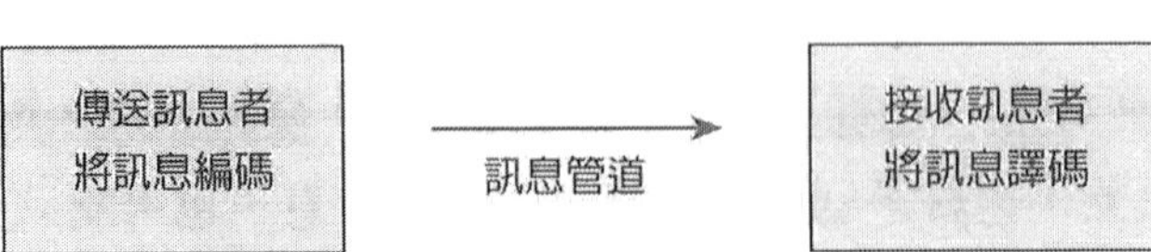

圖1-1　溝通的基本模式

眞實的溝通情境中，上面這個基本模式，並不足以說明「互動」的本質和複雜的內涵。從互動的觀點或體系來說明，溝通的模式，應可再更詳細的分解如圖1-2（Berko, Wolvin & Wolvin, 1989）。

發訊者將訊息編碼並傳送出去之後，收訊者根據自己的基模架構，對訊息內容加以詮釋，以便「瞭解」傳送者的意思。然後收訊者再將自己對於訊息的想法與感受，回饋給對方。這樣一來一往的訊息互動，形成了雙方的關係。

在這樣繁複的溝通歷程中，是否能有效且適當的與人分享意見與感受？這當中會受到許多因素的影響，主要有六種，分別是：溝通者、溝通訊息、溝通管道、溝通環境脈絡、干擾和回饋。

(一)溝通者

是溝通中最重要的主體，但「個別差異」會影響溝通的程度及效能。

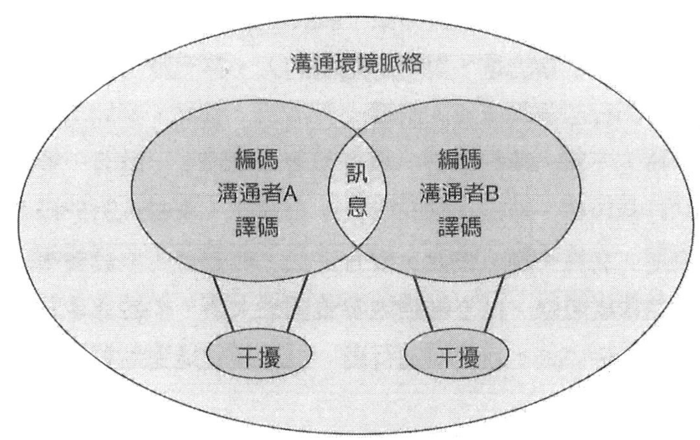

圖1-2　溝通模式之分解

◆生理差異

生理差異會影響彼此的溝通能力，包括：性別、年齡、體能狀況，甚至種族等。因爲人類的學習是經由聯結（association）和類推（generalization）的過程，與我們有類似特徵的人，較能產生認同，且能預測彼此的行爲。和不同生理條件的人溝通時，這些差異使我們面臨很大的挑戰。譬如，十多歲的Y世代的孫子，如果要教七十多歲的爺爺學會電動玩具，大概非常困難。因爲，表達的方式不同、使用的語彙不同、關心的重點也不同，甚至由於爺爺在聽力和手腳反應，可能比較退化，因此雙方生理的差異，就會成爲溝通的阻礙。

◆心理差異

每個人的個性、動機、自信心、情緒特質、認知架構、價值觀和自我概念等，都有頗大的差異。害羞內向的人，碰到活潑外向的朋友，相處上可能比較辛苦；因想法常常不同，在生活的安排上也大異其趣。每個人都會因爲過去的經驗，而留存許多不同的心理意象，統稱爲認知架構；刻板印象（stereotype）就是其中的一種。所謂「刻板印象」指的是，對特定團體的人，存有既定的、根深蒂固的看法。刻板印象對溝通的影響十分深遠，譬如，早期美國的電影中，中國人千篇一律的都是：腦後垂著一條辮子，瞇著一雙細眼，見人便打恭作揖、唯唯諾諾的形象。再例如，有些人對於婦女的刻板印象是：女性不關心政治、沒有主見。於是每天早晨看報時，先生會手執報紙頭版，目不轉睛地看著國家大事，不經意地將綜藝影劇版抽出來給太太。這些溝通行爲，很可能就是受到刻板印象的影響。

我們對自己的看法稱之爲「自我概念」（self-concept），例如，覺得自己漂亮或醜陋、討人喜歡或惹人討厭、聰明或愚笨等。自我概念並不一定客觀，也不見得與別人的看法一致，甚至還可能與事實不符。但是對自己的評斷，卻嚴重影響人際溝通的效果。舉例來說，一個人如果認爲自己是美好的、聰明的和有價値的，當同學告訴他：「對不起！這個週末我可能不方便跟你一起複習功課了。」他可能會另外找其他朋友一起讀書，或自己到圖書館去用功。但是，如果一個人的自我概念是負向的；認爲自己不聰明、不夠好，於是當同學傳送拒絕的訊息時，就可能認爲是因爲「我太差勁了，所以別人都不喜歡與我一起讀書」，而更加自艾自憐、自暴自棄，更不易和他人建立友誼。幸好，自我概念在和不同的人互動之後，會得到修正，例如，「情人眼中出西施」、「在媽媽的眼中，自己的寶寶永遠是最可愛的那個」，隨著別人的眼光而產生「畢馬龍效應」（Pygmalion effect）或「預期效應」。

◆社會經驗上的差異

每個人來自不同的家庭，有不同的生活、友誼和工作經驗，及不同的社會角色與地位。這些不同的社會經驗，建構出溝通時不同的「路線圖」或「腳本」，影響溝通的內容和效果。舉例來說，王馨向朋友傾訴嫁到鄉下的大家庭，與公婆姑嫂共同生活的難處，如果朋友是個未婚的都會女子，就難以體會王馨的心路歷程。另外在「放羊的孩子」故事中，最後眞的「狼來了」，鄰居之所以不願出手相救，並非出於缺乏同情心，而是因爲過去的經驗：「狼來了」只是謊言；於是建構出一個「行爲腳本」，只要遇到「狼來了」的情形，就置之不理。

◆知識和技能方面的差異

經由教育途徑，人們有機會學習表達及溝通技巧。因此，教育程度高的人，可能比較會表達自己。善於溝通的人，在生活中容易占優勢；因爲溝通對他們來說，較不構成爲困擾，所以更傾向主動溝通。於是更容易跟別人建立良好關係，達成他們的目的，形成良性循環。反之，有人則因較不善於溝通，溝通效果不好，於是逃避溝通，形成惡性循環。

◆性別和文化上的差異

性別與文化背景，影響我們的人生信念和生活經驗，這些差異也常成爲人際溝通的障礙。差異越大，就越覺得無法預期他人的行爲，因而心理感到不安。於是，會以退縮或順從的行爲模式，來避免衝突，或以攻擊來掩飾內在的焦慮與害怕。

以性別的差異來說，兩性在語言表達的策略和細微程度上，有所不同。一般而言，男性的表達比較傾向直接爭取的方式，如：「我想跟你借心理學課本」；女性則較爲迂迴間接，會以請求或疑問的語氣來表達，如：「你正在讀心理學課本嗎？如果沒有，可以借我嗎？」男性的語言表達比女性簡略，同樣是形容運動會大隊接力的一段，男同學可以用十來個字就說完，如：「會計系第一名，社工系才跑第四名」。換成女同學則可以仔細鋪陳每個精采片段，從每一系第一棒起跑的爆發力如何，到最後一棒的激烈競爭爲止。

(二)溝通訊息

人際溝通的意義，經由訊息傳遞與接受的歷程而完成。訊息傳遞的歷程相當複雜，必須先將意義予以結構，才成之爲訊息，訊息的出現形態謂之「符號」（symbols），這樣的歷程叫做「編碼」（encoding）。收訊的一方將「符號」解構爲意義，這個歷程則稱爲「譯碼」（decoding）。有時候因爲訊息過於複雜，呈現的形式層層套疊或分段敘述，這個部分叫做「訊息組織」（organization）或「形式」（form）。

◆訊息意義和符號

每個人腦海中的想法和情感，都是有意義的；以溝通的內容來呈現，包括事實（fact）和感受（feeling）。以想法來說，你可能有許多不同的主張或意見，如：職業婦女該不該辭去工作專心教養孩子、下次考試要如何準備、將來的生涯計畫。在情感上也有許多紛陳的感受，如：喜歡、憂愁或是嫉妒。有時，傳送的訊息意義，無法將想法與情感、事實與感受分割開來，這些意義將如何傳遞？就需透過語言和非語言符號來表達。

符號是媒介，包括文字以及聲音、動作、表情。說話的時候，臉部表情、眼神、姿勢、口氣和音調等非語言線索，都會伴隨語言而影響對方。但有時符號會造成干擾，反而影響溝通的進行。比方說，訊息過多，使收訊者一時無法吸收、難以理解。或因爲社會文化的差異，而造成對符號的誤解，例如，日本的傳統飲食文化中，喝湯發出聲音，代表對湯汁美味的讚賞；但是西方文化，這樣是缺乏餐飲禮儀的不良行爲。

另外，語言及非語言符號的不一致，也會造成收訊者的困惑，影響溝通的進行。譬如，妻子興高采烈地試穿新衣，丈夫雖然口中直誇「漂亮、漂亮」，眼睛卻瞄向電視球賽轉播，這時妻子就很難確認先生這句「漂亮」是否眞心，或只是爲了敷衍，以便趕快專心看球賽。

◆編碼和譯碼

把自己的想法和情感，轉換成有組織的符號，這樣的認知思考過程，稱爲訊息「編碼」。把別人的訊息，轉換成自己所能理解

的，則稱爲「譯碼」。溝通時，其實不太容易意識編碼或譯碼的進行，但這個過程卻清楚存在。只有在必須仔細琢磨自己的遣詞用字時，才會意識到。比方說，想描述自己旅行中所見的奇聞異事，而設法找精準表達的語詞時。只有在反覆思索別人吐露的某些不熟悉的文字，它代表什麼意義時，我們才意識到譯碼的過程。但是，即使這個編碼跟譯碼的動作，是經過審愼思考才完成的，仍然無法確保溝通雙方能像照鏡子一樣，絲毫無誤地接收訊息。因爲訊息的意義，是由溝通雙方共同建立的，再怎麼謹愼的傳達訊息，收訊的一方仍有可能做出不同的解讀。例如，小莉問：「媽！我穿這件衣服好看嗎？」媽媽回答：「不錯啊，但是我比較喜歡上次妳穿的那件紅色連身裙，比這件黃色的洋裝更好看。」但是對小莉來說，不管媽媽說什麼，從母親臉上的表情看到的是：「妳的膚色太黑了，穿紅色的勉強好看一點。」。

◆訊息的形式或組織

有時候我們所要表達的訊息比較複雜，就得以更結構化的方式來溝通，因此必須先將訊息做一番整理，予以分段或分項，這種情況稱之爲「訊息表達的組織與形式」。比方說，陳述自己的生活經驗時，通常會選擇以時間爲順序，從年幼迄今的生命歷程來分段敘述，可能比分散式的陳述各生命事件，更容易讓人理解。再如，李珍想要告訴爸爸有關她承租的學生公寓，她用的符號就會有某種形式。如果她想讓父親瞭解其方便性，她會以地理位置來描述，並說明公寓跟學校的距離。如果她想告訴父親她計畫怎麼布置自己的小天地，那麼就要說明房間的方位及大小。

(三)溝通管道

訊息形成後，經由感官及知覺管道來傳遞。口頭訊息以「面對面」或是電話，經由音波傳遞給另一人。文字和非語言的訊息，包括：符號（書信或網路）、眼神、表情、姿勢和動作，經由光波傳遞。觸覺、嗅覺也是溝通的重要管道，譬如，當孩子放學回來，媽媽從孩子一進門是否有汗味，看看孩子臉上是否汗流、衣服是否沾了泥塵等，就知道今天學校是否安排了體育活動，推測今天活動的激烈狀況。

(四)溝通環境脈絡

人際溝通的環境脈絡包括：物理環境、社會環境、心理環境、歷史環境以及文化環境等，這些會影響我們對溝通的期待、意義的傳送與接收，甚至干擾後續的溝通行爲。

◆物理環境脈絡

包括溝通時的地理位置、座位的安排，以及溝通當下的時間等，還有整個環境的因素，諸如冷熱、光線和噪音，這些因素都可能影響溝通。舉例來說，通常在車站講電話的音量，比起室內要大聲許多，這就是因爲室內講電話比較安靜，不至於有太多的喧擾。但是同樣的訊息內容傳送，如果在熙來攘往的車站，可能必須扯著嗓子說話，才能把傳送的訊息說清楚。不同的物理環境，會影響雙方的溝通行爲與訊息。

◆社會環境脈絡

社會環境脈絡是指社會角色及地位，所造成溝通訊息解釋的差

異。例如，在家裡，小美可以接受媽媽對她說：「我女兒眞傻！」因爲她明白這是媽媽對她的憐愛。但是如果在學校母姊會，媽媽對老師、同學也這麼說，小美就較難體會母親的關愛，而覺得自己被責備或恥笑。因此，溝通若要有效，就得注意不同場合中，雙方所扮演的社會角色。

◆心理環境脈絡

溝通時的心情和感覺，就是所謂的心理環境。例如，電話中女友告訴裴達，因彼此個性不合，所以提議分手。這時，裴達的室友正回寢室，興高采烈的對裴達說：「莉莉終於決定跟我交往了，誰說女人是弱者，在愛情關係中，我看女人可是占上風呢！」這時裴達因爲自己的情緒，可能無法做任何回應，無法顧及室友間哥兒們的好感情，更可能瞪著室友，以爲室友在嘲諷他而勃然大怒。因爲，原先的情緒干擾了裴達對室友所發出訊息的感受，因此有了不同以往的反應，這就是心理環境的脈絡。

◆歷史環境脈絡

歷史環境指的是過去的事件，或之前的溝通經驗，所建構出的關係和溝通的結果。譬如，小芳每次碰到室友小薇跟她借筆記，一定會仔細叮嚀「趕快還我、記得還我、別做記號」。這一句話卻不一定會發生在其他同學身上，因爲，根據小薇過去的紀錄，糊塗的小薇經常忘記歸還，甚至在別人的筆記上塗鴉。而小薇對於小芳的囑咐似乎不以爲忤，乃因兩人過去溝通良好的結果。

◆文化環境脈絡

文化是指整體的社會生活方式，包括信仰、價值觀和生活規範；還包括各種不同於主流文化的次文化，例如，青少年文化、校園文化、企業文化、家庭文化等。Peter Andersen（1994）指出：文化是溝通歷程中不可分割的一部分。文化會影響彼此的互動關係，尤其是潛藏於文化中的溝通規則。也就是在特定情境或對特定對象，溝通的行爲準則。例如，小明的爸媽常告誡他：「囝仔郎有耳無嘴」，這項溝通規則就是：「大人說話時小孩絕不插嘴」。當小明到學校，很可能依原先的態度與老師溝通；看到其他同學七嘴八舌地搶著發言，小明恐怕很難適應。相同文化的人，溝通上來得容易許多，例如，現今青少年的流行語，「520」表示「我愛你」；「8181」表示「bye-bye」；「8651」是「別來無恙」。這些符號在青少年之間流通使用，蔚成一股青少年文化，不熟悉這套文化的人就束手無策。此外，感恩節是基督徒表達與上帝間特殊關係的文化，中元節則是中國民間信仰中，傳遞敬天愛民思想的文化。

(五)干擾

干擾來自內、外在的刺激，或出現其他符號訊息，阻礙了意義的解讀。使得溝通的有效性及正確性大打折扣，必須仔細予以克服。

◆外在干擾

「外在干擾」（external noise）又可分爲兩部分，一者單純指存在於環境中的刺激，另一則是語意上對於訊息理解的妨礙，這個部分我們稱之爲「語意干擾」（semantic noise）。

1.純粹的環境刺激：當你正在學習如何操作新的電腦軟體時，卻被教室外一聲突來的驚呼打斷，「驚叫聲」便是環境中的外在干擾。外在干擾也可能是視覺干擾，例如：當老師正在指導你操作電腦軟體時，你卻被隔壁迷人的女同學所吸引，無法專心聽老師講解。外在的干擾還包括時間和空間的干擾，例如，當我們急著出門趕火車，就可能對家人的叮嚀聽而不聞，或者在咖啡香四溢的餐廳裡，很容易對朋友的懊惱情緒視而不見。

2.**語意干擾**：有時候外在干擾並不是環境的問題，而是我們對於訊息的理解出現了扭曲現象，也就是所謂「會錯意」。「專家」跟其他人互動時，經常使用自己所熟悉的專有名詞，忽略了其他人並不具備與他們一樣的專業知識。譬如醫院護理人員與家屬談話時，將加護病房直接說成ICU，造成家屬理解上的困難。有時候語意干擾是因爲我們對訊息的某些部分特別在意，而無法清楚瞭解完整的訊息意義。例如，你非常介意自己的身分地位，當別人告訴你「競選里長需要有社會聲望」，你可能以爲別人嘲笑你不具有競選里長的資格，因而跟他處得不愉快。

◆內在的干擾

「內在干擾」（internal noise）指對溝通過程中思想和情感的阻礙，比方我們在學習操作新的電腦軟體時，耳邊響起一段優美的樂曲，讓我們回想起中學時代清純的戀情。這時干擾我們的不是外在音樂，而是內在的心情。有時候我們正在跟人談話，卻做了白日夢，心思神遊到昨天去過的風景名勝，或者仍在回想早上和同學的一場辯論。內在干擾還包括「錯誤的溝通假設」和「不同的溝通意願與期待」。發訊者常見的溝通假設是「我以爲話已經講清楚了」，以自己認爲最精簡扼要的方式來溝通，以爲對方一定明白。譬如，當男孩追求女孩時，如果女方不喜歡男方，爲了避免尷尬，常常選擇比較含蓄的方式來表達，如：「其實你適合比較溫柔的女孩」；但這種表達不一定能達成溝通的目的，因爲男方不見得眞能體會女方的用意。收訊者常見的溝通假設是「聽到了就以爲聽懂了」，事實上，我們收到訊息之後，必須藉由原先的參照架構重新評估訊息，所以，「聽到了」不表示「聽懂了」。

另外，「溝通的意願和期待」也是影響溝通的一個內在干擾。一般而言，溝通的期待可以分爲「工具型的溝通」和「情緒型的溝通」兩種。「工具型的溝通」有明確的目的與任務，譬如，醫病關係中，溝通的目的是爲了明確瞭解疾病的症狀，好對疾病做確切的診斷。此時，如果醫師對病人十分關懷，甚至對患者罹病的情緒都能體諒與接納，病人會覺得十分感動，因爲這超乎他原先對溝通關係的期待。而「情緒型的溝通」則是爲了心理情感的滿足，反倒不太在意訊息的任務性。

(六)回饋

回饋是指收訊者對訊息的反應。溝通歷程中包含的要素十分複雜，若要明確知道溝通訊息是否清楚傳遞，收訊者「確認」的動作就不可少，這個確認動作就是回饋。有了回饋，才能讓發訊者知道，訊息是否被接收及瞭解。如果不經由回饋來進一步澄清，就很容易造成訊息的誤解。訊息的回饋和傳送一樣，都經由語言或非語言的方式進行，也可以同時合併。舉例來說，老師在上課時問學生「懂不懂」，不管學生回答「懂」、「不懂」，或只是點頭、搖頭，甚至面無表情，都屬於回饋的反應。老師可以從這些動作中，瞭解上課的效果。如果缺乏訊息的檢核，就可能導致失敗的溝通。

四、人際溝通的特質

根據溝通的過程與功能，可以發現下列人際溝通的特質。

(一)溝通有其目的

不論溝通者本身是否意識到，其實，「每一個溝通都是目標導向的」。譬如，智麟爲了寫報告到圖書館找資料，當他檢索電腦檔案時，發現所要的參考資料不在館藏中，但在鄰近一所大學圖書館可以找到，於是他找了圖書館員，請教館際合作的事。這個溝通行爲是爲了取得所要的資訊，如果他順利辦理館際合作，拿到所要的資料，他的溝通行爲就是有效的。

有時候我們並未意識到溝通的目的，譬如，唐群在學校遇見凱勳，說：「好久不見，近來好嗎？我現在有課，咱們再聊。」這時，唐群可能沒有意識到：「我希望凱勳知道，我還當他是好哥兒們」的意圖。這個例子中，唐群用最自然的方式表達他對凱勳的友情，也顧及了社交禮貌。如果凱勳也以同等自然的問候回應，唐群就達到他的溝通目的。

(二)溝通的訊息是有差異的

每個人都試圖達成溝通目的，但是我們幾乎都根據預定的「腳本」傳遞訊息。常常是自然的流露訊息，不太思考如何把訊息「編碼」。加上個人使用符號的能力不同，對於訊息的編碼自然很難一致。因此會由於「詞不達意」或「用詞不當」，而使人誤解，或無法眞正瞭解發訊者的本意，這也是人際溝通中常見的問題。

(三)溝通是連續的

溝通其實從來沒有停過，只要和他人一起，一舉一動都在傳遞訊息。就算沉默不語，別人仍會因此推論你的感受或想法。不要以為不說話，就不會讓人知道自己所想，其實訊息仍在不知不覺中流動。高興的時候，臉上會掛著微笑；憂愁的時候，會雙眉緊蹙。不論你喜不喜歡，溝通行為都在持續進行。溝通者必須明白：不論清楚的或隱藏的，都在傳遞不同的涵義，我們隨時都處在溝通的情境裡。

(四)人際溝通是有關係性的

人際溝通會呈現出彼此的關係，包括兩種層面，一種是呈現關係的親疏與情感，例如，小張面帶微笑，語調高亢的說：「老方，眞高興見到你！」這時老方知道，小張眞的很高興看到他，彼此的關係是正面的。如果小張遇見老方，面無表情的「嗯」了一聲，對老方來說，小張對自己恐怕有負向的情緒存在。

另一種溝通的關係是：誰是控制者？也就是誰是主宰雙方關係的人。關係的控制層面，有所謂互補關係或對稱關係。互補關係中，一方的權力較大，溝通中較具支配性。對稱關係中，雙方都不同意任一方居於主控地位。當一方試圖控制溝通時，將遭另一方權力的挑戰。彼此的權力與控制關係，無法從幾次溝通中達成共識，必須經過長時間的互動，才能界定與澄清。

(五)溝通是可以學習的

人際關係無所不在，因此容易讓我們忽略，溝通的技巧是可以學習的。溝通發生障礙時，我們總以一句「我本來就這樣」來搪塞，很少認眞改變溝通的行爲。我們總習慣以自己熟悉的方式跟別人相處，卻忽略慣用的溝通模式其實是自小學習而來的。所以，我們也能從學習與練習中，重新修正溝通方式，改善人際關係。

「擅長溝通」不過就是「能恰如其分，把訊息符號用在互動情境上」。溝通的技巧越好，越能眞正認識別人，建立與維持適當的人際關係。

溝通技巧大致可分爲下列幾類：

1.語言技巧：如何善用文字，讓訊息更明確。
2.非語言技巧：包括表情、手勢、聲音和姿態的應用。
3.傾聽和反應的技巧：幫助解讀訊息的涵義，並且回饋分享。
4.表達跟影響的技巧：是前述三種技巧的綜合運用，讓別人更能理解自己的意思，甚至說服別人改變想法、態度或行爲。

以下的建議，能幫助你從本課程中得到最大的收穫。

◆分析自己溝通的問題，並據此發展學習目標

由分析問題狀況，和計畫學習哪種溝通情境，要應用哪些溝通技巧開始。例如：

問題：老闆每次只要我做一些例行庶務，但是我覺得自己應該可以在一些有挑戰的工作上發揮。我因爲被忽視而覺得生氣，可是我從來都悶在心裡，不知該怎麼說出口。所以，我的問題是：不能向老闆陳述我的感受。

學習目標：改進自己向老闆陳述感受的能力。

◆以具體、可量化的方式，進行與評估溝通行為的改進狀況

寫下「溝通目標敘述」（goal statements），並以具體、明

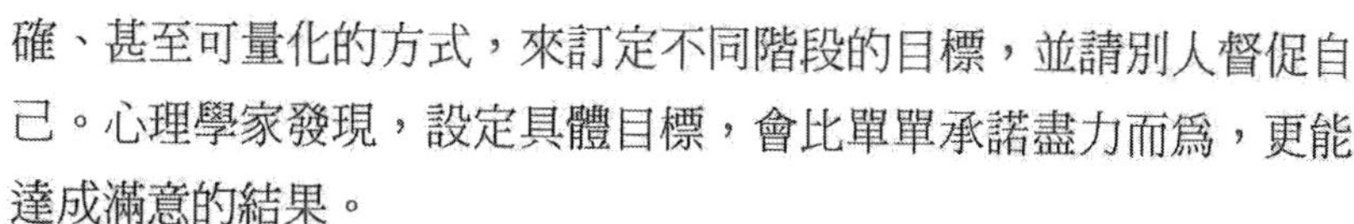

確、甚至可量化的方式，來訂定不同階段的目標，並請別人督促自己。心理學家發現，設定具體目標，會比單單承諾盡力而為，更能達成滿意的結果。

◆分析並評估自己目前的溝通技巧

孫子兵法：「知己知彼，百戰不殆」，在加強溝通能力之前，得先仔細衡量自己的溝通難題及障礙，這樣有助於清楚掌握學習的重點。之後在研讀到每一章時，都要嘗試應用這些技巧於溝通問題或困境中。付出行動是最重要的一個步驟，因爲它才是改變的眞正根源與力量。

五、摘要

溝通是一種有意義的人際互動過程，提供了心理的、社會的以及決策的功能。溝通是爲了滿足內在需求或是自我的感覺、發展和維持關係、分享資訊或是影響他人。溝通的歷程包括了訊息的傳送和接收，包含的要素如：溝通者、溝通訊息、溝通管道、溝通環境脈絡、干擾以及回饋等六項。人際溝通的特質包括：(1)溝通有其目的；(2)溝通的訊息是有差異的；(3)溝通是連續的；(4)人際溝通是有關係性的；(5)溝通是可以學習的。溝通的效能，因個人的溝通能力而定。溝通的技巧都能重新學習、發展和改進，所以人人都可有系統地增進溝通能力。

練習

情境一

是否有人曾說：「你這個人很難溝通耶！」是指對方覺得你聽不懂他在說什麼，或你很堅持己見？這樣的說法，發生在哪些情境中？仔細想一想，說出你覺得別人會這樣說的原因是什麼？

情境二

想一想，最近你認為溝通順利及挫敗的兩種經驗；仔細比較，是哪些溝通的要素，影響了訊息的傳遞與理解？

第2章
知覺與溝通

知覺與認知
知覺和溝通的關係
自我知覺
如何增進自我知覺
對他人的知覺
改善社會知覺
摘要

在公司的餐會上，柏彥被一個坐在窗邊的人所吸引；這個人眼睛裡散發出迷人的光彩。於是，柏彥藉口拿飲料，避開了正寒暄著的新同事，慢慢走向窗邊。

讀完上面文字，試著回答：柏彥是男性或女性？坐在窗邊、吸引柏彥的人是男還是女？雖然，這段文字沒有指出柏彥的性別，但是，由你過去對男性或女性行為的瞭解，即會影響你對這兩人性別的判斷。

知覺（perception）出現在溝通的每一階段，包括：對環境的知覺、對聽者的知覺、對資訊的知覺，以及對自己和對他人的知覺。改進自我知覺和對他人的知覺，也是改善溝通行為的一個重點。

一、知覺與認知

所謂感覺（sensation）是指在物理環境中，利用感官系統偵測到訊息的過程。譬如，感覺到聲音（聽覺）、感覺到溫度（觸覺）、感覺到光線（視覺）。但是，這些從眼睛、耳朵、鼻子、皮膚和味蕾所蒐集的資訊，不一定對我們產生意義。將蒐集到的訊息，重新選擇、組織並加以解釋和評估後，訊息才對我們產生意義，這個過程就叫做知覺。簡單來說，知覺是指將資訊選擇、組織和解釋的過程；換句話說，就是將感覺到的資訊整理後，賦予它意義的過程。

知覺是一個主動並且主觀處理資訊的歷程，所以，有時候我們對世界、對自己和他人的知覺可能有所曲解，像透過哈哈鏡一般，知覺和事實產生了距離。如果知覺有了誤差，溝通的效果就可能大打折扣，甚至反其道而行。

知覺的歷程可分成兩大類，一是「由下而上」，也就是從訊息的特徵來辨識，並做組織及建構。另一是「由上而下」，意即從既有的經驗及知識出發，對所感覺到的訊息加以判斷。知覺在本質上可以分成三個階段：訊息的選擇、訊息的組織和訊息的解釋；三個階段幾乎同時發生。

(一)訊息的選擇

即使處於大量感官刺激的情境中，也只選擇性地注意某些事情，而忽略其他部分。

有時候知覺的選擇是因感官的限制，比方說，近視眼就看不清遠方的人。而且我們也不可能接收到環境中所有訊息，會受到偏好、需求和預期等心理因素影響，而加以選擇。

◆偏好

我們會比較注意自己感興趣的訊息，例如，聽別人談論棒球賽，棒球選手可能會注意打擊的技巧，一般則可能較注意自己偶像的表現。對棒球不感興趣的人，訊息對他就一點意義都沒有，就是所謂「視而不見、聽而不聞」的現象。

◆需求

我們是否「選擇」訊息，其實跟需要有關。當我們「必須」去注意時，較容易察覺訊息的存在。比方說，期中考到了，就會特別注意聽講，尤其關心老師所說和考試有關的話，不管是考試範圍、題型、占學期成績的比重等。

◆預期

影響知覺選擇的第三個因素是「預期」心理。當動機較高或符

合期待的訊息出現時，比較能夠注意。譬如，到車站接朋友，很容易注意到朋友的出現。

(二)訊息的組織

訊息如何形成它獨特的意義呢？在大腦選擇訊息的同時，它就組織了這個訊息。訊息的組織依賴許多因素，包括：資訊的清楚程度，和當時的情感狀態。如果訊息不夠清楚或是太過複雜，會讓大腦在組織訊息上困難許多。訊息愈模糊，大腦組織的時間愈長，也愈可能出現失誤。

大腦是依循什麼原則來組織訊息呢？從完形心理學（Gestalt psychology）來看，包括下面幾項原則：

1. **接近性**：將空間上相近的訊息，組成有關聯的刺激，視為構成整組架構中的一個單位。比如說，經常同時出現的A、B兩人，通常我們會以為兩個人是親近的好朋友。另外，「近水樓台先得月」，也是這個道理。
2. **相似性**：我們傾向於將類似的東西，視為一個共同的單位。舉例來說，看到一群人都穿著同樣的衣服，我們會以為他們屬於同一個群體。
3. **類推性**：即使知覺到的訊息並不完整，仍能將它組成一個整體。例如，當完成狗屋的基本架構時，看到這個架構，就能推論所要蓋的是間狗屋。
4. **連接性**：當訊息跟它的前導事物具有特徵上的銜接時，通常會將這個訊息與前導事物視為同一個單位。比如說，當我們在車站排隊買車票時，知覺到的並不是「多少」人在排隊，而是「一串」很長的隊伍。

5.單純化：我們會依據單純的規則，來組織所知覺到的訊息。例如當你提到教室裡的同學，你會說「我們班」，而不是個別看待班級裡的人。

(三)訊息的解釋

訊息真正與我們發生關聯，是因爲我們對訊息賦予獨特的解釋。訊息的選擇和組織是知覺的過程，訊息的解釋則是評估（evaluate）的過程。沒有任何知覺是客觀的，因爲，對訊息的解釋，必然受到主觀經驗和情境脈絡的影響。

◆主觀經驗

我們的生命歷程中，不同的感受、價値、信仰、態度，以及對於訊息意義的期待，會形成看待事情不同的認知基模（schema）。例如，羅小姐和王小姐一起下班，經過一家寵物店，看見一隻虎虎生風的秋田犬；羅小姐心想「好漂亮的狗啊」，王小姐卻想的是「好可怕的動物」。對於訊息賦予不同的意義，就是對訊息的不同解釋。解釋訊息的參照架構，來自兩人過去不同的主觀經驗，也可以說，我們其實都戴著一付有色眼鏡看世界。我們對人類表情的觀察基模，主要是在眼睛跟嘴；當我們看見別人嘴角上揚，就會以爲這人是善意的、愉悅的；若出現不同的嘴型，所賦予的解釋就不同。

◆情境脈絡

任何訊息都得在整體情境脈絡中解讀，依據這個情境脈絡的背景，判斷訊息的眞僞或是否合理。例如，舞台上穿的服裝若穿到教室，恐怕會被認爲精神狀況有問題。參加喜宴時會穿旗袍，但是穿旗袍去爬山，就不大對勁。

二、知覺和溝通的關係

每個人都以爲自己對訊息的接收無誤，事實上對於訊息的知覺，可能並不正確。錯誤的知覺必然會影響溝通，就像前面的例子，羅小姐跟王小姐後來再談起那隻秋田犬時，羅小姐可能會說：「要是我能養一隻那樣漂亮的狗，就太棒了」，王小姐卻會說：「怎麼會有那麼恐怖的動物啊！」

當我們知覺到不同的訊息時，並不是單只用感官對刺激做記錄，而是經過大腦對訊息賦予獨特的意義；可能將訊息做部分增刪，甚至扭曲、改變。當我們對訊息賦予意義後，才眞正與外在刺激訊息產生關聯。所以眞正影響我們知覺的，不是感覺系統，而是「大腦」，甚至可以說，我們生活在自己建構的「眞實」裡。賦予的意義不同，溝通時的訊息編碼自然就有差異。

知覺的面向，包含了對自身的知覺（自我知覺），以及對於環境的知覺（對他人的知覺、社會知覺），以下分別說明。

三、自我知覺

我們對自己的定義和評估，稱之爲自我知覺。自我知覺跟其他知覺一樣，不一定是正確的。每個人的自我，基本上可分成兩部分，第一部分是「I」，也就是「主體我」，是處理訊息和解決問題的我。另一部分是「ME」，這是「客體我」，也是對應於他人關係的自我，是我們與他人互動的受體。對於自我的知覺，我們主要探討三個方面，也就是自我概念（self concept）、自我印象

（self image）以及自尊。

(一)自我概念

自我概念是一個人對「自己是什麼樣的人」的想法，是成長過程中逐漸形成的，經由種種角色來表現。每個人都扮演許多不同的角色，這些角色會受到我們與他人的關係、我們所認同的參照團體、文化期待以及自我期待等的影響。比如說，我們的文化對於媽媽、老師或醫生的角色，有某些特定行為模式的期待；例如，媽媽應該「慈祥和藹」、老師應該「循循善誘」、醫生應該「仁心仁術」。我們所認同的特定團體，如家庭、班級、球隊等，也會期待我們有某種角色扮演；例如，你是長子，父母會要你負責照顧弟妹（長兄如父、長姐如母）。有些角色是因為自我期待而來，你可能要求自己在工作上操守清白、做個完美盡責的父母，或是認真讀書的學生。

我們交錯扮演不同的角色，這能使我們對自己有多方面的認識，有助於社會適應。如果不能適應不同情境，而去扮演另外一種角色，反而容易受到傷害。另一方面，我們每個人所扮演的角色以及自我概念，都會在與他人互動中獲得新的想法，並作適當的修正。其實自我概念的產生，除了自己的想法之外，也必須從他人的回饋以及社會比較而來，並從而產生自我印象。

(二)自我印象

自我印象是指對自我概念的知覺，是由自我評價而來，並且受到個人主觀經驗以及他人反應的影響。自我評價是指我們對自己的評斷，一部分來自於我們所看到的，例如我們在鏡子裡看到自

己，然後對自己的體型、穿著和長相下評斷。如果我們喜歡自己的樣子，就會對自己感到滿意。如果不喜歡，就可能因而想要改變；如：減肥、塑身、買新衣、換髮型，甚至動個整形手術。如果我們不喜歡自己的樣子卻又無法改變，就會開始否定自己。自我評價也可能來自過去的經驗，例如和陌生人交談時感覺蠻自在、似乎頗受歡迎，因此認定自己還算討喜、頗有人緣。尤其是最初的經驗，對自我印象的影響更大；第一次約會就被拒絕，以後可能較不願冒險再約會。萬一隨之而來的經驗，和最初經驗有類似的結果，那麼最初經驗被強化的可能性就很高。

除了自我評價之外，別人的評語也會確認、強化或甚至改變自我知覺。從相關研究可知，正面、肯定而且立即的回饋，對於修正自我印象非常有幫助。正面評語越多，自我印象就愈正面。例如你跟同學提出一項畢業旅行的建議時，同學說：「你的計畫好有趣。」這樣的反應，會對你的自我知覺產生正面影響；如果反應的人對你來說是個「重要他人」時，效果更是驚人。生命早期的自我印象，主要來自雙親和家人的反應；如果家中一般的溝通方式是：否定、嘲笑、責備、評斷，就可能損及自我印象，導致低自尊。

每個人都有成功和失敗的經驗，我們必須同時接納自己正面及負面的經驗，以及別人對我們的不同反應。如果只注意成功和正面的部分，或只注意負面的批評，對自我印象都是一種扭曲。

自我印象中有兩項足以影響溝通，首先是「自我實現預言」（self-fulfilling prophecy）；自我實現預言會影響你在人際互動上的表現，舉例來說，啓亮認爲自己是個擅長社交而且很受歡迎的人，在迎新舞會時，因爲他的正面自我印象，所以能自信而愉快地主動認識新同學，在舞會中輕輕鬆鬆的無所不談。如同他原先預期的，他真的認識了不少新朋友，而且成爲舞會的風雲人物；啓亮再一次印證自己是個頗有魅力的人。但是，讓我們來看，待在會場角落的孟光，他是被寢室室友硬拖來的。孟光原本就覺得自己跟陌生人相處很不自在，所以對於要跟新同學做自我介紹，感到非常焦慮。於是孟光從頭到尾都躲在角落裡，一直想丟下室友先行離開。他預期這次來參加舞會一定很痛苦，結果正如他所料，整個晚上孟光都覺得十分難熬。這就是自我實現預言，或稱自我應驗預言。

自我印象中會影響溝通的另一個部分是「過濾訊息」（filtering message），我們可能會選擇那些能強化自我印象的訊息，而迴避和自我知覺衝突的訊息。例如，一向認爲自己能力很差的人，完成一篇讀書報告後，如果同學誇獎這報告寫得很有深度，即可能故意去做別的事情，而忽視這個訊息，或者回答：「我沒有你講得那麼好」。所以，自我印象就像個過濾器，會濾掉我們不想要的訊息。

(三)自尊

自尊是對自己評價的面向及程度，自尊會影響溝通，低自尊的人容易否定自己，並且以自我否定的方式來與人互動。例如，公司調整人事時，低自尊的人如果沒有晉升，他的想法會是：「我就知道自己對公司並不重要，我只是一個庸才啊！」高自尊的人較能自我肯定，所以也相信別人會肯定他，因此他們常能勇敢的說：「我的意見可以讓公司的銷售活動更活潑多樣，我們就這樣辦好不好？」

低自尊的人無法自我肯定，與人互動時容易產生溝通恐懼及社會焦慮；高自尊的人對自己有信心，因此認爲別人也會正視他的價值。低自尊者對自我存在的意義存疑，以否定的態度來看待自己，並從中找到自己眞的毫無存在價值的證據。

每個人在思考的時候，同時也在進行內在的自我溝通；這些內在訊息的調整，和個人的自尊息息相關。例如，當學生收到校長邀請出席餐會的請帖，心裡就可能出現這樣的自我對話（self-talk）：「校長經常請成績好的學生吃飯，難道我最近模擬考真的進步這麼多嗎？可是校長前陣子才在週會上宣布，要加強輔導成績不好的學生，我想我一定是需要輔導的學生。」不同的內在對話，不只是訊息的差異，甚至是訊息的對立。最後會選擇哪個訊息，就取決於自尊的高低。

自尊不只影響溝通行爲，也影響對他人的知覺。個人的自我印象愈正確，對他人的知覺也愈正確。研究顯示，越是接納自己的人，也越容易接納別人。我們的自尊愈高，就愈能覺察別人的可愛；反之，自尊愈低就愈會挑剔別人。我們對自己愈有安全感，也愈容易肯定別人。因爲每個人都是活在所知覺到的世界裡，自尊過低就容易引起溝通的誤解。因此，修正自我概念，不失爲改善溝通的根本之道。

四、如何增進自我知覺

自我知覺的能力是可以增進的，我們必須真實的評估個人的優缺點，才能幫助自己成長。透過自我對話，可修正對自己的認知與評價。根據Albert Ellis的假設，妨礙人們生活的，並不是事物本身，而是我們對事物的看法。因此，如果我們可以改變自己「不合理的想法」，就能解決情緒困擾，改進溝通的品質。

Ellis認爲，常見的十種不合理想法如下：

1.每個人都需要身邊重要他人的喜愛和稱讚。

2.一個人要能力十足、各方面都有成就，人生才有價值。

3.那些卑劣的人，都必須受到嚴厲的責罰。

4.如果所發生的事情並非自己所喜歡或期待，就會出現很糟糕的情況。

5.不快樂是外在因素而起，無法靠個人來轉變。

6.每個人都該掛念著危險情況的發生，並且隨時顧慮及提防。

7.逃避困難、挑戰和責任，會比面對它們還要容易。

8.每個人都需要依靠別人，而且是依靠一個比自己還要強的人。

9.每個人都會受到過去經驗長遠的影響。

10.每個人碰到問題時，都應該設法正確而妥善地解決；若無法妥善解決，那就糟了。

這十種非理性的想法，幾乎都呈現「外控」、「自我設限」的特性。其實，如果能逐漸改變不合理的想法，進一步認識自己的優缺點，透過他人的回饋與社會比較，重新建立較正確的自我知覺，適度提升自尊，將有助於與人建立良好的互動關係。

五、對他人的知覺

我們遇見一個新朋友時，心裡會出現許多疑問：我們有相似的地方嗎？他喜歡我嗎？我看起來可愛嗎？我跟他能做朋友嗎？我們會試圖減少對於他人意圖或行爲的不確定因素，以幫助我們在人際互動中，進一步預測他人的行爲。因此，我們會設法尋找他人的資訊，強化對他的瞭解與預測。「知覺」在減少不確定性的過程中，就扮演了很重要的角色。

兩人見面所形成的最初印象，會引導日後的互動行爲；這些知覺會在互動過程中被增強或改變。就像自我知覺一樣，我們的社會知覺也不一定正確。影響社會知覺的因素包括：身體特徵和社會行

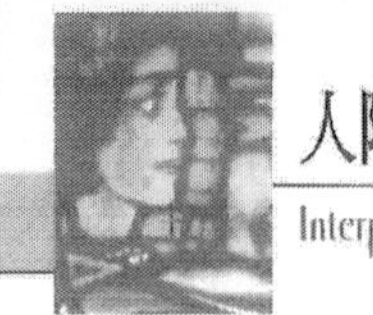

爲、知覺偏誤、刻板印象、不當歸因和情緒狀態。

(一)身體特徵和社會行爲

社會知覺常以人的身體特徵和社會行爲，作爲印象形成的基礎，特別是第一印象。當我們將不同性質的資料先後呈現，先提出的資料會記得較多，謂之「初始效應」（primary effect）。第一印象就是依據個人的吸引力（臉部特徵、身高、體重、服飾和聲音）所形成的初始效應，例如，穿短外套的職業婦女，可能被認爲能力較好。第一印象也可能來自對社會行爲的知覺，例如，在大學迎新活動上，小芳十分活潑、健談，不斷向學長姐發問。當老師問起：「今年新生的情況如何？」學長姐可能一下子就想起小芳，然後回答：「有一個叫小芳的新生，好活潑。」

根據Kelley的「角色建構理論」（role construct theory），我們對於他人角色的認知十分複雜；有些人能夠對他人知覺到相當複雜的程度，接受兩極特質同時存在的事實。但是不論何種文化，印象的評價通常較爲簡單，傾向於以「二分法」來區辨他人；亦即非善即惡，非正即反。

(二)知覺偏誤

有時，人際互動會依據原本的正或負面評價，來做知覺判斷，進而推論對方其他的特質；這種對他人知覺的偏差效果，稱之爲「月暈效應」（halo effect）。有時，會根據一個人所呈現的身體特徵，推論他可能具有的人格特質，這種推論並不合邏輯，但卻隱含我們對人格的假設，這就是「隱含人格理論」（implicit personality theories）。這種現象是一種邏輯誤差，舉例來說，如果知道小麗是個沉靜的女孩，我們可能進一步推測小麗「害羞」、「敏感」、「內向」，這些想當然耳的推論，可能不符實情。

還有一種人際關係上常見的知覺偏誤，就是投射作用，我們常會假設別人跟我們具有相似的特質。例如，本性純良的人，多半以為世界上沒什麼大奸大惡之徒；而工於心計的人，也常認為別人會算計利害。

(三)刻板印象

當訊息有限時，我們善於依賴基模或過去的經驗，來主動填補訊息，這個社會心理現象，會導致一致性偏誤，而產生社會知覺的偏差，即「刻板印象」；即對人過度簡化的觀點或評語。當我們只依據人們的階級和類別，對於特定團體賦予概括性的特徵或解釋時，就已出現所謂的「刻板印象」。例如，「性別」便是一個常見的刻板印象；研究指出，對於男性特質的刻板印象，多半與成就及能力有關，形容詞包括：「剛強」、「冒險」、「有主見」、「幹練」、「主動」。賦予女性的特質，則多半與人際、情感有關，用來描述女性的形容詞包括：「溫暖」、「敏感」、「膽小」、「被動」、「天真」。

刻板印象會產生三種知覺錯誤：

1.印象推估的錯誤：易於低估或高估某個團體；例如，甲班某次考試平均成績比資優班來得高，學校認為甲班表現「非常優異」。但只以一次較好的表現，就推論為非常優異，不盡然正確。

2.價值估計的錯誤：易於低估或高估某個團體的正向價值；如上述例子，不能因為單一表現，就作為程度斷定的依據，而說甲班同學的程度可能比資優班好。

3.**差異性評估的錯誤**：易於低估或高估一個團體的變異性；仍以前例來說，不能以平均分數就說：「甲班學生都是表現突出的好學生」，因為事實上甲班學生的考試分數，有很大的個別差異。

我們每個人都可能因為性別、年齡、種族、身體特徵、社會階級甚至居住地，或是其他特質等，而被刻板印象所烙記，例如，「男兒有淚不輕彈」、「男大當婚、女大當嫁」、「心寬體胖」、「湘女多情」等。因此，我們也應當能體會，以刻板印象來判斷他人，是多麼的草率與不公平。

既然刻板印象常引起錯誤的知覺，為什麼仍然存在呢？這與我們意圖儘快將「不確定性」縮減有關。我們藉由刻板印象，幫助自己對於他人行為，提供一套有效的假設。在面對一個不同背景的人，會將刻板印象套用在那人身上，而且假設那個刻板印象足以作為正確的參考，直到我們獲得足夠的資訊來判斷為止。另一方面，也因為刻板印象提供我們關於他人的一些早期假設，藉此可以預期如何與對方互動，如此一來比較不那麼緊張。

從人際溝通觀點來看，不論是否因為偏見，我們都應該設法察覺刻板印象的存在，並加以排除。尤其種族和性別的刻板印象，在文化中已根深蒂固，很少人能完全避免這些偏見。但是，可以提醒自己要多包容，以免阻礙溝通。也需要警惕自己避免在言語及行動上攻擊別人，不要讓刻板印象持續下去。多嘗試與他人客觀的接觸，態度上保留較多的彈性。總之，我們應該努力察覺自己和不同的人相處時，可能出現的潛在偏見。

(四)不當歸因

歸因（attribution）是指對行爲覺察其性質與原因的歷程。每個人都有尋求意義的心理需求，對任何狀況都會試圖解釋。相信每個人的所作所爲必有原因，如果將行爲的原因歸於環境，稱爲「情境歸因」（situational attribution）或是「外在歸因」（external attribution）；若將原因歸於自身，則稱爲「個人歸因」（personal attribution）或是「內在歸因」（internal attribution）。無論歸因的正確或錯誤，我們所認爲別人行爲的原因，都會影響我們對他人的知覺。

歸因是從行爲「回溯」其動機及原因，因此，很容易發生不理性的情形。尤其，容易傾向於將自我的行爲歸因於情境及其他外在因素，而將他人的行爲歸因於個人內在因素，因此造成所謂「分歧歸因」（observer-actor divergent attribution）。比如說，成績不理想時，較不會認爲是自己不夠用功，而多半認爲老師給的功課太重，或老師講解得不夠清楚與精采，才使他「不得不」蹺課，讓他「沒有讀書的動力」。但成績好的學生，看到同學成績不理想時，所給予的評語多半是：「他已經不夠聰明了，還不用功！」這種分歧歸因的現象，在道德行爲判斷時尤其明顯。當我們自己違反道德規範時，會出現所謂「自我防衛機轉」（defense mechanism of self-structure），將行爲歸因於外在環境。但是當他人違反道德規範時，爲了藉此突顯自己的良好形象，則會以內在歸因來解釋他人的行爲。

這些不當的歸因，很容易造成雙方互動的誤解。舉例來說，林老師開課從不當學生，所以幾乎總是出現修課人數大爆滿的狀況，但私底下，學生對於林老師的課評價並不高。如果林老師不細察，很可能單純從學生選修人數，而做出「我的課教得很棒」的錯誤歸因。或者，在公司裡，小張是個勤奮努力的員工，雖不善言辭卻踏實勤勉。老闆前來視察時，小張仍在嚴謹工作，並沒有像其他人一樣對老闆逢迎拍馬。如果老闆未多觀察，很可能做了錯誤歸因，以為「小張居然不把我放在眼裡，這麼驕傲」。和偏見一樣，我們會拒絕接受與原先歸因相反的證據。研究顯示，對他人行為有利的歸因，通常會鼓勵他人表現正向的行為；反之，不利的歸因，則會促使他人表現更多負向的行為。人是「訊息的主動處理者」（active processor of information），如果我們能對生活中各種情境做更多的思考，就能減少對他人的判斷錯誤，可以改善歸因偏差的現象，避免許多人際誤解。

(五)情緒狀態

情緒狀態也是影響「正確知覺他人」的重要阻礙。Joseph Forgas的研究指出：「人們傾向於依照當時的情感狀態，來知覺與解釋他人的行為。」情緒低落時，對於新朋友的知覺比較負向。考試成績不理想時，對周遭人事物的知覺，可能被負向情緒所感染。反之，當你的學期成績出乎意料地好，對外在的知覺都會比較正面。不管我們對別人的知覺如何，重要的是，在溝通前最好先問問自己，目前的情緒狀態如何？是否會影響我們此刻的知覺？

情緒會影響知覺的選擇，「情人眼裡出西施」就是這個道理。我們會高估所喜歡的人，例如筱君是傑元喜歡並想追求的女生，他可能只看見筱君的優點，而忽略一些明顯的缺點。戀愛中的人常以為自己所愛的人完美無缺，等到結婚了，才發現伴侶的負面特質。但這些負面特質在別人看來，一直都存在，並不是結婚後才有的。

情緒也可能影響我們對他人的歸因。比如說，你這天心情愉快，跟朋友相約而對方遲到了二十分鐘，你或許也不會太過責怪對方，而相信是因爲「塞車」、「臨時有急事」以致於遲到。反之，如果你的心情不佳，朋友只是遲了五分鐘，都可能讓你大發脾氣；不但不能接受「塞車」的理由，反而會責怪對方「爲什麼不早點出門」。

六、改善社會知覺

錯誤的知覺常常影響我們與他人的溝通，下面這些方法，有助於對別人建立較眞實的印象，並且有效地評估知覺的正確與否。

(一)尋找更多資訊來檢視知覺

對別人下結論之前，先想想，我們的知覺是依據哪些資訊而來？這些資訊足夠嗎？是不是需要蒐集更多的資訊，來提高知覺的正確性。我們應該提醒自己，目前的知覺只是暫時的，要允許知覺改變。獲取有關他人的資訊，最好的途徑就是跟對方直接互動，才能有比較清楚的認識。逃避，只會讓印象繼續停留在表面化或道聽塗說的階段。試著開放自己的心胸（open mind），接受還有其他更正確的資訊。

(二)對知覺的眞實性主動質疑

我們多半習於「我在場，我親眼看見」，認爲自己所知覺到的就是事實。雖然看到、聽到、聞到或感覺到，但所知覺的仍不一定正確。可能只是事實的一部分，如果我們無法主動質疑，很可能會做出錯誤的判斷。接受錯誤的可能性，接受我們所知覺的未必是眞相，才有動機去尋找進一步的證明。

(三)接受我們對他人的知覺可能隨時間而改變

也許幾年前，你曾聽見甲同學說過別人的壞話，當時的知覺是：甲眞是個卑鄙小人。結果，你可能把甲的其他行爲也都看成是卑鄙的。但我們應當設法解除對他人的偏見，努力去觀察他的行爲，如果這人的行爲事實並非我們原來預設的，就必須捨棄偏見，修正自己對他人的知覺。人們習慣墨守陳規，因爲，維持原狀確實比改變來得容易。承認錯誤需要勇氣，但是，修正知覺絕對値得；不要依據過時的、不正確的知覺，來和人溝通。

(四)利用口語來查驗我們的知覺

有時，憑藉片斷的非語言線索來下結論未必正確。不妨在下斷言之前，先做個知覺查驗。知覺查驗又稱爲「印象查核」（impression check），是以口語敘述對於他人非語言線索的瞭解。知覺查驗需要先觀察別人的行爲，然後問自己：「那個行爲對我有什麼意義？」再將你對行爲的解釋，用口語的方式說出來，以確定知覺是否正確。舉例來說，蕙卿面無表情地回到寢室，然後一言不發地躺到床上瞪著天花板。室友君君過來問：「蕙卿，是不是發生了什麼事，讓妳那麼震驚？需要我幫什麼忙嗎？」君君以口語描述蕙卿的非語言線索，以驗證自己的知覺是否正確。也許蕙卿根本沒事，澄清後君君就不必過度擔心。

又如，莉俐以沙啞的語調告訴鄭星，她每日的工作負擔有多重。鄭星說：「莉俐，聽妳的語氣讓我覺得，妳似乎在生我的氣？」莉俐可能說：「沒有，我只是身體不舒服，喉嚨痛。」於是兩人的互動得到澄清。或者莉俐說：「是！我是在生氣！」在此情況下鄭星可以進一步瞭解，莉俐爲什麼生自己的氣。莉俐說：「不

是你，是我辦公室那個可惡的同事，今天沒來値班。」如果莉俐是生他的氣，鄭星可以進一步澄清引起莉俐生氣的原因，而莉俐若能接納鄭星的說明，兩人之間必能化解許多不必要的誤會。

這些都是知覺查驗的例子，我們利用口語查驗訊息的正確性。把經由非語言線索所接收的訊息轉換成語言，以便加以驗證或修正知覺內容。如果我們不對知覺加以檢視，就直接予以反應，可能會出現令人難過的後果。因爲，事實上，很少人能對他人的心理做正確解讀，假如你沒有檢視你的知覺，就容易只是「猜測」別人的感覺或行爲原因。如果你以論斷的方式，來作爲彼此互動的依據，對方可能會因爲你的態度而有所防衛，於是造成誤解甚至放棄溝通。我們總以爲自己對別人行爲線索的瞭解，是完全正確的，其實大部分情況是錯誤的。雖然，知覺查驗並不總能消除防衛性行爲——有時當個人的情緒壓力過大時，確實無法冷靜、合理的溝通，但是利用知覺查驗，可以減少對別人非語言線索的誤解，並減低防衛。

七、摘要

知覺是集結感官資訊並賦予意義的過程，知覺是我們選擇、組織和解釋感官資訊的結果。不正確的知覺，會使我們看到不眞實的世界，只看到我們所期待的樣子。

自我知覺是個人對自己的統整概念，由我們所扮演的角色而表現。自我印象是對自我概念的知覺，經由自我評價所產生；自我印象經由自我實現預言和過濾訊息而影響溝通。自尊則是我們對自己的正向或負向評價，影響我們的溝通行爲以及對他人的知覺。

影響社會知覺的因素包括：身體特徵和社會行爲、知覺偏誤、刻板印象、不當歸因和情緒狀態。研究顯示，如果你能避免依賴印象來決定對別人的感覺或評價，你的溝通將會比較容易成功。

如果你能主動質疑知覺的眞實性，尋求更多的資訊來檢視知覺，在反應之前先利用口語查驗知覺印象，並多和當事人直接互動。願意改變對人的知覺，你的知覺將有所改進，進而增進你的溝通能力。

練習一

在生活中找出幾個例子來練習知覺印象的查驗，步驟如下：

1.注意別人的行為，在內心描述該行為。
2.問自己：那行為對我的意義是什麼？
3.把對非語言行為的解釋，用口語表達出來，以澄清你的知覺是否正確。

例如：當老師皺著眉讀你的報告時

你可以做知覺查驗：「老師，從你皺眉的表情看來，你似乎不太喜歡我寫的報告？」結果老師的回答卻可能大大地出乎你的意料：「不會啊！你寫得很好啊！我有皺眉頭嗎？」

練習二

三人一組練習知覺印象查驗，甲和乙角色扮演一種情況，丙觀察。在交談中，甲故意使用種種的非語言行為表現情感，乙檢視其對甲的行為知覺是否正確，當他們完成後，丙分析乙在知覺印象查驗上的有效性。此練習中，三人都要有機會扮演甲、乙、丙的角色。

第3章 語言溝通

語言的發展
語言的功能
語言和意義的關聯
語言文字的複雜性
語言與溝通的關係
怎樣把話說得清楚
文化、性別和語言
怎樣把話說得適當
特殊的語言溝通障礙
摘要

在我們的生活中，或許曾經出現下面這樣的對話：

阿寶：「你們回來啦！超人呢？」

小君：「被老師留下來了！」

阿寶：「老師留超人做什麼？」

小君：「他女兒抓著超人不放啊！我們就先回來了。」

阿寶：「有拿到嗎？鐵金鋼怎麼說？」

小君：「說不行！」

阿寶：「還要改啊？」

知道這兩個人在說什麼嗎？超人跟鐵金鋼是什麼樣的玩具？其實，超人是阿寶跟小君的室友；而「鐵金鋼」是他們幫老師取的綽號。阿寶所關心的「有沒有拿到？」、「要不要再改？」是他們的活動企劃書。常常，在好友或家人間，就像阿寶跟小君一樣，不用太注意遣詞用字，也能彼此瞭解。但是，多數場合我們仍須清楚地使用語言，比如，和長官見面、參加辯論、面對衝突、應徵工作或討論問題等，否則溝通可能會是個大問題。

一、語言的發展

語言（language）是藉由具有共用意義的聲音和符號，有系統地溝通思想和感情的方法（曾端眞、曾玲珉譯，1995）。有些學者相信，人和動物最大的區別，在於人類有思考和溝通能力。在人類溝通上，語言有種種不同的用途；因爲語言才得以保留意義與經驗，進而傳承文化。根據沙匹爾（Edward Sapir）的「語言相對性假設」（the linguistic relativity hypothesis），人們的世界觀基本上是由語言所形成，並且必須藉著語言，才能描繪我們所認識的世界。我們所認知的眞實世界（the real world），其實是無意識地建構於語言習慣上。所以，講不同語言的人，所建構的經驗世界，自然有所差異。如果溝通是一條河，語言就是過河的舟船，因爲它們的來來往往，才幫助我們得以達成溝通的目的。一般來說，語言的發展必須由簡入繁，經過以下幾個不同的階段：

(一)前語言及前概念時期（the prelinguistic-preconceptual stage）

約在出生十個月之前，不管是餓、身體不舒服或者害怕，不同的感受都可能選擇「哭」來表達。基本上，這個階段無法有意識地使用語言或符號。

(二)語言時期（the linguistic stage）

約從十個月以後，直到學齡前。兩歲左右的孩童，開始會用單字表達，並且能夠將單字連結到物體上。比如說，他知道「球」指的是什麼，看到小皮球時，會自然發出「球球」的語音。但是這時候的孩童，多半發音不正確，例如「兔兔」成了「肚肚」，不過這樣的現象會隨著構音器官日趨成熟而改善。一歲以後的孩童，會想用單字來表達一個句子，比如說，當他說「貓貓」，所想表達的可能不只是「貓」這個動物而已，而是想要跟別人說「我看到一隻小貓」。兩歲大的孩子則會出現所謂的「電報語言」（telegraphic speech），所講的話語並不完整，像打電報一樣，利用單字來組合。比方說，孩童想表達「媽媽，我想喝牛奶」時，會說「媽媽，奶奶」。學齡前的孩童，語言能力已進步到可以用完整的句子表達，並學習文法的使用。

(三)概念時期（the conceptual stage）

學齡階段的兒童，幾乎已具備一般日常生活所需的語言能力，但是對於否定語句及被動語句的運用，仍有困難。比如說，兒童比較容易接受及理解「小狗要輕輕摸」（肯定語句），較難理解「不要欺負小動物」（否定語句）。再比如說，大部分兒童對於自己被同學欺負常出現「他給我打」，而無法說清楚「我被他打」。稍長之後，孩子能利用語言表達具體或抽象概念，不只區辨物件的大小、顏色，還可以利用語言加以歸類整理。到了十一、二歲的時候，能理解或描述一些抽象概念，例如，「快樂」、「難過」、「自由」、「死亡」等等。

(四)修辭時期（the rhetorical stage）

這是語言發展的最後一個時期，這時已能使用相當複雜的語句，並且配合思考活動的進行，試圖操作語言，用精準的方式描繪經驗的世界，並可利用不同的方式表達心意。甚至還能考慮到對方的年齡、性別、文化等不同立場來交談，使我們能得到所期待的溝通結果。

二、語言的功能

人際溝通中相當依賴語言，語言對於溝通的功能，說明如下：

(一)可以指示、標明和定義個人的思想、感情和經驗，以便和他人分享

但是在使用語言符號的同時，其實也受到語言符號的限制。如果遇到無法標明的時候，也就是沒有文字可利用的時候，你會發現很難和別人討論。舉例來說，我們要去買東西，如果說不清物品的名稱，可能在購物時發生困難。只知道要買冷凍水餃，卻說不出種類品牌，可能會從原來期待的「韭菜水餃」變成「高麗菜水餃」。如果缺乏語言文字，可能會迫使我們暫時不去討論那個現象，直到能用語言文字來說明爲止。例如，長久以來女性經常受到不適當的對待，由於這些行爲沒有名詞可以定義，而遲遲無法進行討論，更無法進一步爭取應有的尊重。直到最近，我們才將這些不當行爲稱之爲「性騷擾」，也因此才能討論女性免受不當侵擾的自由。當我們開始使用這個名詞之後，才能討論它的特質，並且確認哪些行爲屬於這個名詞的範疇，進而規範這些行爲。

(二)具有評估的功能

對所談論事物正面或負面的觀點，是由我們談論時所使用的文字而定。漫畫《娃娃看天下》裡有這麼一幕：不愛吃雞肉的吉也，在一次打開冰箱看見一堆雞肉時，發出驚呼「天啊！雞的屍體」。「雞肉」跟「雞的屍體」不同的語言陳述，意味的評價迥然不同。一個看似客觀而簡單的敘述「椅子是淡綠色的」，也依聽者對「淡綠色」的聯想，而對這把椅子產生不同的評價。喜歡淡綠色、覺得這個顏色清爽高雅的人，會認爲這是一把很有獨特風格的椅子；相對的，不喜歡淡綠色的人，在聽到「椅子是淡綠色的」，說不定反而覺得這是一把粗俗而廉價的椅子。有時候我們藉由文字傳達價值

觀時，會加以修飾而出現隱含曖昧的情況。比如說，我們覺得別人的報告不怎麼樣，可能說成「還不錯、蠻有進步的空間」。由於語言的評價性，所以必須小心選用，否則很容易引起不願見到的反應。

(三)可用來討論個人生命經驗中的一切事務，甚至進行假設性的對話

經由語言不只談論現在，也能談論過去、未來，甚至談論不在場的人與物。藉著語言回憶童年的有趣經驗，分析一個月後的總統大選情勢，學習世界歷史。語言可以讓我們學習別人的經驗，資源共享，建立共同的願景。因爲學習依賴語言，以致有時只注意到文字而忽略事實。比方說，葛薇告訴你，某位老師「冷面」，於是你對這位老師的知覺，可能不會根據直接經驗，而是依據葛薇的評語，認爲這位老師很冷酷。另外我們也利用語言來推敲語言；由於語言有「反身性」（self-reflexive）的特質，我們用語言來討論，是否有更好的文字組合，來形成更明確的說法。例如，同學聽到葛薇的形容後說：「葛薇，你說他『冷面』，實在不大對，正確的說法應該是『殺手』。」

三、語言和意義的關聯

通常我們以爲，只要選擇正確的文字，就能正確的解釋意義。但事實上，語言與意義的關係，並沒有這麼簡單。因爲，語言的使用具有創造性，而且語言必須經由學習而來。

(一)語言的使用具有創造性

我們說話的時候，是利用語言來創造能代表某些涵義的句子，比如「新新人類」、「LKK」。語言的創造性在孩童身上，就更顯而易見；當孩童還不曉得如何表達想法時，會依情境自行創造語彙。比方說，孩童用「香香堡堡的店」來形容麵包店，或者以「怕怕的汪汪」來說明一隻很兇的大狗。在語言的運用上，會因每個人的基模或參考架構不同而異。即使幾個人同時目睹一個事件，所描述的也可能大不相同；因爲，個人的敘述，反映其創造的表達方式。

(二)語言的使用需要學習

即便在同樣的文化裡，新世代會創造新的語彙，在第三版的《美國傳統字典》（*American Heritage Dictionary*）中就出現了一萬個新單字，例如，「hip hop」（街頭次級文化語言，包括饒舌歌）、「ㄅㄧㄤˋ」（形容十分搶眼、厲害）。有時候新世代的人，會對所學得的文字賦予新的意義，例如，「霹靂」的新意爲很炫、與眾不同。當同學覺得你的新衣搭配得十分新潮，可能誇你「穿得有夠霹靂」。「辣」也不再只是味覺上的感受，而是指女孩子在衣著言行上敢於表現。因爲語言創造出的改變非常大，所以要透過學習，才能眞正瞭解語言的意義。

四、語言文字的複雜性

在人際溝通中所利用的文字，至少有兩種意涵：一種是「名義上的」功能，也就是「外延意義」（denotation）；另一則用來傳

達情感上的絃外之音，稱之為「內涵意義」（connotation）。

(一)外延意義

外延意義就是文字的直接定義，也可說是字典上的定義；不過外延意義比我們想像中來得更複雜。不少文字都有一個以上的定義，還會隨著上下文而有不同的意義，或因時間而改變。以「gay」這個字來說，在1950年代，「gay」原意為歡欣的、愉悅的；在今日，一般用來指稱同性戀者。

(二)內涵意義

內涵意義則是伴隨字彙而來的個體感覺或評價，從C. K. Ogden和I. A. Richards（1923）的觀點來看，我們會因為自身的經驗而影響對文字的主觀反應。例如，從外延意義來看，「胖」指的是個人的體形碩大、體重超重；但是在內涵意義上就因人而異了，可能意謂著「動作遲緩、笨手笨腳」、「好吃懶做」、「脾氣雖好可是懶散」。

五、語言與溝通的關係

人際溝通可以分為「語言溝通」（verbal communication）及「非語言溝通」（non-verbal communication）兩種，都須經過訊息的編碼、傳送、接收、譯碼，以及回饋的過程。

在語言的互動中，除了語言的結構及形式，會影響互動品質外，更重要的是互動時語言的社會心理屬性。比如說，我們是依循怎樣的規則在進行會話？語言本身跟彼此的權力又有怎樣的關係？

所以說，語言能力不等同於溝通能力？語言能力，指的是語言的勝任能力（linguistic competence），它是個人在語言運用上，所能發揮的最高程度。而溝通能力，指的是社會溝通的勝任能力（social communicative competence），重要的是溝通者能否設身處地爲對方著想，而做適當的表達，並讓傳遞的訊息，容易爲對方所瞭解與接納。比方說，在大學裡有些教授的語言能力相當好，用字精準、滿口專業名詞，但是溝通能力卻不見得好，因爲他不能讓學生懂得自己所教的專業內容。眞正擅長溝通的人，應該是在語言能力及溝通能力，都可充分運用且適當發揮的人。如果我們能更瞭解人際互動的社會心理意義，對於善用語言能力來改善溝通，應能有所助益。

(一)語言溝通的規則

在複雜的溝通歷程中，溝通者都有自己的意圖和目的，在目的各異的情況下，如何使溝通順暢？在語言溝通中，每個人都不自覺地依照一個共通的溝通法則，這套法則就是講話的規則。如果參與溝通的對象只有兩個人，那麼對話將採「一來一往」的方式進行。若人數超過二人，語言的互動就變得複雜了。依據Sack、Schegloff及Jefferson（1974）的說法，二人以上的講話規則依序是：

1. 由正在講話的人指定下一個講話的人：例如，當老師上課上到一個段落，可能就會指定某一個同學回答問題，這時，那位同學會被團體期待應該接下來說話，而其他同學會保持沉默。
2. 由主動講話的人來接著講話：在前面的例子中，如果被點名的同學一直沉默不語（抗拒接受語言接續的指定），老師問：「有誰能回答？」於是，主動回應的人就掌握了發言權。

3.如果都沒有人講話，發言權就回到原先講話的人：比如說，當老師問了：「有誰能回答？」全班同學仍舊鴉雀無聲（沒有人接續語言對話的進行），接下來通常就是老師說：「怎麼都不會呢？不是才剛教過嗎？」

由此可知，說話不是一個無意識的隨機歷程，而是依循一套社會認可的規則來進行。如果所有參與者都遵照這套規則，溝通即可順利進行。若有人不遵照規則，則可能使得溝通中斷。以前面的例子來說，當老師指定某人回答時，如果大家都搶著要講話，這種規則就被打亂了；訊息混雜的情況下，可能使得溝通無法持續。

(二)語言表達中的權力關係

溝通雙方用什麼樣的方式講話，其實常受到兩人的社會關係所影響。舉例來說，對地位較高或是較不熟悉的人，通常不會直呼其名，而是在姓氏之後加上稱謂，例如，簡校長、蘇主任、郭博士、陳小姐、王先生等。對於熟悉的、地位對等或較低的人，通常會逕呼其名。說話中，如何選擇稱謂，通常受到兩個概念所影響，一是所謂「權力語意」（power semantic），意指談話者的權力及地位層次；另一則是「團結語意」（solidarity semantic），是指兩人共有的社會經驗，也就是彼此的熟悉度。從權力語意來看，權力較大或地位較高的人，會被冠以正式稱謂；從團結語意來看，熟悉度高、有較多共有社會經驗的人，比較能夠直呼其名，並且自由交談。

六、怎樣把話說得清楚

有效溝通的最基本條件，就是能夠清楚傳遞訊息，也就是能讓傾聽者接收到的訊息，與我們所傳達的訊息相吻合。如果說得不清楚，讓傾聽者有過多的意義選擇的話，彼此就較難達成共識，甚至會讓傾聽者覺得挫折和產生情緒反應。清楚說話的指標，主要指語言表達上能夠明確和具體。

(一)明確與具體

所謂「明確說話」是指，用字正確或精準；然而一般人際溝通，用字常流於草率，例如，形容身材稍胖的女性，用「豐滿」抑或「肥胖」，感覺就完全不同。又如，班長向同學宣布：「老師說：『週一下午五點以前，全班都交報告。』」這裡的「說」其實是含糊的，如果換成「規定」、「強調」、「建議」、「希望」，意思就不一樣。在法律條文中的用詞如「應」或「得」，一字之差就差之千里。所以，用字不明確，常會引發不同程度的誤解，因此而影響溝通的效益。

什麼又是「具體說話」呢？意思是讓所要表達的涵義精準、對焦。講話時，腦中所想的通常比較抽象、籠統，對傾聽者來說，雖然範圍正確卻涵義過廣，無法出現具體圖象。比方說，小馬的職業是工人，這就包括：工廠、工地等不同的狀況，如果進一步描述小馬是建築工人，對這人的瞭解就比先前來得具體。如果進一步說明小馬是板模工人或是油漆工人，在腦海裡所繪出的小馬形象就更精準了。

具體的語彙能把抽象的想法或價值觀，變成引起感官注意的訊息，甚且可以形成明確的心理圖象。適切的文字可讓形象具體化，比方說，「小馬是個隨著工地四處工作的板模工人」，就比「小馬的職業是工人」來得具體。有時候我們要舉例才能讓形象具體化。比如，形容朋友小毛「對人很厚道」，接著說：「小毛絕對不會在

背後批評朋友」，這樣用具體的例子來形容厚道的概念，聽的人就更瞭解了。談話中，很多模糊的字眼，例如，「有些」、「大多數」、「差不多」、「也許」、「有可能」、「說不定」，會讓溝通雙方在理解上產生很大的差距。如果能用確切的事實和數據來佐證，表達的意思就會清楚得多。

(二)增進表達的明確與具體

清楚說話的方法包括下面幾項：

◆貯備有效的字彙

字彙的運用是清楚說話的關鍵，能運用的字彙愈少，溝通的潛在困難愈大。增加字彙的方法之一，就是利用工具書，也就多查字典或辭典等。第二個方法是從每天的生活中積極學習，包括每天所讀到或聽到的。閱讀時，對意義不確定的字要查清楚，也有助於增加字彙。

◆練習腦力激盪

「結構化的腦力激盪」（structured brainstorming）是一種不具批判性與評價性的思考激發過程，就像單字聯想一樣。例如，想表達有關音樂屬性的概念，可以腦力激盪出「古典」、「搖滾」、「鄉村」、「交響樂團」、「室內樂團」、「獨奏」等。與人談話時，試著暫停一下，腦力激盪出其他可用的字辭，再從中選擇最能清楚表達的字彙。舉例來說，假設你在和朋友談論球賽，你原來說：「這場球賽眞差勁。」停下來，想想看，有什麼字比「球賽」更明確？哪一部分讓你覺得差勁？是「攻擊」、「防禦」還是「傳球」？然後重新講一遍：「這場籃球賽，沒有精采的進球鏡頭。」

◆注意時間

所謂時間，是指某件事實所存在的參照時間指標。我們就常引用早期的資訊，來為現在的事情下定論。例如，翁老師跟鄰居說：「我要調到台南縣某國中教書」，鄰居回答：「那所國中很鄉下，學生人數很少，老師很清閒喲！」等翁老師到那所國中一看，每個年級都有二十班，算是個大校，爲什麼會出現這樣的差異？因爲翁老師的鄰居對那所國中的描述，可能是七、八年前的印象了。如果翁老師的鄰居說：「七、八年前，那所國中因爲地處鄉間，民風純樸、人口少，所以學生人數不多，教師的負擔並不沉重，但是現在的狀況我就不清楚了。」就較爲正確。

幾乎每件事都會隨著時間而改變，有些改變微小，有些改變很大。總之，舊資訊很可能並不正確，爲了符合時間推論，我們應該考慮資訊是在什麼樣時間架構下出現的。如果自己的敘述並非依據當前的時間架構，就必須提出這個資訊的參照時間。如果我說「小美看起來心情不太好」跟「小美剛剛看起來心情不太好」、「小美昨天心情不太好」，是不是不太一樣？我們無法阻止事實隨時間而改變，如果在語句陳述中標明時間，就可以提高訊息的正確性與有效性。

(三)注意指標

標明「指標」（indexing）可讓我們標明事實的個別差異，避免不當的推論。「刻板印象」就是忽略了個別差異，即使一般男性比女性強壯，卻不能就此說小馬（男性）的力氣比小帆（女性）大。「指標」就是在言語或是內心中，對於某類屬性的成員予以特定標示，以便加以區分，避免造成溝通誤差。標明的方法也許是特定稱謂或數字、序號，例如在考試的類屬裡，我們標明第一次段考、第二次段考等。標明指標的程序如下：

1.思考你想說的特定類屬的概稱，也許是物、人、地方或其他。

2.除了說明概稱，還要有適當的描述，以免錯誤推論。

舉例來說，當朋友問：「車的油箱門在哪？」如果回答：「在車子後方」，就可能訊息不清。換一個方式來回答：「機車通常在車子座墊前方，汽車多半在車子後方兩側。以我開的TOYOTA車子來說，油箱門在車子後方左側，不過也有少數的車是例外，要依你車子的型式或廠牌而定。」這樣就清楚多了。每個人都會有推論性的敘述，但是如果能注意指標，就能避免產生草率甚至錯誤的推論。

七、文化、性別和語言

在文化層面上口語溝通的差異，可分成「低情境和高情境溝通」（low and high-context communication）來說明。低情境溝通將「多數資訊予以明顯編碼」，高情境溝通是「多數資訊存在物理情境或內化於個體之中，只有少數予以明顯編碼」。低情境溝通文化的人，傾向以直接方式表達；高情境文化的人，則以間接方式溝通。比如，我們說：「只可意會，不能言傳」，就屬於高情境溝通。常常可以談好幾個小時，卻不把意見表示清楚。或有些夫妻或親子之間，不習慣用口語直接表達愛意，而要彼此從情境線索中體會。再者，你很擔心自己的學期成績，於是在收到成績單之前去找老師查閱成績，低情境文化的人會說：「我可以先知道自己的學期成績嗎？」高情境文化的學生則是：「不知道成績單什麼時候才會寄出來呢？如果可以先確定自己沒被當就好了！今年我已經很用功了，可是還是好擔心啊！如果我想先查成績，會不會太麻煩老師啊？」

在某種文化中，具有明確或特定意義的字，在其他文化裡可能完全不同。例如，雪佛蘭（Chevrolet）公司曾有一款Nova車型在拉丁美洲上市，但是銷售情況極差，因爲Nova在西班牙語中爲「不能走」的意思。同樣地，一位台灣留學生在美國讀書期間，申請了一張號碼爲「99C」的車牌，當所有的美裔同學都向他道賀，直誇是個幸運號碼時，留學生的臺灣籍母親卻堅持非把車牌號碼換掉不可，因爲不吉利，「99C」在台語的發音爲「壓死」。

有時候即使用字相同，因爲文化背景的差異，溝通也會產生很大的障礙。例如，「人生許多事都有因果」，在西方文化可能指的是「人的一生中會有許多事互爲因果，要怎麼收穫就要先怎麼栽」；但是在中國文化裡，意思可能是「這一輩子發生的事跟前世的業障有關，這一世造什麼業，下一世就會受什麼果」。再比如，中國字裡的「金木水火土」指的不只是物質，還可以是「五行」。

語言的使用也存有一些性別差異，在美國文化中，如「history」、「chairman」等字彙，隱喻男性是意見代言人，女性則應該沉默。中國文化也是如此，生了男孩就稱之爲「弄璋之喜」，生了女孩就成了「弄瓦」。在長期的性別不平等關係中，使得女性在語言表達上較缺乏自信。因此，女性較少在公開場合中表達意見，而且較喜歡強調語氣，如「非常」、「每次」、「絕對」等形容詞，以期待自己的言辭獲得更多認同。另外也更擅長在說辭中保留餘地，如「大概」、「好像」或「還好」等說法。女性比男性更常使用附加問句，在溝通中顯得較不果斷，例如：「覺得他唱得好棒，對不對？」或「我記得明明放在這個櫃子裡啊，不是嗎？」。

兩性溝通語言的差異，正反映彼此在溝通角色上的不同看法。女性比較在乎「人際關係」，所以溝通是與人建立並且維持關係的重要方法；男性則強調「任務達成」，所以溝通是用來控制、維持自主性及強化個人的地位。不過，大體而言，兩性在語言使用上雖然有差異，但隨著社會的開放與兩性漸趨平等，差異也日漸縮小。

八、怎樣把話說得適當

「適當說話」的意思是指，言辭的運用能符合聽者的需要、興趣、知識及態度，使溝通得以順利進行，並促進彼此的互信關係，避免人際疏離。人際間如果是善意的，且彼此喜歡、信任，對於對方的言辭就會有較多的接納與信賴；反之，如果敵意越深，彼此越會提防其言辭。因此，在與人溝通之前，能開放自己、瞭解自己、保持善意，並且提供一個與對方建立良好關係的機會，是強化溝通效益的不二法門。

(一)運用正式與非正式語言

因爲情境與對象的不同，有正式及非正式語言之分。對於特定的人或團體，仍應有特定的適當用語。比方說，和好朋友交談時，會使用非正式語言：「喂！你過來一下好不好？」可是和主管談話，就必須使用較正式的語言：「經理，能不能麻煩您過來一趟？」有時因爲情境不同，語言也必須做適當調整。例如，參加研討會時，即使報告者是你非常熟稔的好同學，還是要用較正式的語言，如：「第4頁的數據似乎計算有誤，能否請您再做說明？」

(二)避免使用術語和非必要的專有名詞

我們很容易過度熱衷於自己的工作或嗜好，疏忽了不同背景或不同興趣者的感受；其實，他們對我們習以為常的語言，並不太能瞭解。適當的語言溝通中，並不存在太多的術語和專有名詞。比如，一位醫師或電腦專家，與非專業者說明自己的專業時，若不能用對方所能瞭解的語言，溝通將很難持續進行。

(三)保持敏銳的察覺力

溝通上的許多失誤，常因使用了一些冒犯他人的不當語言，例如，性別歧視、種族歧視或其他偏見的用語。要適當的說話，就要能敏銳的察覺這些不當用語，並加以避免。最常見的不當用語有「類屬語言」（generic language）和「不平等語言」兩種。

◆類屬語言

類屬語言之所以會造成困擾，主要是因為它以性別、種族、年齡或其他特徵為基礎，在文法或涵義上，隱含有排除他人的意思。例如，在傳統的用法上，我們用男性代名詞「他」來代表全人類，不分性別。例如，「當一個人要買東西時，通常他（he）會知道自己該去哪裡買」。雖然這樣的敘述在文法上並沒有錯，但是現在則可能會被認為帶有性別歧視的味道。或是，在英文中提到「人類」，用語之一是mankind，這些用法幾乎都排除了女性。因此，如果無意特別指明性別，在用語上就不要只用男性代名詞，而要以下列方法來處理：第一，使用複數。例如，用「教授們所學淵博，在特定專業上，他們的（their）觀點頗值得參考」。第二，男女代名詞一起使用。例如，「因為教授學識淵博，在特定專業上，他（她）的（his or her）觀點都頗值得參考」。第三，避免使用帶有性別主義的字彙。要說主席時，用「chairperson」代替「chairman」；提到警察時，用「police officer」代替「policeman」；形容產品是純手工製造時，不說「man-made」，而說「hand-made」。這些改變看起來微不足道，但是卻有助於溝通。

◆不平等語言

不平等語言是說，在言語上，對不同的人出現不同的對待，有輕視對方的意思。有時候我們會不自覺的爲他人加上不必要的標籤（marking），也就是在一般敘述之外加入性別、種族、年齡等不必要的指標。比如，我們要讚美一位醫師：「張醫師是一位對醫學界貢獻良多的原住民醫生（或殘障醫生、女醫生）。」以醫學貢獻來說，張醫師是否爲原住民、殘障者或女性，並不是重點。「醫生」這個字眼，便足以代表他的身分，因此，「張醫師對醫學界貢獻良多」，語意上便已足夠；「原住民」（或是殘障者、女性）的標記，是個不需要強調的無關特徵。因爲，有時無謂的標記，會使本來要陳述的重點被淡化，聽的人可能會做其他的解讀，形成一些不必要的困擾。

另外一種不平等語言的型式是，將談論的對象與其他無關的人做不必要的連結。比如，我們常聽人說：「小娟眞的很能幹，她先生就是某某公司的總經理。」看到這個句子，你認爲把小娟的先生特別提出來，有助於強化對小娟的讚美嗎？或者，這個連結會不會讓人以爲，暗示小娟其實不完全因爲自己的能力，而是依附著先生的成就呢？言語有時比利劍更能傷人，文字的傷害性有時是永久的，如歷史上許多民族被冠以「蠻夷」、「蕃仔」、「番邦」等。有時青少年打架，就因某人在遊戲中稱他的父親爲「廢物」。當我們對聽者的參照架構不瞭解或是不夠敏銳時，可能會說出一些與本意相違背的話。只要一句話不適當，就足以破壞整個互動行為。

九、特殊的語言溝通障礙

除了一般性的溝通困難之外，還有些涉及病理診斷的部分。像這一類的特殊困難，雖然無法以一般原則加以歸納，但是，在生活中其實並不罕見，因此必須以正向態度來探討與面對。如果遭遇這類特殊的溝通困難，應儘早向相關醫療專業請求協助，切莫諱疾忌醫，才是解決之道。以下我們就簡單予以介紹。

(一)自閉症的溝通障礙

自閉症患者語言溝通的障礙，大致分為重度、中度及輕度。重度者，多數時候他們不太講話，也少有回應；中度者則能夠利用字彙，但是常常以手勢代替語言；輕度者則較能使用句子。因為自閉症者通常在溝通的能力與意圖上，顯得較為低落，因此比較不善於利用語言與人互動，人際的困擾因此容易發生。自閉症者的溝通訓練，最好能夠藉助語言治療師的專業協助，階段性地規律訓練。

(二)腦性痲痺者的溝通障礙

腦性痲痺（cerebral palsy）是一種腦神經特殊障礙的疾病，會因此導致言語及運動的失調。因為影響到說話器官或其他相關肌肉（包括臉部），使得溝通產生困難。在幫助腦性痲痺者學習溝通之前，最好先針對其認知發展及原有的溝通能力審慎評估，藉相關神經專科醫師及語言治療師的協助，提供適當的訓練。

(三)語言學習障礙者

「語言學習障礙」（language learning disability）包含甚廣，有綜合性障礙（指稱、重複、理解等能力都較弱）、指稱障礙（叫出特定事物的名稱上有困難）、指稱及次序排列障礙（叫不出名稱且組句困難）、語音排列錯誤障礙（重複能力弱且排列錯誤）、口語障礙（重複句子及口語組合有困難）、理解障礙（對聽到的內容無法理解）等數種。語言學習障礙的成因複雜，多半涉及神經性與生理性因素，甚至基因遺傳等，必須經過醫療專業的詳細測驗與診斷，才能提供適當協助。

(四)失語症的溝通障礙

失語症（aphasia）常伴隨著中風及腦部傷害而出現，主要因為腦部受損而對語言的理解及運用產生困難。失語症者在語言溝通的困難，概分為三類：

1.全面性失語：語言中樞遭受重大破壞，不能表達也無法理解別人的話語。
2.感受性失語：可以表達，但在語言的理解上有困難。
3.表達性失語：聽得懂卻說不出口。

失語症的治療必須依腦部受損狀況及語言功能，配合醫療及復健專業人員的訓練。

十、摘要

語言是溝通的符號系統，語言發展的階段包括：前語言及前概念時期、語言時期、概念時期及修辭時期。語言的特質與功能，包含指示、標明、定義以及評估；我們利用語言來談論經驗以外的事物，甚至談論語言本身。

語言文字包括外延意義及內涵意義，外延意義是字典上的涵義，這部分雖然一般來說爭議較少，但因大部分的文字在字典上都有一個以上的定義，而且不同的世代會創新文字的涵義，所以仍頗爲複雜。文字的內涵意義則涉及聽者對於文字的感情和評價而定，每個人根據這個字辭的獨特經驗或情感，而形成自己的定義。

語言能力跟溝通能力並不相同，溝通具有社會心理屬性。講話的過程中會隱含特定的規則，語言本身也不獨是語言而已，更具有權力指標的意義。眞正善於溝通的人，應該在語言能力及社會溝通能力上，都能充分發揮。

語言溝通中，可以更加強明確性與具體性，並且注意時間及指標，可能帶來的不當推論，接納性別及文化上產生的溝通差異，即可增進語言溝通的清晰性。適當說話的意思是，能運用符合聽者需要、興趣、知識和態度的語言，避免雙方產生誤解，促進彼此的關係。另外，避免使用類屬語言和不平等語言，也可以減少不適當的溝通。

特殊的語言溝通障礙包括：自閉症者、腦性痲痺症和語言學習障礙，以及失語症。這些特殊的溝通障礙不能單靠一般性的溝通技巧訓練，而須藉由醫療專業人員及語言治療師的協助，重要的是對於這些特殊溝通困難者有一些基本瞭解，切勿諱疾忌醫。

練習一

找個同學跟你一起討論下列主題，最好錄音記錄；彼此互相回饋，想一想，在剛才的對話中，有哪些引起誤解的地方？能不能重新表達得更清楚？

選舉	政治家	婚前性關係	結婚儀式	工作面談
汽車	聯考	生涯計畫	異性朋友	捷運
餐廳	學費	立法委員	宿舍門禁	童年經驗

練習二

自己的經驗中，曾經因為偏見的語言，而產生不舒服的情緒嗎？回顧一下，在那樣的經驗中，對方最讓你產生負向情緒的字眼是什麼？那個語言應如何修正才較適當？

第4章 非語言溝通

非語言溝通的特性

非語言溝通的要素

加強對非語言溝通的瞭解

摘要

在大哥大的廣告中，胖胖的老鳥業務員，對著年輕的菜鳥業務員，提及新進公司的女性同事：「我感覺她好像『煞』到我」。說這話的時候，那位女同事正跟坐在一旁的年輕業務員彼此交換著微笑　。

非語言溝通就是一個人透過說話語氣、臉部表情、眼神注視、手勢，及其他身體動作、穿著等來表達訊息，企圖影響他人的溝通行爲。人際溝通中，65%經由非語言訊息來傳達；顯示非語言的溝通，更應受到注意。非語言溝通的功能有下面五種：

1.表達情緒：傳遞內在的情緒感受。
2.傳達態度：用以維持彼此的友誼或其他關係。
3.搭配並潤飾言談：與口語表達的步調相配合。
4.呈現自我形象：藉助儀容修飾，或說話的音調口氣。
5.儀式行爲：比如問候等。

一、非語言溝通的特性

溝通經驗中，非語言溝通給人的感受，常比語言溝通來得眞切。這麼說並不表示語言溝通不重要，陳述事實的時候，語言溝通具有獨特的價值與功能；若涉及情感層面，非語言溝通則較占優勢。當我們看見一個人緊閉雙脣、眉頭深鎖，即使不清楚發生了什麼事，也能推測他（她）此刻可能有負面的情緒感受。看見某人昂首大步走進辦公室、臉上堆滿笑意，就知道這個人心情不錯。雖然非語言溝通的研究起步較晚，卻發展迅速。近二十年間，已出現所謂「神經語言程式學」（neurolinguistic programming）的專門研究。

非語言溝通和語言溝通，有相當大的不同；非語言溝通是持續的、多重管道的，訊息較模糊，呈現較深的情緒內容，並且有較多的文化差異。

(一)非語言溝通的持續性

說話是聲音從口中傳出來開始，聲音停止時結束。但非語言溝通則只要人們在一起，溝通行爲就一直持續。即使「沒反應」，在非語言溝通中仍具有意義。舉例來說，金庸名著《神鵰俠侶》，郭靖護送姪兒楊過上終南山全眞派習藝，途中，楊過向郭靖問起自己父親的死因，郭靖「臉上變色，身子微顫，黯然不語」；楊過年紀雖小，卻也覺得其中必有隱情　。所以，郭靖雖一語未發，但是兩人之間的溝通卻一直都在進行。

(二)非語言溝通經由多重管道進行

不論文字或口語符號，基本上都經由一個管道出現，或者看、或者聽。然而，非語言符號不只可以看到、聽到，還能夠感覺到、聞到或是嚐到，還可能同時進行。比如說，當我們生氣時，利用的溝通管道就包括：挑起雙眉、瞪大眼睛、握緊拳頭、說話時聲音上揚、嗓門可能越來越大等。換句話說，如果你告訴朋友：「我一定幫你的忙」，朋友將依賴你的語氣和聲調、面部表情與姿勢，判斷你是否眞的願意出力。

(三)非語言溝通呈現較深的情緒內容

有時候我們企圖在語言上掩飾自己的眞實情緒，卻不經意地經由非語言的管道透露出來，Ekman和Friesen（1975）稱之爲「非語言洩露」（nonverbal leakage）。每個人或許也曾出現這樣的經驗，嘴上說「不緊張」，卻不自主地握緊雙手，甚至手心滲出汗來，這就是非語言洩露眞實情感的例子。當你知道自己最用功讀書的科目，成績不佳時，表情上可能會洩漏出失望的非語言訊息；當有些事讓你覺得有趣時，可能會笑出聲來；跟情人黯然分手的時候，即使言語裡沒有傷心的訊息，但是下垂的嘴角，盈淚欲滴的樣子，就已清楚傳遞你內心的感受了。當語言和非語言的反應相矛盾時，人們會感到迷惘，而用較多時間來思考判斷何者爲眞。但是，最後通常比較容易受到非語言符號的影響。

(四)非語言溝通的模糊性

非語言符號在溝通上比較模糊，不容易得到正確的解釋。模糊的原因，一部分因爲非語言的發訊，可能有意也可能無心；另一部分則因爲同樣的訊息，背後可能隱含不同的意義。例如，「微笑」就有許多不同的意思，也許是表達自己的友善，也可能爲了掩飾緊張，或可能只是無意中想到另一件愉快的事。非語言溝通也比較容易產生個別差異，因爲人格特質的關係，害羞的人表達善意時，很可能笑得很含蓄，也沒有直視對方。這時候，如果他人以爲笑得很勉強，就造成誤解了。而且，人們還會依自己的參照架構，解釋非語言訊息所隱含的意義。

(五)非語言溝通的文化差異性

我們無法瞭解外國話，卻可以透過非語言符號，來瞭解其想法或感覺。Ekman和Oster（1979）的研究發現，「在面部表情和解析上，不同文化間有明顯的相似處」，例如，快樂、生氣、害怕和驚訝等情緒的表達。但有時候，同樣的非語言符號，在不同的文化裡，卻代表不同的涵義。或利用不同的非語言符號，表達類似的意圖。例如，一樣是問候，中國人是「打躬作揖」，日本人是「深深一鞠躬」，在歐陸國家可能是「脫帽、身子前傾」的姿態，到了拉丁美洲則是「熱情擁抱」，愛斯基摩人則是「互拍肩膀」。

二、非語言溝通的要素

Crable（1981）指出，非語言行為包括：肢體動作（kinesics）、超語言（paralanguage）、空間接近性（proxemics）、時間行為（chronemics）、觸摸（haptic）、身體特徵（physical characteristics）、自我表現（artifacts）等。

(一)肢體動作的功能與類型

在所有非語言符號中，我們最熟悉的就是肢體動作。瞭解肢體動作如何使用，對瞭解非語言溝通是很重要的。對不留心的人而言，所有肢體動作可能都是無意識的；然而，事實上，肢體動作具有相當重要的溝通功能。

◆肢體動作的功能

❶象徵的功能

我們經常使用肢體動作來代替字句，Ekman和Friesen將這個部分稱為「象徵」（emblem）。就像我們學習文字一樣，我們也學習各種肢體動作的涵義，包括訊號和手勢。比如說，豎起大拇指表示「第一名、一切順利」，拇指和食指伸展成V字形則有「勝利、和平」的意思，搖頭表示「不」，「是」則爲點頭；「也許」、「無所謂」或「不知道」時則聳肩。

❷說解的功能

用手勢來強調或補充所要表達的意義，這時非語言溝通稱之爲「說解」（illustrator）。通常我們用手勢來說明五種狀況：

1.強調語意；握拳說：「加油！」
2.表示思考的路徑或方向；老師移動手指，在空中描繪出連續線條說：「這次的成績分布，呈現這樣的曲線。」
3.表明位置；餐廳服務生指著餐聽一角說：「坐那一桌，好嗎？」
4.用來描述；以手來表示尺寸：「我想找一位大概150公分高的女生」。
5.用來模仿；我們可能學著旁人搖頭的樣子說：「她就這樣輕輕地搖搖頭。」

❸情緒表達的功能

非語言符號也經常代表「感情的流露」（affect display），比方說，寒流來襲，你因爲有課，必須一大早離開溫暖的被窩，看著室友還舒服的蜷縮在床上，心裡著實的不甘願。整理書包時，不小心把心愛的筆摔在地上了，這時候電話鈴響，是室友的男朋友打來的，這時候的你，會有什麼樣的心情？接聽電話的口氣如何？會以什麼樣的方式叫室友起床接電話？所表現的非語言符號常常不是有意的，而是很自然地發生，這種反應就稱之爲「感情的流露」。肢體動作的情緒表達，有時會經過修飾，修飾的情況有以下四種：

1.強化：有時候肢體表達出的情緒，較眞正的感覺更強烈；例如，阿凱在客廳被哥哥不小心撞了一下，整個人就暴跳如雷。

2.弱化：肢體表達出的情緒，較眞正的感覺微弱；例如，唐先生在商業談判中大獲全勝，卻只是點頭微笑。

3.中性化：不管感覺如何，均出現若無其事的反應；例如，小麗剛才聽說自己的先生有外遇，仍繼續忙著做生意。

4.僞裝：情緒反應與眞正的情緒完全相反；例如，「貓哭耗子假慈悲」，就是情緒僞裝的極致表現。

❹調節的功能

非語言符號亦可以用來「管制」溝通的進行。例如，眼神的移動、頭部的轉動、身體姿勢的改變、點頭等，都示意著溝通應持續或終止，是否重述或是需要講快一點。這樣的控制稱之爲「調節」（regulator）；善於演說的人，能根據聽衆的非語言符號，來調整自己的演說內容及表達方式。例如，什麼時候該說笑話、運用哪一類的語彙、舉什麼樣的例子等。

❺調和的功能

人們講話時可能會出現抓頭、頓腳、絞頭髮，或扭動雙手、轉筆等舉動，這些無意識的行爲，能紓解緊張情緒，減低說話者的壓力，稱之爲「調和」（adaptor）。

◆肢體動作的主要類型

❶眼神接觸

眼神接觸是指直視或凝視溝通對象，除了滿足溝通雙方的心理需求之外，還可以藉此檢視溝通效果。比如，分辨對方是否用心傾聽，是否專注於彼此的對話，以及是否有所隱瞞等。從生物的演化來看，「注視」是個重要的訊息，有時被視爲一種「威脅符號」（threat signal），帶有挑釁的意味；這也許可以解釋，爲什麼青少年會因爲「被多看了幾眼」就拔刀相向了。另一方面，注視亦代表「親密符號」（affiliative signal），就像一般所說的「眉目傳情」。

眼神接觸的多寡，有它不同的意義。Knapp和Hall（1992）指出，人們在交談時，約有50%～60%的時間注視對方；說話者眼神接觸對方約40%，而傾聽者則有60%以上。除了少數人擅長利用眼神接觸來僞裝之外，眼神接觸的程度可作爲溝通評價的參考。討論的若是令人舒服的話題，或對某個議題感興趣、企圖要影響他人時，我們的眼神會和對方較多的接觸。相反地，如果談論的內容令我們不自在，對於話題或談話對象缺乏興趣，或是我們的情緒上感到不安時，自然會避免眼神接觸。

另外，眼神接觸的程度，會因文化背景的差異而有不同。Larry Samovar和Richard Porter（1991）的研究發現，並不是全世界的人都習慣直接的眼神接觸；以日本來說，溝通中直視他人的眼睛是不禮貌的，只能看喉結附近。中國人和印度人也認爲，應將視線放在較低處，表示對他人的敬意。相反地，阿拉伯人在交談時，眼神一直保持密切接觸，因爲這樣才表示感興趣。不同性別間也有差異存在，對女性而言，不管互動的對象是男人或女人，都會比男性維持更多的眼神接觸（Julia T. Wood, 1994）。

❷臉部表情

臉部表情是運用臉上的肌肉，來表達對訊息的反應，或自己的情緒狀態。形成臉部表情的肌肉主要有三組：額頭和眉毛、眼睛和鼻樑，以及臉頰、嘴、鼻子的下半部和下巴。Ekman和Friesen（1969）發現，不同文化的人在下列六種基本情感的表情上是相同的，即：快樂、悲傷、驚訝、害怕、生氣和厭惡。與人互動時，臉部的表情通常相當活潑，其中又以「微笑」爲最主要的增強力量，亦是人際互動的主要報酬。有人能控制自己的臉部表情，甚至誤導他人的判斷；因此，必須察言觀色，避免受制於他人的表情，而無法眞正理解他人的意圖。

❸手勢

藉著手、手臂和手指的移動，可描述或加強語氣。當我們形容「大約這麼胖」、「差不多這麼小」時，常會搭配語言而出現手勢。同樣地，在說：「放這裡」或「別吵」時，也會利用手指、拍掌或其他手勢來輔助。每個人說話時使用的手勢不盡相同，有些人「比手畫腳」，「用手說話」的情形似乎比別人來得多。

手勢代表的象徵意義，常常與文化（或次文化）有關。比方說，將拇指與食指圈成一個圓圈狀，在美國意指「ok」，在法國南部則代表「0」或是「沒有」。在播音過程中常出現的「手切喉嚨」的手勢，代表「停止，打斷談話」。

❹姿勢

姿勢是指肢體的位置和移動，可視爲手勢的延伸，包含較大及較緩慢的身體動作。姿勢的改變也是一種溝通，「點頭」表示正向的意見，點頭的幅度較大，意謂著對訊息的同意；幅度較小，則視爲「注意符號」（attention signals），表示「聽到了」、「看到了」，也就是注意到發訊者所發出的訊息。如果身體突然坐直而前傾，表示高度注意；站起來可能表示「我做完了」；背對著人則表示不想注意。除此之外，我們對他人的情感態度，也是影響姿勢選擇的原因。通常會對不喜歡的人，採取比較防衛的姿勢，像是兩手叉腰、手臂交疊在胸前等。

❺姿態

姿態指的是互動中自信肯定的心理態度，約有20%的人和陌生人接觸或是在團體中講話時，會出現高度緊張的姿態。有些人雖然能夠私下面對陌生人，但在公眾場合公開演講或發言，則很容易緊張。當人們對自己的應對能力較有信心時，緊張程度就會降低。

(二)超語言

超語言或稱爲聲音學（vocalics），注重的是事物如何被說出來，而不是說話的內容。超語言的範疇包含：音頻（rate）、音量（volume）、音調（pitch）、音質（tonality）和聲音的靜止（pause）與鬆緊（stress）等，總括來說，含括各項聲音的特色和口語的干擾。

◆聲音的特色

聲音的四個主要特色爲：音頻（聲音的速度）、音量（聲音的大小）、音調（聲音的高低）和音質（聲音的特質）。這些不同特色的作用，能加強或抵消語言傳達的意思。當情緒處於憤怒狀態時，說話的音調高、大聲、速度快。心情難過時，則會出現較低沉、輕聲而緩慢的說話方式。緊張時會升高音調；快樂、害怕時，話就講得比較快；猶疑不確定時，話就講得比較慢。

除了音頻、音量和音調的改變之外，每個人也都會利用不同的音質，來傳達特別的心境。比方說，撒嬌的時候，通常會帶些鼻音；嘹亮昂揚的聲音，聽起來令人振奮；刺耳、嚴厲的聲音，則讓人聯想到生氣的情緒。對每一種音質，我們都會賦予不同的想法、感覺或價值判斷。然而，或許有些人音質的差異，不一定具有特別的涵義，此時則須避免過於主觀的判斷。

◆口語的干擾

口語的干擾是指談話過程中介入或阻斷的語音。過度的口語干擾是一種不良的講話習慣，常見的干擾如「啊」、「這個」、「那個」、「嗯」、「呃」、「然後嘛」、「好的」等。在談話中要根除口語干擾十分不易，但如果多自我提醒和練習，就可以減少干擾發生。

有時口語干擾是爲了爭取更多構思時間，尤其當我們碰到較複雜、不易表達的語句時，會利用這類語法的中斷來爭取時間，以計畫後續的言論，避免發言權旁落。另外，口語干擾也可能因焦慮而起，也就是害怕沉默，試圖用聲音來塡補沉悶的時刻，即使這個聲音毫無意義。這類常見的口語干擾如：「啊、這個、那個、嗯、呃、然後、像、你知道　」等贅語。

奇怪的是，不管我們話中的口語干擾，對聽者可能造成多大的困擾，說話的人卻似乎總是無法察覺，尤其在正式場合中。比如，求職面談或是在解決問題的團隊中，這些口語干擾就非常不適當。口語干擾太多，會影響聽者的注意而妨礙溝通。參考下面的步驟，可以減少口語干擾。

1.聽出自己的干擾語：通常我們很難知道自己的口語干擾，只要將自己的談話錄音，幾分鐘就行，任何事都可以說。在重聽錄音之前，先預估一下，可能出現幾次「這個」、「嗯」、「然後」、「你知道」等贅語，再記錄實際發生的次數。也可以找一位朋友聽你講話，每次當你使用贅語的時候，他就記下來或是舉手。這個練習可能有點無趣，而且讓你覺得不自在，但幾次練習之後，確實可以幫助你更敏銳的察覺自己的口語干擾。

2.練習避免口語干擾：從十五秒鐘開始，然後慢慢增加時間，

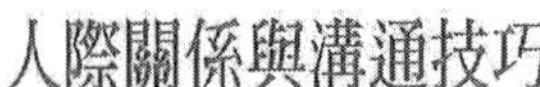

到能持續談話而沒有任何口語干擾爲止。這個練習開始時可能讓你覺得很不自然，而影響訊息的傳遞，但是確實可以幫助你去除這些溝通干擾。

3.**談話時隨時注意口語干擾**：在一般的交談中，若能意識到自己的口語干擾，進而去避免，且不影響到談話的流暢性。能達到這個境界，你將發現自己的口語干擾已經大爲減少了。

(三)自我表現

雖然王爾德（Wilde）說：「只有膚淺的人，才會以貌取人。」事實上，每個人或多或少都會注意他人的長相、外觀。或許這便是整容醫院及塑身企業，蒸蒸日上的原因。在所有的浪漫愛情電影中，十之八九擔綱演出的都是俊男美女。除了男女主角含情脈脈、欲言又止的演技之外，其實觀衆大部分的印象，還是來自他們的外貌。根據高夫曼的「自我表現」（self-presentation）理論，每個人都會藉擬似戲劇表演的方式，企圖操縱別人對我們的印象。經由言語的方式來表現自我，較不容易達成目的，反而落得「老王賣瓜」、「自抬身價」的評語。透過非語言方式呈現，卻很容易被對方所接受和相信；常說「人要衣裝、佛要金裝」，就是這個道理。

自我表現中，包括幾個要素，如：衣著的選擇、人際接觸和時間行爲。

◆衣著的選擇

穿著的方式，會影響他人對我們的看法。衣著具有社會訊息，人們透過裝扮來展現自己或傳達訊息。不過，因爲衣著流行的樣式不斷改變，所以具有的社會意義，會受到時間因素的影響。

許多研究指出，穿著傳統或整潔，常被認爲比較老實，較能引

發他人幫助或合作的意願。多數辯護律師都知道，被控攻擊或傷害的被告，出庭時最好不要穿著牛仔褲、夾克。同樣地，如果一位女士穿著運動服，參加一流電腦公司的面試；除非她眞的條件優異，否則大概很難錄取。

衣著表達的社會意義如下：

1. **標示所屬社會團體的角色**：藉此傳遞不同的社會階級或次文化。我們不只藉衣著來傳遞所扮演的角色，也用以顯示社會地位。以英國高等法院的律師爲例，出庭時必然頭戴假髮、身著大禮服，除了清楚展現他的資格外，也向社會大衆宣告所扮演的角色及行動，具有特殊的地位及權力。再如，龐克族（punks）也用他們的外貌及衣著，來定位自己的團體。
2. **標示正式情境的角色**：某些特定情境中，我們會對特定角色給予「正式的衣著模型」。醫師執行醫療專業時，衣著的「正式模型」（formalized model）是一式的白色外袍。卸下他的專業角色，回到非正式情境時，則可能穿著輕便的運動服。不同運動種類的運動員，也有其不同的「正式的衣著模型」，例如，網球裝、籃球裝、棒球裝等。
3. **展現個性或情緒**：人格特質與衣著選擇，存在著交互關係。比如說，成就動機高的人，容易選擇「企業家式」的衣服；喜歡社交的人，會選擇較搶眼的顏色。還有人藉著自己的獨特外型，來突顯自己的個性。總之，衣著可以提供十分深刻的內在訊息。
4. **展現吸引力與時尚性**：這部分不只用來人際吸引，其實，也影響我們對自己的看法或自我概念。通常自認屬於上層階級的人，較不追隨流行，堅持「古典型」衣著。

◆人際接觸

觸覺是人際溝通中另一個原始形式。以人類來說，觸摸對孩子非常重要。觸摸是指用手輕拍、拍擊、握、擁抱和撫摸，這是人類最早的溝通管道，也是自我表現的基本部分。使用觸摸的理由相當多元；也許是無意的、不摻雜個人感情，或是有意的、親密的。比方說，握手通常只是社交禮貌；輕拍一個人的背部，表示鼓勵；擁抱則是愛的表現。

身體接觸具有兩種主要的向度：溫暖與支配。主動接觸別人的人，是具有較高地位、堅定而溫暖的。人們是否主動接觸，或是否喜歡身體接觸，涉及個人喜好以及文化背景的差異。在「高度接觸」與「低度接觸」的文化中，身體接觸會產生極不同的意義與類型。比如說，在日本的文化中，少見公共場合裡出現身體的接觸；初次見面的陌生人，多數用鞠躬來替代握手。但是在家庭中，家人共浴的情形則十分常見。

從研究報告中發現，雖然美國人在親朋之間的身體接觸次數遠大於日本人，但是美國卻並不是眞正的高度接觸文化。而William Gudykunst和Young Yun Kim（1992）也指出，接觸行爲和文化有高度的關係。一般來說，拉丁美洲和地中海國家是高度接觸文化，美國屬於中度接觸，而遠東地區則多數是低度接觸的民族。

除文化因素之外，接觸行爲的種類和數量，也因人而異；對接觸的適當性之知覺，也因關係親疏而有所不同。因此我們必須特別提醒自己，透過接觸（或不接觸）所進行的溝通，不能只顧自己的意願，而要考慮到互動對象的期待。由於接觸具有高度複雜性，研究非語言行爲的專家Judee Burgoon（1992）就曾指出，接觸是最不易瞭解的非語言行爲。

◆時間行為

時間行爲是指，我們如何使用及組織時間。如何處理時間，和我們對時間行爲的反應，是自我表現的重要部分。時間在自我表現中，最重要的部分是非正式時間（informal time）；這是一種經由觀察及模仿，所習得的時間運用方式。非正式時間所包括的三個層面是：期間、活動和準時。

1.期間：是我們認爲處理特定事件，所需要的適當時間量。例如，我們通常期待一堂課的時間爲五十分鐘，一場電影大概兩小時。當特定事件的時間長度，與我們的期待明顯不同時，時間就會變成溝通的障礙。所以，可以解釋爲什麼老師逾時不下課，學生會覺得不耐煩；而一場電影放映時間只有一小時，我們反而會覺得太快了。
2.活動：是我們認爲在特定時段內，應該完成的事；也就是說，某個時間適合進行某種特定活動。比方說，多數人是白天工作、晚上睡覺，如果有人不依循這樣的時間行爲，我們可能出現負面的反應，說他「作息不正常」。再比如，我們通常有固定的用餐時間，如果朋友在你晚餐的時間來電，即使平時我們樂於和朋友溝通，這時也會覺得不耐煩。
3.準時：指的是我們的時間期待。這可能是三個層面中最重要的，因爲我們經常依此來評論他人。如果同學跟你約了上午九點見面，而他在八點三十分、九點整、九點三十分甚至十點等不同時間到達，你對他的觀感就會不一樣。或者，上司要你上午十點去辦公室見他，而你分別在九點五十分、十點、十點十分或十點三十分到達，也都會影響上司對你的看法（提早十分鐘或準時到達，較爲恰當）。

不過，因爲文化的差異，時間知覺也會有所不同。一般而言，在西歐、美國和加拿大等地，比較重視時間單位的單一性，也就是會清楚區隔不同時間和行程，一個時段就只有一個事件，強調照章行事並且要求準時。在這樣的文化中，遲到就是遲到，即使只有幾分鐘，也必須承認遲到而道歉。但是在其他文化中，例如，中東地區，則傾向於視時間單位爲多重性，不加以詳細區隔；所以在同一時間內，可以進行多種活動。這種時間觀念下，遲到很正常，反而將墨守時間視爲無意義。以國人來說，普遍對時間的要求不嚴格，過於準時還讓人感覺有壓力；但也許我們也該有所改進。

(四)環境經營與溝通

除了肢體動作、超語言和自我表現之外，我們也會藉由物理環境，來進行非語言溝通。包括：空間、氣溫、燈光和顏色。

◆空間

溝通行爲必然存在於一個空間範圍內，在這個範圍裡，可能出現不同的溝通變化，包含：距離、方向、地域行爲，甚至物品的擺設。而對空間的經營處理可以分爲：永久的結構、可移動的物品以及非正式空間。

❶永久結構的經營

我們所居住及工作的建築物，或是空間內無法移動的建築規劃，都屬於永久結構。在這個部分，雖然我們不一定可以主動建造或改變，但至少有選擇的主控權。空間可以提供「隱私性」（privacy），成爲屬於自身的「區域」。所以要買房子時，通常會考慮其結構是否適合自己的生活方式。喜歡住頂樓的人，對於生活的想法，可能會不同於選擇住一樓的人。所選擇的建築特質，也會影響我們在環境中的人際關係。例如，住在獨棟房子的人，通常跟鄰居談話的情形較少。

❷空間內可移動物品的經營

我們也經常透過室內布置，創造想要的氣氛。比方說，我們可能把家具布置成適合談話，或是方便看電視的樣子。客廳的座椅如果是沒有靠背的硬板凳，和擺著靠墊的柔軟沙發，所創造出來的談話氣氛將大不相同。情人浪漫的約會地點，與令人緊張的警察問訊室，所造成的氣氛來自於空間布置所形塑出來的暗示。如果環境安排愈正式，交談也就愈正式。

所有的社會行爲，都是在物理環境中發生；物理環境會跟社會環境產生交互作用。換句話說，可以藉由改變物理環境，來試圖建構或安排社會行爲的出現。因此空間設計，確實可以當作一種社會技能。不論是客廳、房間、會議室或教室，你都能改變陳設擺飾，來達成所想要的溝通效果。比方說，你的上司隔著桌子要你坐在對面，這種溝通氣氛隱含的是：「談公事，我是老闆、你是員工。」如果上司示意你坐他桌旁的椅子，那麼意思可能是：「別緊張，我們聊聊。」因爲在這種情形下，你和上司之間沒有形式上的阻擋，兩人之間的空間很小，傾向於較不正式的談話。

空間安排對溝通的影響，可由教室座椅不同的布置來說明。每一排椅子都面對著講台，以及把所有椅子圍成一個圓圈，或分別圍成四至五個小圓圈，其溝通氣氛都不相同。第一種情況，大部分的學生傾向於期待演講式的上課。第二種情況，學生可能期待與教師之間相互討論。在第三種安排下，學生通常比較期待班級內進行小團體討論。另外，從人們所挑選的互動位置跟方向，也可以瞭解互動雙方的社會情境（如圖4-1）。到診所看病時，通常和醫師採取

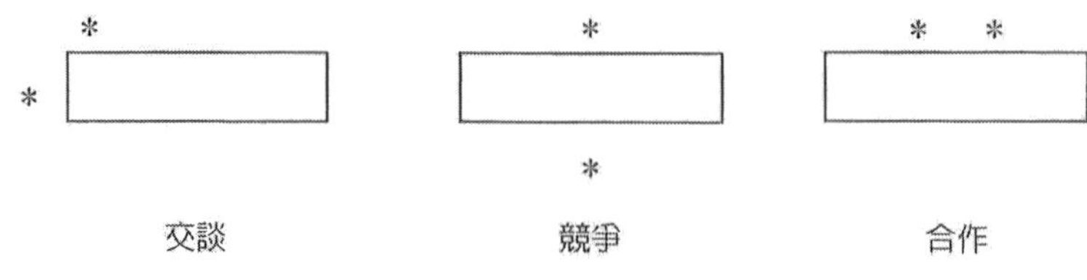

圖4-1　互動位置與代表意義

「交談」的座位；雙方談判時，則會出現「競爭」的空間；和同學一起討論小組作業，比較容易選擇「合作」的安排。

❸非正式空間的經營

溝通過程中所占有的空間或領域，稱爲非正式空間。這種專門探討空間接近關係的研究，稱之爲近體學（proxemics）。

溝通行爲與人際距離密切相關。根據Edward T. Hall（1969）的研究，不同型態的交談距離，可以分成下面四種：

1.親密距離（intimate distance）：約在十八吋之內，差不多四十五公分，是我們和親近的人私密交談的距離，甚至能夠直接碰觸，或彼此以耳語說話。
2.個人距離（personal distance）：約十八吋到四呎之間，差不多四十五至一百二十公分間，這是一般閒談的距離，能夠清楚看到對方，或伸手碰觸到對方。
3.社會距離（social distance）：從四呎到十二呎，差不多一百二十至三百六十公分，是非個人的談話空間，常見於一坐一站的互動方式，例如，教室中，老師上課與學生的距離。
4.公眾距離（public distance）：超過十二呎，也就是大概三百六十公分以外，通常是較大型的演講時。

近體距離（proximity）的解碼，主要是從喜歡或不喜歡的觀點出發。親密距離是適宜和密友、雙親、小孩親密溝通的距離，如果有外人侵入，會覺得不舒服。也就是說，當我們不喜歡（不期待）對方跟我們有親密接觸時，如果對方強行接近，會引起我們強烈的逃避力量（avoidance forces）。假若受限於不可改變的外在因素，必須接受親密空間被侵入時，我們會暫時接受無法改變的空間位置，但是會出現其他的適應行爲，取得心理的平衡，例如，在擁擠的電梯裡，多數人都會雙手環抱自己，非常不自然僵直地站著；或是看著地板、瞪著開關上的樓號指示燈，假裝沒有任何身體接觸。當不小心眼神交會的時候，就彼此快速交換一個靦腆的微笑。

當違反他人的行爲期待時，人際溝通就會發生問題。例如，對小張來說，和同事談話的距離在十八吋以內；但是對他的同事而言，這樣的距離屬於親密關係，因此他的同事會後退以取得平衡。甚至對小張的行爲有其他解釋，而儘量避免跟小張有接觸的機會。因此，在人際溝通中，應特別注意親密空間帶來的感受，避免對他人造成干擾。

因爲文化背景不同，也可能造成對互動距離的不同期待。通常美國人認爲親密空間的距離約是十八吋，他們期待他人不侵犯那個空間。但是中東地區的人和他人談話時，距離則近得多。如果有一位阿拉伯人和一位美國人交談，其中一位可能會覺得不舒服，要不就是美國人覺得被侵犯，不然就是阿拉伯人覺得被拒絕。

個人的領域空間，隨著身體的移動而改變。人們可能以某特定空間，作爲自己所有的領域，此稱之爲領域行爲（territoriality）。在自助餐廳用餐時，會將所選擇的桌子及座位，視爲自己的領域，即使中途離開座位去盛湯，仍然會將原先的座椅、餐桌上的食物以及食物周圍的空間當作「我的」，不希望別人侵入。如果盛湯回到座位，卻發現這個「我的」空間，放了別人的餐具或食物，可能會覺得相當不舒服甚至生氣。

有時候，我們會用標記來占據領域。例如，羅同學剛進教室的時候，把書包放在空著的課桌椅上，標記了這個位子是他的領域。若有人在他暫時離開時移開他的書包，對他來說，便是領域的侵犯。當然，如果一直放著自己的某樣物品「占住」圖書館的位子，而不考慮別人也要使用，或是在機場候機室的好幾個座位上，堆放自己的行李，而不管別人有沒有位子坐，這就是一種「過度標記」的行爲。這種自以爲是的「領域」觀念，其實已侵犯了別人的權益。

◆氣溫、燈光和顏色

氣溫對於溝通，也有相當重要的影響。天氣燥熱的時候，說話的口氣是不是比較不耐煩？寒流來的時候，坐在冷颼颼的教室裡聽課，會不會覺得比較難以集中精神？燈光也會強化或妨礙溝通；圖書館裡，通常是明亮的燈光，因爲有助於閱讀。相反地，高雅的餐廳裡，大部分採取柔和的燈光，以利於親密交談。有時燈光的昏暗與柔和，會使得熱戀中的男女，更加沉浸在浪漫的氣氛中，而容易失去理智，無法控制自己的行爲。

顏色對溝通行爲也有重要的影響，我們的身體與情緒，對顏色會有不同反應。紅色讓人興奮，藍色則覺得平靜，黃色爲愉悅和快活。因此若想創造平靜溫和的客廳氣氛，可以用藍色來裝飾；如果想創造活潑的感覺，就裝飾成紅色和黃色。除此之外，我們對顏色也有其他的聯想；黃色通常與膽小的性格聯結，綠色代表妒忌，生氣則與紅色有關；而恢復工作的週一，憂鬱的感受就以藍色來呈現。

不同顏色的意涵，也因不同的文化而有差異。在我國的文化裡，喜慶用紅色，喪葬時用白色。在日本，傳統的結婚場合，新娘子是一式白色和服。在埃及紫色代表信心、誓約跟美德，而在日本則是尊貴的意思。

三、加強對非語言溝通的瞭解

Robert Feldman、Pierre Philippot和Robert Custrini（1991）認爲，加強對於非語言溝通特質的瞭解，可以改善人際互動的效果。

(一)編碼

從編碼的觀點看，因爲非語言行爲是自發的，並不容易改變。但是如果能夠更瞭解自己常用的非語言溝通方式，至少可以讓我們有機會向他人澄清或解釋自己眞正的意思。比方說，當你察覺自己在別人給了負面回饋之後，出現過度的非語言反應，就可以澄清：「或許我的反應讓你以爲我不能接受你的批評，其實我很重視你的想法。」

(二)譯碼

從譯碼的觀點來看，想要確定是否瞭解他人的非語言溝通行爲，必須以語言溝通的方式，陳述我們所瞭解的，也就是查驗知覺。例如，我們以爲他人在面對批評時，出現了負面的非語言反應，因而判斷這個人無法接受批評，也許可以先澄清：「從你的表情看來，你似乎不能接受我的意見，可以告訴我你的感覺嗎？」

有時候，因爲不確定他人非語言行爲的意義，以致於發生溝通困難。兩性在非語言溝通上所出現的差異，主要在於對非語言行爲的解釋。Patricia Noller（1987）發現，較能正確解析彼此非語言訊息的夫妻，婚姻的滿意度較高。Noller建議男性應特別加強溝通技巧的訓練，因爲他們對於女性的非語言行爲的敏感度，低於女性對男性的非語言行爲的敏感度。

四、摘要

「非語言溝通」包括運用肢體動作、超語言、自我表現和物理環境等，來進行溝通。非語言溝通的特性和語言溝通不同，非語言溝通具有持續性、經由多重管道進行、較能表現情緒內容等特性，但是也比較模糊，而且有文化上的差異。

非語言溝通最明顯的部分是肢體動作和超語言。肢體動作的功能主要有：象徵、說解、情緒表達、調節和調和。肢體動作的類型有眼神接觸、臉部表情、手勢、姿勢及姿態。

超語言則含括各項聲音的特色，如音頻、音量、音調和音質，以及口語的干擾。如果語言和非語言的溝通能夠互補，溝通的效果最好。

自我表現主要在衣著選擇、人際接觸和時間行爲上。物理環境是一個容易被忽略的非語言溝通，包括：空間的安排與反應，以及氣溫、燈光和顏色等。

不同的文化在眼神接觸或手勢、碰觸行爲，以及對時間和空間的知覺等方面都有差異。兩性間最大的不同，在於對非語言溝通的解釋不同。對非語言溝通的瞭解，必須從編碼及譯碼兩個部分著手。有效的溝通者，必須敏銳察覺人際間非語言溝通行爲的差異。

練習一

觀察別人在說明、批評、道歉或表示支持時的非語言行為，這些非語言行為對溝通有幫助嗎？或有哪些不利的影響呢？為什麼？

練習二

找個同伴，試著用幾分鐘時間玩一下「比手畫腳」的遊戲，完全使用非語言行為來溝通一個主題。在結束後，分析你所做的努力。你發現哪一種資訊最容易以非語言的溝通行為來表達？哪種資訊讓你在溝通時遭遇最大的挫折？

練習三

參觀幾家不同的餐廳，包括：速食店、自助餐廳和高級餐館。寫下空間內物品的經營處理、顏色及燈光。你的結論跟感受是什麼？

第5章 人際關係的發展歷程

過去認識新朋友的經驗中，剛開始，你們都談些什麼？諸如：「台中是個好地方，我聽說東海大學有座很漂亮的教堂」、「最近天氣變冷，很容易感冒」、「聽說你是宜蘭人，宜蘭的牛舌餅非常有名」。等跟朋友熟了，話題開始改變：「上次我來台中的時候，跟女朋友還沒有分手，唉！如今卻形單影隻」、「我從小就體質不好，也許因為是早產兒的關係，只要天氣一變化，就容易生病，住院都不知道幾次了」、「什麼時候可以到宜蘭找你玩？我好想吃你們那兒的牛舌餅」。比對一下，發現不同的地方了嗎？人際關係是從表淺的客套，到內在情緒感受的分享；甚至會開始批評「車開得太快了」，或干涉你不應該吃那些不適當的食物。雙方的關係越深入，生活上相互影響就會越多。

爲什麼人際關係在不同的階段，會有不同的溝通模式？學習人際溝通技巧，就是爲了開啓、建立和維持與他人的關係。人際關係可以定義爲兩個個體在一連串的互動後，彼此互相熟識、影響，並且相互依賴。良好的人際關係，參與互動的雙方都感到滿意。不過，良好的人際關係不會自然發生，也不會自動成長和維持。關係的形成具有其階段性，也有「生命週期」（life cycle）。

一、人際關係的生命週期

人際關係的發展有其階段性，也就是「生命週期」；換句話說，人際關係不是一成不變的，它是一個動態（dynamical）、發展的（developmental）過程。人際關係始於雙方零接觸的情境，然後從表面接觸，逐漸增加彼此的依賴或交集程度，最後可能形成強烈互賴的共同關係模式。

DeVito（1994）也提出類似的說法，將關係分爲六個不同的發展階段，依序是接觸（contact）、參與（involvement）、親密（intimacy）、衰退（deterioration）、修復（repair）、解離（dissolution）。其模型如如圖5-1。

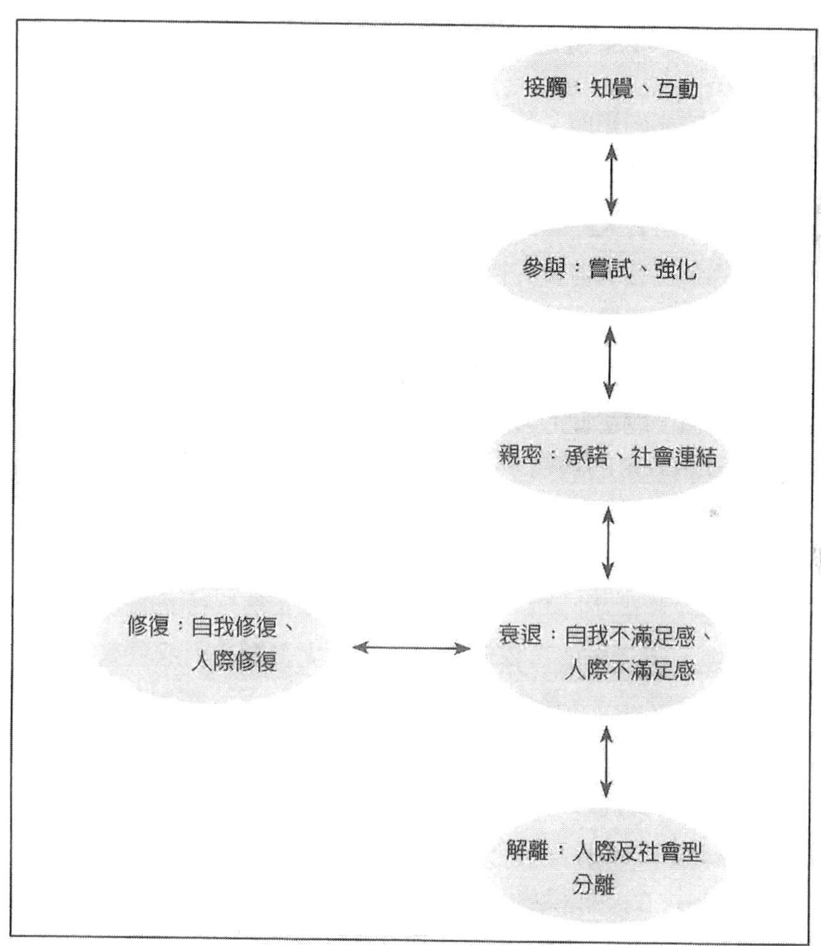

圖 5-1　人際關係的發展階段

資料來源：DeVito, 1994。

另外，Mark Knapp、Steve Duck、Dalman A. Taylor、Irwin Altman和Leslie Baxter等，也都是研究人際關係生命週期的學者。從這些學者的研究結論發現，人際關係的發展階段，大致上分爲開始階段、穩定階段以及解離階段。

(一)關係的開始階段

關係開始的初期，最重要的是資訊的提供與交換。我們提供資訊幫助別人認識我們，也尋求關於他人的訊息，決定是否要和對方建立關係。所有人際關係的初期，都是不確定的。在這樣的不確定中，因爲無法預測他人的行爲，在溝通上比較茫然失措。等到獲得更多他人的資訊時，就能幫助我們判斷他人的行爲模式，也知道自己的因應策略。Berger和Brada（1982）把這個資訊分享的歷程，解釋爲「縮減不確定性」的內在需求。

在資訊分享的過程中，所運用的策略有被動、主動和互動三種。「被動策略」（passive strategy）就是觀察，在一旁瞭解對方是如何與別人建立關係的。例如，美珊在課堂上觀察明遠一段時間了，她注意他的一舉一動，這就是被動策略。後來她認識了明遠的好友，於是向他打探明遠的一切，尤其關心明遠倒底有沒有女朋友，這就是「主動策略」（active strategy）。終於有一天，美珊找到機會和明遠排在同一組進行課堂練習。在練習中兩人開始交談，也互有好感，分享自己的學習經驗，這就是「互動策略」（interactive strategy）。

Knapp、Taylor和Altman從人際吸引、開始交談、持續交談和邁向親密這幾個歷程，分別檢視建立關係的溝通技巧。

◆人際吸引

創造人際接觸的情境，是人際吸引的首要條件。「大門不出、二門不邁」的人（在今天就稱爲「宅男」或「宅女」），基本上很難跟別人有彼此認識的機會。人際之間要彼此吸引，就需「時空的接近性效果」（accessibility effect），也就是「近水樓台先得月」。因爲頻繁的接觸，促使兩人有更多機會互相認識，獲得更多彼此的資訊。有趣的是，不管你是在只有十五個同學的課堂，是在五十個夥伴的社團裡，甚至幾百個人的運動會中，眞正吸引你注意的只有少數幾個人；能夠喚醒我們知覺的，只有那少數的特定對象。

人際吸引的第一個關鍵通常是身體特徵，也就是外表，俗話說的「英雄難過美人關」。但是身體的吸引只是進入關係的初步，外在條件並不是保障彼此關係的法寶，內在的心理屬性，才是眞正重要的關鍵。從兩個人彼此吸引來看，相似性跟互補性都是人際吸引的可能途徑。人們通常會被有相似特質的人吸引，也就是「物以類聚」，包括：彼此的興趣嗜好、成長背景、個性、態度和價值觀，相似處愈多，愈容易彼此吸引。從海德（Heider）的認知平衡論來說，人們傾向於讓自己內在認知體系保持協調一致性，以避免不舒服的感受。所以容易對那些價值理念與我們相近的人產生好感。不過一般人初步知覺所歸納出來的共同點，並不一定正確。當彼此吸引的因素改變，或發現自己的判斷有誤時，雙方關係的發展將會受阻。

關係建立的另一個可能是互補性。從理論上來說，關係的維繫有賴於彼此需求的滿足，因此，當兩個人的差異被視爲互補（complementary）時，也會互相吸引。比方說，一個外向的人和一個內向的人，雖然個性相反，卻可能互相吸引，這種人際吸引的

理由，在於彼此的心理需求及角色期待互補，所以兩個人「適合」在一起。

◆開始交談

不管人際吸引的程度如何，如果一直沒有互動，關係不會有實質的進展。如果兩個人都只是含情脈脈，終究不可能建立什麼穩定的關係。最初的互動，對許多人來說困難度都很高，因爲對方雖然是自己心所嚮往的，但畢竟還是陌生人。因此，建立關係的第一步就是，勇敢的與對方互動。最初的簡單交談，雖然只有短短的時間，但是因爲涉及第一印象，對關係的後續發展有相當大的影響。沒有第二次機會重塑第一印象，如何善用初始的交談，來塑造正面形象呢？以國人而言，通常是先套關係，拉近雙方距離，讓彼此感受到同屬於某個社會或心理團體的一體感（we group feeling），才能逐漸產生更深入的溝通。彼此談論的內容可能包括：畢業自哪個學校、共同認識哪個人、目前或曾經在哪裡工作等。

開始交談時，可運用下列四個策略，每個策略都以問題的形式出現，藉此邀請他人有所反應。如果對方愉快的回應，交談當可繼續，如果對方沒有回應或是態度冷淡，交談多半就會終止。

1.自我介紹：自我介紹是最簡單的交談起始步驟。例如，「你好！我是美珊。你的名字叫做明遠對嗎？」這種方式聽起來有點老套，不過蠻有效的。如果你不習慣自我介紹，也可以請朋友幫忙居中介紹。

2.談天說地：另一個開始交談的方式就是談天說地、東拉西扯，各式的情境話題，都可以用來閒聊（small talk）。比如，「最近好冷，聽說寒流還要持續好多天，台北是不是還下雨啊？」，或是「這學校好漂亮，你知道籃球場在哪個

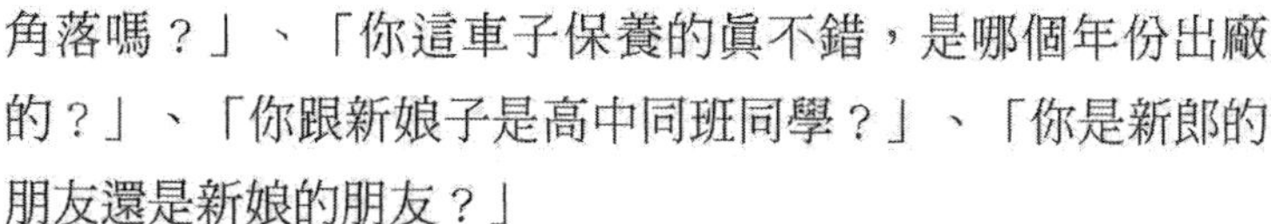

角落嗎？」、「你這車子保養的眞不錯，是哪個年份出廠的？」、「你跟新娘子是高中同班同學？」、「你是新郎的朋友還是新娘的朋友？」

3.談論想法或感覺：還有一個接觸的方式，就是談論自己的想法或感覺，例如，「我蠻喜歡今天舞會的氣氛，你呢？」、「每次上溝通課，要做分組練習時，我就好緊張，你呢？」

4.談論他人：「潘太太是位很慈祥的房東太太，你在這兒租房子很久了嗎？」、「我很崇拜溝通課的老師，你喜歡她上課的方式嗎？」、「我有一個同學也在做保險，聽說這行蠻辛苦的，你的看法呢？」

◆持續交談

一旦對方有了回應，就可能會持續交談；一開始通常談些不具威脅性的話題，也就是「閒聊」。既能滿足社會需求，又較不需要冒險，自我感情表露較低，但是足以作爲關係進展的基礎。有時閒聊只是單純的交換意見溝通（idea exchange communication），偶爾會透露個人的價值觀念。意見交換在所有溝通形式中十分常見，美珊跟明遠聊系際球賽；老方問老顏昨天剛換的新車；佩珊和阿龍討論股市行情。有些話題會嚴肅一點，如談到跟馬其頓建交、討論美國發兵伊拉克的適切性，或者是談論選舉與國家未來；不管話題深淺，基本上都是意見的交換。這種溝通在關係建立的初期頗爲重要，因爲藉此我們可以更瞭解別人的想法，重新評估彼此的人際吸引力，再決定雙方關係是否要繼續發展。

有時候閒聊的主題在道人長短（gossip），也就是俗稱的「八卦」。我們可能談些雙方都認識的人，例如，「你認識喬玉嗎？聽說她轉行賣保險，而且前陣子升主任了呢」、「你一定不相信，聽說企管系的明遠跟資訊系的美珊正在交往哦！你知道他們是怎麼認識的嗎？」和「我們系上的宜秀好認眞在減肥耶！聽說三天就瘦了二公斤」等。這種閒聊冒險性也很低，因爲可以談很久，卻不涉及自己與對方的內在。但是閒聊也可能出現一些負作用，比方說，彼此交換的訊息有誤，這個閒聊就可能會妨礙關係的進展。

◆邁向親密

希望進一步發展親密關係的人，通常會再談到比較深入的想法和感覺。經由這種感覺分享和自我表露的過程，進一步對另一個人有所瞭解。關係逐漸親密時，所談論的內容就越私密，也越能分享感情，甚至會主動向對方尋求支持與協助。

隨著關係的發展，溝通型態也會有不同，從「非個人的、表面的層次」（impersonal superficial）到「個人深層的」（personal deep）階段。親密關係的經營必須付出時間與心力，更需要彼此的信任，不是輕易能夠達成的。

(二)關係的穩定階段

當雙方的關係發展到滿意的時候，就會開始期待能夠穩定維持，並在這個特定關係中互取所需，彼此得到心理上的滿足。例如，工作上認識了一位蠻能幹的朋友，當你需要建議時，會尋求他的幫忙，並且信任他的意見。你們偶爾因討論工作上的事而一起用餐，並沒有其他的關係形式，但是你們十分樂於維持這樣的夥伴關係。

不過，人跟人相處久了，就會疏忽了過去曾用以建立關係的溝通行爲。例如，常聽到妻子抱怨：「我已經十多年沒收到老公送的花了，想當初我們談戀愛的時候，他可是每天一束花的追求我呢！」或是先生說：「好懷念老婆跟我撒嬌的樣子，現在除了柴米油鹽之外，她只會粗聲粗氣的罵我錢賺太少了！」這些熱切的溝通行爲，如果在關係穩定後就完全消失，而且沒有其他替代性的表示與承諾時，彼此的關係就很容易降溫，甚至會受到損傷。這時候我們就很容易聽到這樣的話：「他（或她）再也不愛我了。」

我們每個人都同時具有兩種不同的需求，一種是期望跟別人接近、跟別人親密的「參與感」，另外則是想要擁有自我空間的「獨立感」，兩種矛盾的需求，通常在我們跟他人的關係進入穩定期後，會出現強烈的衝突。這兩極端的矛盾，可從哲學家叔本華說過的一個故事中深刻體會：一群豪豬準備一起度過寒冷的冬天，所以牠們擠在一起相互取暖，可是當牠們靠得太近，就因爲彼此身上的刺，扎得十分痛苦，只好散了開來，等一分開又覺得冷。這群豪豬就在相依相偎跟保持距離中來來去去，不斷地在快樂跟痛苦中掙扎。尤其在夫妻之間，原本是多數人生命歷程中最親近的關係，最後卻變成沉重的負擔，彼此的溝通變成一個惡夢。

關係持續的重要途徑是，營造正向的溝通氣氛，特別是在重要或敏感問題的溝通上。所謂「正向的溝通氣氛」，就是彼此能夠順利進行討論的氣氛。Daniel Canary和Laura Stafford的研究指出，關係維持的策略（maintenance strategies）和平等的溝通行爲，有相當密切的關係。Gibb（1963）的研究，歸納出支持性的溝通行爲包括：描述性的、平等的、坦誠的和保留餘地的溝通，這些都有助於形成正向的溝通氣氛。分別敘述如下：

◆描述性的溝通

描述性的溝通（speaking descriptively）有利於人際關係的成長，評價性的溝通則會阻礙彼此的關係發展。什麼是「描述性的溝通」？多數人以爲描述性的溝通並不困難，但是它其實並不容易做到，因爲必須以客觀的方式，說出自己的想法或感受。比如說，吳組長跟江小姐一起參加個案研討會，吳組長說：「小江，妳怎麼在這個個案上做這種判斷呢？大家都覺得妳實在有點蠢唉！」這時吳組長所用的是評價性的溝通，因爲她用「蠢」這個字眼來形容江小姐，主觀標示了對他人的價值判定。如果吳組長說：「小江，其實妳對這個個案的判斷，我們也曾經這樣推測過，但是因爲許多人認爲這個假設有漏洞，所以剛剛羅主任也提出了質疑。」這樣就能客觀且具體說明，小江的行爲及被否定的原因，這就是描述性的溝通。

評價性的溝通會影響人際關係。因爲，評價只是批判卻不提供訊息。人們基本上都是從一些參考訊息，來理解別人的評論；如果在溝通中將這些參考資料予以省略，只是給予評價，就很容易產生誤解。例如，在球賽緊張時刻，教練把阿龍叫下場並且告訴他：「你再這麼笨下去，就不用打球了。」對阿龍來說，他也許模糊感覺出自己犯了些錯誤，但是「笨」卻無法讓他瞭解，自己到底哪裡不對勁。如果教練說：「阿龍，我們不是討論過攻守計畫嗎？你最後兩次拿到球，都有機會傳給別人，但是你都在沒有把握的狀況下，倉促射籃。這種打法並不聰明，而且讓我很生氣，如果你再這樣，我可能暫時不讓你上場。」如此一來阿龍就能瞭解教練的意思。

評價性的溝通，也容易引起他人的防衛（defensiveness）。防衛是一種當個人感受到威脅時，所產生的負向感覺，與設法想消除或表現這些不舒服而有的行爲。例如，志成和麗香剛看完一場電影，志成說：「這部電影好有趣，眞是好玩。」麗香卻不以爲然：「有趣？你眞沒品味，我覺得這部電影實在沒水準。」志成喜歡這部電影，可是麗香的評價，卻明顯帶著對志成的否定與攻擊，於是可能引起志成的防衛。如果志成不是強烈反駁，就可能生起悶氣。不論哪一種反應，溝通的氣氛都被破壞了！

描述性溝通主要包括兩種：(1)描述行爲：如「你知不知道每次你心情好的時候，就會開始唱歌？」或「你只要一說謊，就會馬上臉紅。」；(2)描述感情：如「你稱讚我的時候，我就覺得好溫暖」或「你隨便坐到我的床鋪上，讓我覺得很生氣。」。不管描述的是行爲或感情，即使溝通的成效不如預期，至少不會阻斷溝通的管道。

◆平等的溝通

如果能跟他人平等相待，不要擺出趾高氣昂的姿態，雙方關係就能持續且成長。很多時候，爲了滿足自己內在的控制需求，會在無意中以「上對下」的方式與人溝通。或因自己的角色或地位，而自以爲比他人優越、擁有較多權力，於是出現高姿態。高姿態的溝通，常導致負向的氣氛。唯有以平等的態度溝通，才不會製造言語或其他方面的對立，也表示對他人的尊重。

避免高姿態的溝通是很重要的，因爲，權力或地位比較高，不表示自己就是比較好或比較優越的人，更不能因此把對方看得比自己卑微而不尊重他人。所以，當主管要求下屬完成一個緊急方案時，不能說：「美惠，妳馬上給我寫好這個計畫，三十分鐘之內完成。」而應該說：「美惠，我實在來不及寫這個計畫，可是今天下午三點就要截止申請了；我原來打算自己寫，可是現在我眞的好有壓力。如果可以的話，我想請妳幫我先在二點前完成初稿，可以嗎？」後面這個敘述，主管承擔了自己來不及寫的責任，除了表達期待，也表示能夠接受對方無法提供協助的結果，聽起來是不是較讓人舒服呢？平等的溝通，除了注意語言之外，也要留心聲音、臉部表情、衣著及態度等非語言部分的表現。讓人覺得彼此是平等的，沒有優劣好壞之分。

◆坦誠的溝通

「坦誠的溝通」（speaking openly）就是分享眞正的思想和感情，不含有「隱藏的訴求」（hidden agenda）。當溝通的主題或目的，也就是「訴求」（agenda）明確的話，人際關係比較容易有正向的發展。婷婷關心的問晴文，她與銘漢的交往狀況，這段談話的明顯理由，也許只是婷婷對晴文表達關切。但是人際溝通中，有時說話者會將眞正的訴求隱藏起來，表面的理由只是障眼法。假定婷婷對銘漢的同學嘉德頗有好感，所以婷婷對晴文的關心只是外顯理由，眞正的動機是想從銘漢那兒打聽嘉德的消息。

溝通雙方能夠互相瞭解彼此的訴求，才能建立良好關係。如果不夠坦誠，就容易出現溝通的障礙。有時，將訴求加以包裝，只是一種策略運用或禮貌，以及爲了緩和緊張的氣氛。比方說，婷婷覺得直接打探嘉德的事，有點不好意思，所以假藉關心晴文和銘漢的交往，想從晴文口中知道嘉德對自己的看法。當眞正的訴求洩露時，最好不要再繼續這種兜圈子的曖昧溝通，否則可能會傷害彼此的關係。晴文會覺得婷婷並不是眞心關懷她，而且不坦誠。其實，直接面對難題是最好的策略。假如婷婷關心晴文，也眞想知道嘉德的事，她可以直接表達自己的兩個訴求。例如，先關心晴文跟銘漢的近況，然後可以說：「晴文，我聽說銘漢跟嘉德很要好，妳跟嘉德熟嗎？我對他蠻好奇的。」直接面對問題的確不容易，但至少可以讓困難止於問題本身，而不會衍生其他困擾。

隱藏的訴求可能會變成「心理遊戲」（psychological games），這就相當具有破壞性了。心理遊戲指的是一種企圖操縱他人的行爲，看看下面的例子：

俊智明白只要他在房間抽菸，媽媽就會很生氣，但他常「一不小心」就忘了不能在房間抽菸，然後當媽媽發現而且氣得不得了的時候，他就裝出一副很無辜的可憐樣。

翰威明明知道提及立成的前任女友筱靜，會讓立成很不自在。但翰威常「不小心」就「糊里糊塗」說：「好像好久都沒見到筱靜了！」

上述例子中，個人隱藏的訴求，就是讓另一人覺得痛苦。一旦引起預期中的反應，自己就「贏」了。這種在溝通中玩輸贏，就是心理遊戲的本質。

◆保留餘地的溝通

雖然坦誠溝通有助於關係的成長，但有時候仍應在溝通中保留餘地。「保留餘地的溝通」（speaking provisionally）是指，不做獨斷的陳述，而保留討論的空間。有所保留的言辭，有利於溝通氣氛的維持；獨斷的說法，則會中斷討論並容易製造衝突。

比較下面這兩個句子：

「如果我沒聽錯的話，長青學苑的財務狀況好像出了問題。」

「我告訴你，長青學苑快倒了。」

前句是保留餘地的說法，後句則是獨斷的陳述。保留餘地的語辭，比較不會招致敵意，「如果我沒聽錯的話」這種說法，不只預留錯誤空間，也表示只是說話者的印象，不見得絕對正確。而「我告訴你」這種說法，則沒有預留可能錯誤的空間。但如果談話過度保留，會讓我們的說法顯得很不果斷。但是陳述事實並不需要誇大，清楚表達並不需要渲染，所以保留餘地說話，仍是較好的溝通方式。

(三)關係的解離階段

有時不論一方多麼盼望關係持續甚至強化，但是關係仍可能逐漸終止。大部分關係結束的時候，我們會覺得難過，但是有時候反而會覺得解脫。不管感覺如何，我們都應該學會如何運用良好的溝通技巧來結束，讓關係破裂的傷害減到最低。

「關係的解離」（relationship disintegration）大致可分三個階段：相看兩厭、濃情轉薄和情緣已盡。

◆相看兩厭

關係轉弱的第一個徵兆就是，開始出現不滿意的感覺，並且少說「我們」而說「我」。過去能坦誠討論的話題，現在變成衝突爭執的導火線，某些未解決的問題開始累積。爲什麼會變成這樣？有時候是因爲雙方還沒準備好要承擔更多，就急於發展更進一步的關係。戀愛時爲了儘快邁入親密關係，而導致彼此過度的壓力；因爲無法調適，所以加速關係的結束。例如，建榕和秀秀相遇，發現兩個人有許多共通點，於是覺得「我們是天造地設的一對」。很快地，兩個人就進一步交往了。然而不久，他們開始察覺一些以前沒有注意到的地方，像是：秀秀喜歡熱鬧，總是安排群體活動，希望和大家一起玩；建榕則喜歡單獨和秀秀在一起。他們發現不喜歡彼此的生活方式，幾次衝突之後，開始不滿意對方。

有時差異與衝突的形成，純粹只因爲我們疏忽了「人會改變」的事實。例如，建榕說：「秀秀，妳以前不是很喜歡和我去看球賽嗎？」秀秀：「對啊！可是現在我覺得沒興趣了。我沒有騙你，就是沒興趣了。」或者秀秀說：「建榕，你以前還蠻喜歡和我同學一起去露營的。」建榕：「我以前是蠻喜歡的，可是現在覺得好懶了。」我們必須記住，人是會改變的，關係也是一個動態的過程，不可能只以自己的想法期待對方。

◆濃情轉薄

只要關係開始惡化，感情就會轉淡（drifting apart），彼此的溝通從深層的分享，轉成無意義的「安全」話題。在此階段中，人們不認爲彼此有努力經營或維持關係的必要，甚至會想避開對方，或是找別人來分享興趣和活動。此時，雙方雖然沒有敵意，但是關心的程度明顯降低。

有些夫妻長久處在這種關係中，或許是爲了孩子，有的則是爲了得到經濟上的支援，也有的只因宗教上的約束。這種關係能夠提供個人某些需求的滿足，但不能滿足親密需求。

◆情緣已盡

關係惡化的最後結果，就是關係的結束（ending）。根據Cupach和Metts（1986）的說法，人們結束關係的理由很多：溝通不良、缺乏成就感、興趣不合、生活型態不同、外人介入、付出沒有回報，甚至看膩了等。一般人決定結束關係時，總是習慣找理由責怪對方，卻未設法好聚好散。

Baxter（1982）提到，關係結束時，一般採取四種策略來處理：操縱、退縮及逃避、正向表達、坦誠面對。前兩種容易使雙方都受到傷害，後兩種策略較能妥善結束關係。

1.操縱策略（manipulative strategies）：故意露出馬腳，讓對方抓到自己的把柄，迫使對方不得不對關係的結束採取行動。這種策略是操縱性的，因爲害怕做決定，所以故意讓自己成爲「受害」的一方。假定老吳想跟太太離婚，但是不願意自己提出分手；於是他有意無意的讓太太聽到他外遇的消息，並且還在襯衫上留下一些口紅印，就等著太太一怒之下將他「掃地出門」。這種策略雖然可以終止關係，但是極端的不誠實。

2.退縮及逃避策略（withdrawal avoidance strategies）：對於彼此已存在的問題，裝作不知道，這是一種間接達到目標的方式。例如，家住台北的小慧和父母關係惡劣，尤其是跟媽媽的關係，就算小慧已經二十五歲了，媽媽仍然經常干涉小慧的工作與交友。雖然小慧不可能眞的完全和父母脫離關係，但是爲了逃開這種煩人的互動，小慧找了一份在高雄的工作，一、兩個月才回家一次，這樣就可以避免和父母衝突。雖然退縮及逃避，好像也可以解除人際困擾，但並沒有眞正處理引起人際困擾的核心問題。

3.正向表達策略（positive tone strategies）：以坦誠與尊重的態度，直接進行關係的結束。坦白的表示確實曾從彼此的關係中受益，但已是過去式了。比如，建榕說：「秀秀，我們交往一段時間了，我很珍惜跟妳的感情，但我覺得對妳不再有浪漫的感覺，我努力過，但實在難以挽回，我不願傷害妳，可是也必須面對自己的感覺，我希望我們的友誼能繼續存在。」

4.坦誠面對策略（open confrontation strategies）：和正向表達策略一樣，都是直接而肯定的處理關係的方法。坦誠面對問題，讓別人知道自己的立場，但是不輕易放棄彼此的關係。例如，秀秀對建榕說：「我希望你知道，我很喜歡跟你在一起，但是幾個月下來，我覺得自己雖然喜歡你，卻沒有信心可以跟你擁有成功的婚姻。也許我們可以再重新看看該怎麼走下去？或者我們並不適合在一起？」

二、面對人際溝通的焦慮與害怕

有時我們會抱怨自己交不到朋友，雖然明白關係的建立與發展需要時間，但是，苦的是連第一步都跨不出去。遇到自己喜歡的人，只能偷偷欣賞，根本不敢嘗試接觸。另外，必須上台報告時，只要一開口就結結巴巴，兩腳一直發抖，自己都聽不清楚在說些什麼。爲什麼有人說起話來臉不紅、氣不喘？爲什麼有人那麼善於表現自我，總讓人對他投以傾慕的眼神？

人際溝通情境中，可以泰然自若、口若懸河的人，不論他的溝通能力如何，至少是個勇於溝通的人，也就是說他的「溝通恐懼」（communication apprehension）很低。而那種渾身不自在、一碰到人群就開始焦慮緊張的人，就是具有溝通恐懼困擾的人。這種人即使具有吸引人的特質，也會因無法進入人際互動的情境，而錯失與人建立良好關係的機會。溝通恐懼的強弱跟溝通能力成反比，換句話說，溝通恐懼越深的人，溝通能力越差，溝通效果自然就大打折扣。James McCroskey（1970）首先提出「溝通恐懼」這個字眼，並定義爲：「個人在與他人或群體溝通時，所產生的害怕與焦慮。」

多數人都有溝通恐懼的經驗，爲什麼會出現溝通恐懼呢？有人以爲溝通恐懼來自天生的人格特質；也有人認爲取決於情境因素。其實，溝通恐懼有屬於人格特質的一面，不容易因外力而變化；但只要適當修正，也可有所改變。以James McCroskey的說法，溝通恐懼的成因主要包括以下三類：

1.遺傳因素：社會生物學家認爲，個人與他人互動的意願、興趣和能力，受到遺傳因素的影響。如果父母容易溝通恐懼，孩子也比較會出現溝通恐懼的現象。

2.環境因素：如果在成長的過程中，溝通行爲經常受到鼓勵，或是有良好的模範（model），成年後較能勇於溝通，溝通能力也較佳。反之，如果在成長階段中，溝通行爲經常遭到處罰，長大以後，也比較容易受到抑制而出現溝通恐懼。

3.認知因素：對於溝通行爲有正向的想法及感受時，溝通能力比較能夠發揮。如果對溝通行爲抱持著負面的想法或感受，溝通效果通常會降低。這種預期的負面結果一再累積，會讓我們對自己的溝通行爲失去信心，溝通恐懼於焉產生。另外，在陌生的情境，溝通行爲出現慌亂無措的情況時，若無法解除自己的窘態，幾次下來，也容易因習得無助感，而在下次類似狀況時出現溝通恐懼。

溝通恐懼也會受到性別跟文化的影響。根據王政彥的調查，不同年齡層中，性別在溝通恐懼的程度，確實出現差異。以國中生來說，男生的溝通恐懼高於女生；但是以大學生來說，則是女生的溝通恐懼大於男生；一般社會人士裡，女性的溝通恐懼普遍高於男性。不同文化中，亞洲人的溝通恐懼比西方人來得高，因爲西方社會較強調主動積極，多數人比較習慣表達自己。而東方社會認爲「含蓄」、「內斂」是一種美德，於是大部分人比較害羞，不敢主動表達自己。以國人來講，從小就被教育「囝仔郎有耳無嘴」，長久壓抑下，溝通恐懼就容易滋長。

溝通恐懼是可以克服的，改善的第一個方法就是學習放鬆，有系統地逐步減輕自己的焦慮（系統減敏感法）。可以先練習肌肉的鬆弛，然後按照引發恐懼或焦慮的溝通情境，由淺入深地利用想像法，訓練自己逐步面對。第二個辦法則是試著改變自己的認知與想法。前面曾經提過，對自己的負向期待以及習得的無助感，都會強化溝通恐懼。自覺無法應付溝通情境、否定自己的溝通能力等，跟溝通恐懼息息相關。因此藉著自我對話，找出引起溝通恐懼的負向自我陳述，加以理性批判，並改變對自己的看法與評價，重新以合理的自我陳述來看待自己，就能減低溝通恐懼。最後還可透過溝通能力的練習，來減低溝通恐懼。溝通是社會情境中使用的技能，如果從技術面來加強溝通能力，就可以改善溝通效果，因而克服溝通恐懼。可以透過專業的直接教導，利用角色扮演的方式，多練習適當的溝通行為，並應用在實際的溝通情境中，隨時予以檢核及評估。

三、摘要

人際溝通是為了建立並維持關係，良好的人際關係是雙方都滿意的關係。關係的生命週期，從零接觸到彼此互賴，可以概分為關係的開始、穩定與解離。在開始階段，人們彼此吸引，開始交談，持續交談，然後邁向親密。經由描述性、平等、坦誠和保留餘地的溝通技巧，營造正向的溝通氣氛，持續彼此的關係。關係的結束與終止可以分為三個步驟：相看兩厭、濃情轉薄、情緣已盡。以正向表達及坦誠面對的方式，較利於關係的結束，較能好聚好散。

許多人無法建立關係，主要是因為溝通恐懼，這是一種面對人際溝通時所出現的焦慮與害怕。它影響我們的溝通能力，當然也有礙溝通的效能。溝通恐懼的成因包括：遺傳、環境以及認知三因素，可以藉由逐步放鬆、改變認知、加強練習來予以克服。

練習一

想想最近的互動經驗中，選擇一次正向的溝通氣氛，一次負向的溝通氣氛。回想每一次的對話，寫下來並與同學一起討論。

1.有哪些是描述性的溝通或評價性的溝通？

2.有否隱藏的訴求？

3.談話是有所保留的還是獨斷的？

4.交談中感覺彼此平等嗎？

練習二

想想你曾結束的人際關係中，是運用哪一種策略來結束關係？是否能以互相尊重的方式進行？如果你認為你的方式是正向的，討論是什麼使你有那種感覺。如果你認為你的方式是負向的，討論你可以改採什麼不同的方式。寫出比較有效的人際溝通對話。

人際關係的本質與溝通理論

- 人際關係的本質
- 人際需求理論
- 社會交換理論
- 公平理論
- 符號互動理論
- 人格—情境交互模式
- 摘要

為什麼要和人建立關係？為什麼有些關係總無法進展到更深的層次，甚至一直惡化？溝通行為和個性有沒有關聯？有什麼辦法可以增進人際吸引力？本章首先談人際關係的本質，依深淺不同區分為：認識的人、朋友以及親密朋友。接著介紹幾種人際溝通理論，包括：人際需求理論、社會交換理論、公平理論、符號互動理論，以及人格一情境交互模式。

一、人際關係的本質

人際關係的強度，隨著資訊分享的多寡及互動型態而改變。通常會把與我們有關係的人依熟悉程度分成：認識的人（acquaintances）、朋友（friends）以及親密朋友（close friend or intimates）。根據Altman和Taylors（1973）的「社會滲透模式」（model of social penetration），不同程度的人際關係，就有不同深淺程度的自我表露（如圖6-1）。

也就是說，對不同親疏程度的交往對象，會揭露不同程度的自我。從圖6-2可以瞭解，自我開放的層次與親密程度密切相關。再以圖6-3的人際關係社會滲透楔形模式來看，對於陌生人，我們只看到一些表面特質，可能連資訊分享都沒有；對於認識的朋友，可談論限於外在知覺到的事物，屬低度親密值的話題，如系級、工作單位等；如果對象是較熟的朋友，談的內容就涉及意見、需求、情緒、感受或是價值觀的部分；若是關係非常親密的朋友，所談的將有更多情緒和牽涉到自我概念的部分。

(一)認識的人

認識的人是指那些我們大概知道姓名的人，如：住在同棟公寓

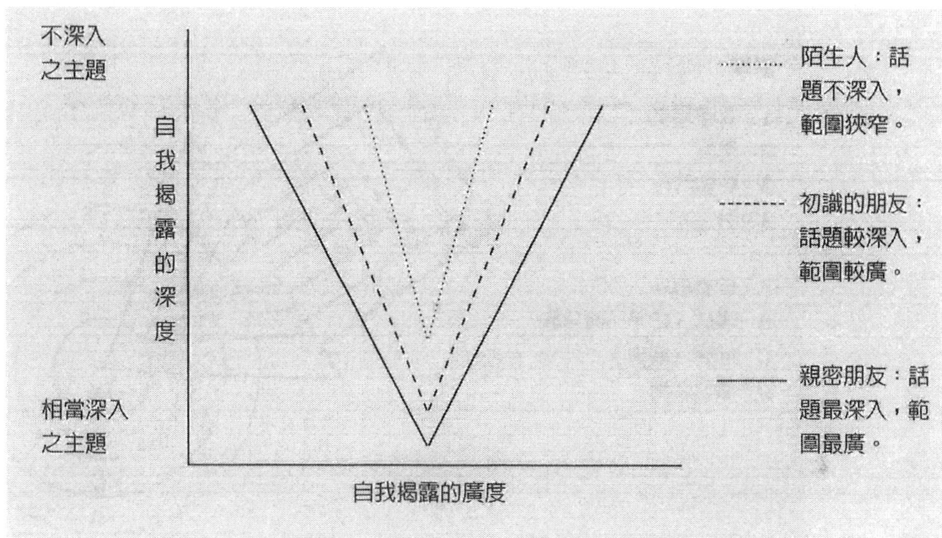

圖 6-1　人際關係親密程度與自我揭露深度與廣度之關係

資料來源：Altman & Taylors, 1973。

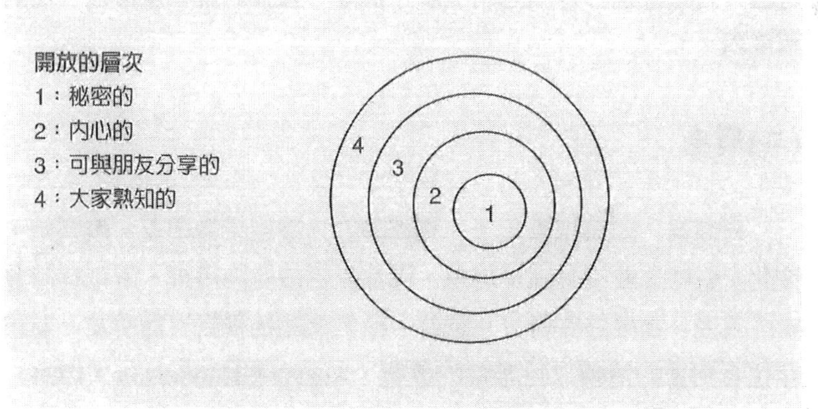

圖 6-2　人際親密程度與開放層次

資料來源：Altman & Taylors, 1973。

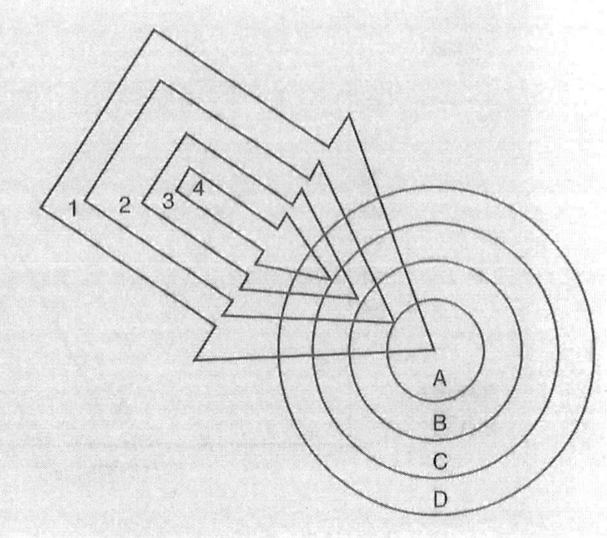

圖 6-3　人際關係社會滲透楔形模式

資料來源：Altman & Taylors, 1973。

的鄰居、修同一門課的人、同一間教會聚會的教友或參加同一個旅行團。有機會也許會和他們交談，但是，互動的質和量都在一定的程度內。

(二)朋友

有時候，因爲相處久了，和認識的人發展成爲朋友。剛開始，彼此互動時比較沒有固定角色。因爲覺得彼此談得來，所以有時會安排見面。當樂於與對方互動時，他們就開始視對方爲朋友。友誼存在著相當的情感以及溫暖的感覺，Argyle和Henderson（1984）研究英國、義大利、香港和日本等四國學生對友誼的看法。認爲好朋友之間的溝通行爲是：「與朋友分享剛獲得的成功」、「情緒支

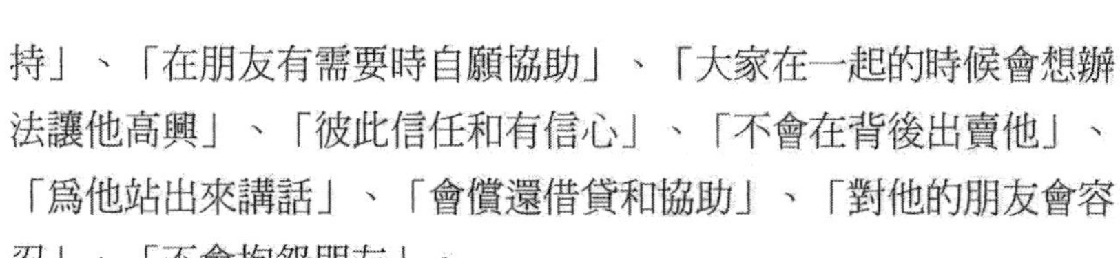

持」、「在朋友有需要時自願協助」、「大家在一起的時候會想辦法讓他高興」、「彼此信任和有信心」、「不會在背後出賣他」、「為他站出來講話」、「會償還借貸和協助」、「對他的朋友會容忍」、「不會抱怨朋友」。

Verderber和Verderber（1995）指出，判斷二人之間友誼的深淺有四個指標：

1.溫暖和感情：朋友相處時會彼此表達溫暖和感情，相處的歡樂會促使他們渴望在一起。
2.信任感：信任是對彼此有信心。信任多少帶點冒險，如果彼此信任，相信對方不會傷害自己，就不會設防。Rubin（1973）指出信任是判斷友誼的指標，朋友之間常因符合對方的期待而贏得信任。如果一個人能為朋友保密、實現承諾，並在需要時提供情感支持，彼此的友誼將較深濃。
3.自我表露：藉著自我表露，人們更能瞭解彼此。表露的程度，與友誼的深淺成正比。
4.承諾：關係較深的朋友，會花費時間與精力提供協助。比如，朋友的車子故障了，可能會願意載他去上班；朋友生病的時候，會幫忙照顧他的小孩等。通常相信彼此的關係可以持久；搬家、換工作、出國，都不會影響雙方的友誼。有些朋友一年只見一、兩次面，甚至只通電話，卻依然是朋友。可以自在地彼此分享，不論是想法或是感情。

(三)親密朋友

親密朋友是那些能夠與我們分享內心深層感情的人，人一生中會有無數認識的人，還有許多朋友，但只有少數幾個真正親密的朋友。許多人覺得和同性的親密朋友分享內心祕密，比和情人或配偶分享來得自在。親密朋友的親密度，依自我表露與分享的程度而定。自我表露越多，彼此之間就有「我們是一體的感覺」（we feeling）。越親密的朋友，越能知道（knowing）並瞭解（understanding）彼此內心深處的感受。

當兩性之間更親密時，彼此的互動會有一些改變。如：

1.互動增多，時間和範圍也更廣。
2.分離時會試圖再接近，當這種接近再獲得時，會感覺舒適。
3.彼此開放、表露內心祕密，並能分享身體的親密。
4.彼此之間變得較無顧忌，較願意分享正負向的感受。
5.發展出某種溝通的型態。
6.彼此的默契增加。
7.開始有共同之目標與行爲。
8.增加對友誼的投入及生活空間之重要。
9.開始覺得他們的興趣與關係之間有不可分割性。
10.增加喜歡、信任和愛。
11.視對方爲不可取代的人。
12.越來越像是一對夫妻而非個人。

親密關係不只兩性之間，也包括了家人、同性朋友與同事之間。高度親密會使個人願意放棄某些人際關係，以便投入更多時間和精力，在這特定的親密關係上。親密關係的量和質，在兩性關係、家人關係、男性之間、女性之間都有所差異。

◆兩性關係

男女之間可以有親密卻沒有性關係的友誼，也可能是以婚姻爲結果的愛情關係。不管是友情或是愛情，男女兩性對「親密」的表達不同，這些差異經常造成彼此關係的挫折。所以，如果男女雙方能瞭解並重視彼此的差異，雙方的關係可能會經營得比較順利。John Gray（1994）曾有個十分有趣的說法：「男人來自火星；女人來自金星」，火星意味著戰神；男人的特質主要在狩獵，而獵人多數時候在等待；除了獵物出現的刹那，會疾衝向前捕獵之外。這或許可以解釋爲什麼男人在工作以外的時間，總是無所事事，而且一問三不知。而且狩獵很少需要團隊合作，於是男人多半也以獨自解決問題爲榮。你什麼時候見過男人對外求援？除非逼不得已，否則連問路都不願意，因爲男人怎麼也不肯承認自己迷了路。

女人來自金星，金星是維納斯的化身，愛美也多愁善感。紓解情緒或是減輕壓力的最佳良方，就是跟人分享、傾訴，獲得別人的瞭解與支持。對女性而言，親密意味著分享感情、秘密和想法，因此自我表露的敘述如：「還好有你在，不然我眞的好害怕，都不知道該怎麼辦才好。」因此，對女性來說，兩性間的情感保證，必須經由口頭說出來；如果自己的伴侶從來不說「我愛妳」，就不容易感受到對方的愛意。對男人來說，親密的定義是實質的幫忙，互相協助和作伴，因此當一個男人在伴侶上班時，願意花時間幫忙洗車和清潔廚房。男人習慣以行動來表示關心，並期待自己的行動被接納及感謝。所以，女性的親密是「表達性的」（expressive），男性則是「工具性的」（instrumental）。事實上，在親密的表達上，男女兩性的方式同等重要。而我們也必須有心理準備，把跟異性溝通當作「星際交流」，避免以自己習慣的方式要求對方。

區別兩性間是親密的純友誼抑或浪漫的愛情，不管是男人或女人，都會出現困難。很多人以爲男女之間的親密關係，一定會自然演變成浪漫的愛情；雖然愛和性是友誼的延伸，但是友誼卻常因愛和性的出現而消失。因此，愛情和性關係很容易妨礙男女的友誼關係。性是一種親密的行爲，但是如果以性關係來代替親密關係，彼此的關係就會變質。因爲這時的親密關係，是爲了追逐個人一時的歡樂，而不是爲了兩人共同的利益。因此我們可以說，眞正相知相惜的親密關係，才是愛情維繫的最重要基礎。

男人和女人都期待愛情，但什麼是愛？其實很不容易定義。社會學家Lee將愛分爲六種典型：

1.「性愛型」（eros）：是激情的愛，重點在彼此身體的吸引和感官的滿足。
2.「分享型」（storge）：是友誼的愛，特徵在互相關心且有共同的興趣與理想，這是以彼此信任爲基礎的長期關係。
3.「狂愛型」（mania）：是占有和強迫的愛，這種愛缺乏安全感和依賴性，喜歡占有對方，並且容易嫉妒。
4.「無私型」（agape）：是無我的愛，願爲伴侶犧牲自己的利益，付出而不求回報，傾其所有與伴侶分享，努力使伴侶快樂。
5.「實際型」（pragma）：是一種重視回報、講求實際的愛。
6.「遊戲型」（ludus）：是將愛情看成一種遊戲、樂趣，常會玩弄感情，使伴侶無法確定他是否眞心，這種關係較不穩且缺乏眞實的承諾。

Sternberg（1986）指出，愛有激情（passion）、親密（intimacy）和承諾（commitment）三個要素（如圖6-4）。Berscheid和Walster的分析則認爲，愛情應該包括：激情愛（passionate love）和友誼愛（companionate love）兩個部分。所謂激情愛是浪漫和強烈的，兩個人經常出現極度的歡樂或悲傷。激情愛很傷神，也可能會有頻繁的性接觸，而且其中一個人會成爲另一人的生活重心，也就是把所有的心神都放在一個人身上。關係持續時，激情愛確實令人興奮。但是，Berscheid和Walster也指出，激情

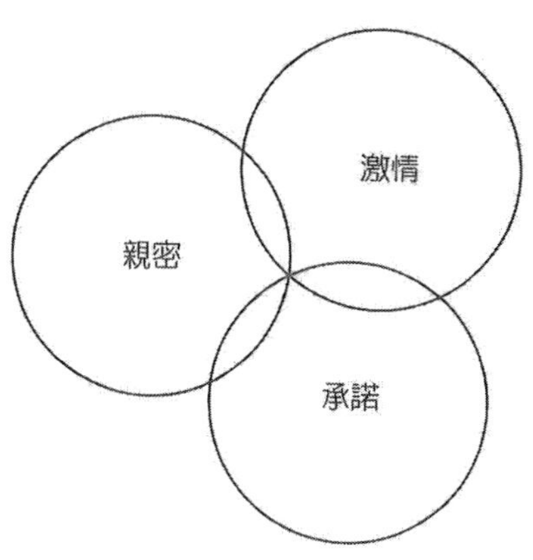

圖6-4　愛的三個要素

資料來源：Sternberg, 1986。

愛很少持續。伴侶也許會持續相愛，但卻會以不同的方式來表現，是一種比較像友誼的愛。友誼愛比較和緩平靜，而且可以接納其他人的存在。雖然友誼愛的性接觸不太頻繁或熱切，但是彼此可以滿足。信任通常是友誼愛的基礎，伴侶對彼此的承諾也比較忠誠。激情愛雖然較能促使關係的熱切建立，但是友誼愛比較穩定，也比較能維持長久。有些人（特別是在激情關係的早期）會將「性」誤以爲是「愛」，以致混淆了眞實的愛。但是以性爲主體，卻忽略了彼此眞正的瞭解與眞誠的互動，反而容易在激情消失之後，親密關係急遽冷卻，對長期關係發展造成不良的影響。

美好的婚姻應該是最理想的親密關係。在幸福的婚姻關係中，伴侶對彼此的相處通常十分滿意，會認爲配偶是他們最好的朋友。幸福婚姻的要訣，在於能持續蜜月的甜美與快樂，還能在現實生活中有所調適。蜜月期的快樂，可以創造一種幸福的氣氛，彷彿一切都很完美，但這種氣氛很快會隨著現實生活的逼近而逐漸消逝。許多婚姻關係在第一年，就會熱情消褪；現實生活日益清晰時，許多理想會一一幻滅。開始發現伴侶並不完美，一些生活小事（如打鼾、挖鼻孔、亂丟襪子、隨便扔髒衣服等），都令人生厭甚至生氣。先生發現太太不是在每個時刻都那麼美麗，最溫柔美麗的表現，永遠是面對外人時；在家則是上著髮捲、臉上敷著黃瓜、大聲打呵欠。太太也終於認識了自己的先生，不如想像中的紳士，永遠找不到自己的換洗衣服、回到家就成了深陷沙發、手持電視搖控器的植物。不只是生活小事，浪漫情人夢的破滅通常是在重要的大事上，比如說，先生可能發覺妻子不是婚前那個柔順善良的小女子，而是不輕言妥協放棄的大女人；太太也瞭解丈夫並不如婚前那麼勇敢可信賴，甚至沒有主見、人云亦云等。

維持美滿婚姻的重要關鍵，在於如何互相調適。我們都必須學習尊重彼此的差異，包容對方的錯誤。即使在調適良好的婚姻關係中，夫妻雙方仍然不可能達到完全的平等，彼此獲得的仍然不平衡。兩性的親密需求不同，對婦女來說，多數認爲配偶是他們最親密的朋友，但是女性仍舊需要親密的同性朋友。但是對男性來說，多數覺得妻子所提供的滿足與情感支持，遠勝於其他人所給予的，不管是父母、手足或是任何同性、異性朋友。

◆家人關係

家人關係可視爲「一群對家有親密認同感的人，擁有強烈的忠誠度和情感的連結，而且共享彼此的過去與未來」。一個人最初的親密關係始於家人關係，小孩最初依賴的是父母，然後擴及兄弟姊妹、家族。家人之間多數一直維持相當親密的關係，有許多人視自己的兄弟姊妹，爲一生最親密的朋友。家人的親密關係，主要表現於溝通歷程中的凝聚力（cohesion）和適應力（adaptability）。

凝聚力是指家人彼此「心意連結在一起」，並且與外人區隔開來。即使你跟家人可能出現衝突，一旦遭遇外侮，家人便能團結起來共同抵禦。家庭的凝聚力，不是僅靠社會規範，還要靠家庭成員

花時間和精力，來發展並維持。因此可說，凝聚力是溝通而來。

但是每個家庭都會隨著時間而改變，包括：角色關係、決策方式，以及家庭中的權力結構。這種因應不同改變而必須調適的能力，就是家庭的適應力。多數家庭在大部分時候，都能維持穩定的狀態；但因父親換工作、母親再就業、孩子出外求學、家人罹病等不同狀況，而使家庭的穩定性改變，必須重整家庭溝通或權力結構，來因應這些變化。

凝聚力與適應力之間，會出現交互作用；新的家庭型態，可能促使家人更凝聚、更團結；但如果家人無法適應改變，也可能彼此疏離。

◆男性之間的關係

以美國的研究資料來看，男性視其他的男性友人為一種「填補的角色」（filling roles），其關係只存在於特定層面，以喝酒、打球、下棋、玩牌等活動為主。而國人之男性間的友誼，則為必須「挺到底」、講義氣，以顯示友誼的深度。從這些資料得到的結論是，男性之間的關係，以逸樂和忠誠度為主，較缺乏「高度自我表露」。Wood和Inman（1993）指出，男性是「以實質幫忙、互相協助和作伴，來表示關心」。回想我們身邊的例子，男同學如果有人失戀了，似乎少有男性同伴會提供心理支持，多半的處理方式是什麼呢？「唉！怎麼說呢　反正天涯何處無芳草嘛！走啦！陪你一起打打球」或者「杯底無通飼金魚，酒入愁腸，過了就忘了」。

有人認為女性比男性多話（長舌），但是實證研究發現，男性對有興趣的話題，所說的話不比女性少；談話內容為主題性的，如政治、事件、工作等，鮮少提及關係性或是個人性的話題。為什麼男性之間情感表達的程度較低？原因可能包括：男性習慣彼此競爭、不熟悉情感傾訴、害怕被控制、害怕被視為懦弱、同性相斥，

以及缺乏適當的角色典範等。這些特質並不見得是天賦，而與社會化歷程有關。男性的性別角色常被期待爲一個勇者及勝利者，從小父母就給男孩子玩具車、機器人，較不允許男孩表達自己內在的脆弱。男孩子如果遭遇挫折，父母通常會說：「不許哭！要像個男孩子！男兒有淚不輕彈！」久之，男性在表達感受上，就顯得較不自然，也較容易壓抑自己的情緒。

男性友誼的親密情緒表達，仍有文化的差異。根據Reis和Wheeler（1991）研究，美國男性很少自我情感表露，香港與約旦的男性，反而對同性間的情感表達較異性間爲多。

◆女性之間的關係

女性之間的關係，迥異於男性間的友誼。Hodgson和Fischer（1979）指出，女性經驗「高度親密關係」的能力，比男性要來得強，女性友誼發展比男性迅速且深刻。女性的交談內容以談論「關係性」（友誼本身）和「個人性」（個人的思想和感情）爲多，主題性的內容則較少。

女性的人際關係比較豐富，因爲，女性比較在乎別人，容易將親近的人所遭遇的困難，當作自己的困難。重感情的結果，除了影響健康之外，也容易導致過度的依賴。因此，女性對於她們的同性關係，反而不見得滿意。

二、人際需求理論

人際關係是爲了滿足某些基本需求。依照馬斯洛的理論，人類的需求包括：生理、安全、愛與歸屬、自尊、自我實現。人的一生，會與各種不同的人有許多不同形式的互動，多多少少都是爲了滿足這些內在需求。

人的不同需求中，親和需求（affiliation need）是相當重要的一部分。親和需求是指「願意與他人親近」的需求，即使彼此不見得涉及情感的成分。心理學家Schachter（1959）曾做過這樣的實驗，他設計了一間沒有窗戶、但是有空調的房間，裡面有桌椅、床鋪、衛浴設備及燈光照明，每日三餐都有專人送到房門下的小洞，在裡面的人可以從這個小洞拿到食物。如果實驗對象能夠關在這樣的房間裡一天以上，就可以得到一筆酬勞。有五個大學生志願參與實驗，結果，一個人只待了二十分鐘，就自動提出放棄；有人待了兩天，最久的住了八天；但是沒有人願意長久過下去。從這個實驗中可以明白，雖然每個人對於孤獨有不同的忍受力，但是沒有人願意長久處在人際孤立的狀態中。柏拉圖曾經說過，人為了生存而互相親近；亞里斯多德也認為，人是天生的政治動物，有與人親近的本能。

人際需求理論主張，人際關係能否開始或維持，有賴於雙方是否符合所期待的人際需求。心理學家Schutz（1958）指出，人際互動上有三種人際需求傾向：歸屬（inclusion）、控制（control）和情感（affection）。

(一)歸屬的需求

歸屬的需求，是一種希望被別人接納的心理欲望。根據Schutz的說法，每個人都有社會性需求，一個極端是「缺乏社交」（undersocial）的人，這類人通常希望獨處，並不想要很多的社會互動。另一個極端是「過度社交」（oversocial）的人，這類人經常需要同伴，獨處時會覺得緊張；宴會或社交場合，他們一定出席；假如沒有宴會，他們就乾脆自己舉辦宴會。總之，他們就是喜歡熱熱鬧鬧，總是有人相伴；他們總是敞開門戶，歡迎每個人，也期待

自己受人歡迎。大部分的人，都不屬於這兩極端，有時喜歡獨處，有時需要與人互動。

哪些人的親和需求較高呢？根據Schachter（1966）的假設，親和需求與個人的恐懼感密切相關。恐懼感強的人，親和需求較高。因爲，親近他人是消除恐懼的有效途徑之一。另外一個可能的解釋，則來自Festinger的社會比較理論，個人的價值來自於做各種判斷的正確度，以及所持信念的合理與否。我們除了將公認的社會標準，當作一個指標外，也利用跟他人比較的歷程，來澄清自己的狀態，降低不確定所帶來的焦慮。所以，經由與人親近，觀察他人的感覺與反應，賦予自己一個明確的定位，才能減輕焦慮及恐懼。

(二)控制的需求

控制的需求是希望能夠「有效影響周遭的人與事」的心理欲望。有人極端缺乏控制需求，他們會規避責任，不想負擔任何事。Schutz稱這種人爲「放棄者」，他們極端順從，不願意做決定或承擔責任。另一個極端則是覺得自己必須負責。這種人稱爲「獨裁者」（autocrats），需要時時駕馭他人，否則便會焦慮不安。同樣地，大部分的人，是落在這兩極端之間的「民主者」（democrats）；某些時候居於領導地位，有時也能安於他人的領導。民主者會勇於表示意見，也能順從他人。

領導風格或是控制需求是怎麼產生的呢？有一派主張「英雄造時勢」，也就是「特質論」；另一派則主張「時勢造英雄」，屬「情境取向論」。後來又有以領導功能爲研究重點的「行爲論」，及同時著重人格與情境交互作用的「權變理論」。

從Fiedler（1981）的「領導權變理論」（contingency theory of leadership）來看，領導模式與情境之間，有相當密切的關係。

Fiedler認為，領導效能同時取決於領導者的個人特質與所處的情境因素。有時，「任務取向」的領導者，比較有助於團體績效；但有時，「關係取向」的領導風格，比較利於團體發展。

Kenneth Blanchard等人（1985）從權變模式擴展，提出所謂「領導生命週期理論」（life cycle theory of leadership），將領導風格區分為四類，即：指揮式領導（directing leadership）、督導式領導（coaching leadership）、協助式領導（supporting leadership）、授權式領導（delegating leadership），簡單來說，就是「因材施教」。不同領導風格的介紹，我們將在討論領導的專章中，再加以說明。

(三)情感的需求

情感的需求，反映一個人「表達愛及接受愛」的心理欲望。人們用語言和非語言來表達感情，其差異也是一種連續性的變化。一端是「缺乏個人性」，會避免親密關係，很少對人自我表露和表示強烈的感情。另一端是「過度個人性」，熱切地想和他人建立親密關係，容易把別人都當成密友，即使剛見面的人也立刻信任他，過多的自我表露。這兩極端之間的是「適度個人性」，容易表達和接受感情，能從與他人的種種關係中獲得快樂。

人際關係的強化或惡化，大部分是由於人際需求的相容與否。當別人的需求和我們明顯不同時，溝通就出現問題。不過，人不只是需求的差異，而且需求會隨著時間而改變，所以不要急著在當下就論斷彼此未來的關係，給予雙方改變的空間，或許是較明智之舉。

三、社會交換理論

Homans（1961）以Skinner的操作制約理論爲基礎，首創「社會交換理論」（social exchange theory）。Skinner認爲，行爲主要受到經驗及學習的影響，如果行爲可以帶來需要的滿足，就會持續出現；反之，就會終止。Homans就引用這樣的觀念，如果人際關係帶來滿足，才會持續這樣的互動；如果人際關係引起痛苦，就不會繼續這樣的關係。另外Thibaut和Kelley（1959）也提出「人際互動得失」（interaction matrix），來分析人際行爲，認爲兩人在交往中必然會權衡得失，並且試圖維持雙方關係的均衡。

社會交換理論認爲，人是利己且極端以自我爲中心的動物，每個人都會選擇能給我們最大酬賞的夥伴，所以人際關係是藉由彼此互動所獲得的報酬（reward）和代價（cost）而來。「報酬」是個人所看重的結果，不一定是物質或經濟效益，好的感覺、讚美、榮譽、實質幫助、感情需求的滿足或避免難堪痛苦等，均是所需的報酬。「代價」則是個人必須付出的內在或外在的損失，包括：花費金錢、時間、精神、失去尊嚴、沒有面子，和產生挫折焦慮的情緒等。社會交換理論應用於人際行爲的準則之一是：我們會傾向於從事預期會出現報酬的人際行爲，如果不可能出現報酬，就不會從事該項人際互動。舉例來說，當建明預期和雅慧聊天會讓自己愉快（報酬），建明才可能花時間（代價）和雅慧說話；否則，建明就不會浪費時間。

報酬與代價的差額，稱之爲「利潤」（profits）。人際行爲的另一個重要準則就是，我們會設法獲取最高的利潤。建明找雅慧說話，其實可以選擇很多不同的溝通方式，決定哪一種方式，取決於他對利潤的分析。假設建明希望雅慧幫忙一場非常重要的社團活動，建明可能會不斷地找雅慧好好聊聊，建明願意付出時間和精力，期待得到適當的報酬。當人際互動不能得到高利潤，也就是投資報酬率不符期待、低於滿意度時，互動行為將有所改變甚至終止。假設建明與雅慧保持互動，主要的報酬在於社團活動；活動之後，互動的利潤就開始低於滿意度，於是建明開始減少與雅慧的聊天。關係持續一段時間之後，利潤低於某一個水準，人們就對這種關係感到不滿意；假如利潤高於令人滿意的水準，人們會認為這種互動是愉快而舒服的。人們喜歡尋找能產生高報酬、付出低代價的互動，當雙方都相信他們的報酬超過代價時，也就是雙方都獲取自己期待的高利潤時，關係才會持續。

Thibaut和Kelley（1986）認為，最令人滿意的代價與報酬比率，因人、因時而異。假如同時有許多高報酬的關係，他們會重新設定比較高的滿意水準，因此，可能會對相對利潤低的關係感到不滿意。然而那些高利潤標準的人，所不感興趣的人際關係，對於較少有正面互動關係的人來說，可能已經達到期待的水準了。

黃光國（1988）發現，根據關係性質，而有不同的交易原則。屬於「情感關係」的交易原則是「需求法則」，每個人應竭盡所能滿足對方需求。屬於「工具關係」，則是想透過關係獲得所希望的某些事物，故關係之存在只是一種手段，「公平法則」就成為彼此關係的基礎。至於「混合關係」則是以「人情法則」為基礎，不只重視物質之間的交換，亦有某種程度的感情存在，因此講求「人情」、「面子」等的社會規範。

投資報酬率決定了互動的吸引力，卻未指出關係可以維持多久，因為，人們會使用許多標準來評估人際關係的結果。Thibaut和Kelley（1986）提到一種評量方式是「比較水準」（comparison level），也就是人們認為自己從人際關係中應該得到的結果。簡單來說，怎樣的人際關係，才是起碼可以接受的。如果建明和雅慧的互動過程中，覺得和雅慧在一起很快樂，而且還能幫他處理社團事

宜，建明當然會繼續跟雅慧交往。如果建明跟雅慧的互動並不舒服，但因建明需要雅慧幫忙社團活動，這就是跟雅慧交往，起碼必須獲得的報酬（比較水準）。

代價高於報酬時，人們會終止關係，但有時環境因素而不得不選擇繼續處在不滿意的關係中。Thibaut和Kelley（1986）以「替代性選擇的比較水準」（comparison level of alternatives），來說明這個情況。繼續維持關係與否，取決於是否有其他選擇。假如有另一個替代性選擇，可以得到滿意的利潤，就會結束原來的關係。若沒有，就可能保持現況（「無魚蝦也好」）。比如說，美玲同時有幾個條件很好的男孩子追求她，她跟這些男孩也都談得來，這時如果剛開始交往的男友經常自以爲是，讓美玲很受不了，美玲就會對新男友無法容忍。假如只有一個男孩追求美玲，自己又已到適婚年齡，急於找個終身伴侶，美玲大概比較能容忍新男友的習性。

四、公平理論

公平理論（equity theory）認爲，人際行爲除了存在酬賞與代價的想法外，更進一步發展出公平的概念，意指交換關係的雙方會衡量獲得的利潤是否公平。每個人都不喜歡被人利用，也不願意占別人的便宜。一般而言，初期交往的人際關係，會特別重視公平性（Cate, Lloyd & Long, 1988）。舉例來說，剛認識的朋友一起吃飯，會各付各的；如果這次你請客，下次就一定要換我付錢。

發展爲親密關係之後，是不是就比較不會計較公平與否呢？其實，即使是親密關係，也不表示雙方完全沒有公平性之計較（Austin, 1980），只是沒有算得那麼精準而已。如果自己的利潤高過對方太多，通常就會自覺歉疚而設法彌補；如果自己的利潤較對方低很多，即使報酬大於代價，還是會心生不滿。比方說，如果太太是職業婦女，工作繁忙還要負擔家務，覺得一枝蠟燭兩頭燒，實在不怎麼划算。瞧見先生蹺著二郎腿看電視，對太太也不會表示感謝，長久下來，太太就會覺得不公平，兩人的關係就會發生變化。

關係中的不公平，會使互動雙方感受到壓力，於是導致行動的調整。長期的不公平，也將引發雙方衝突，甚至結束關係。國人常說：「不要欠人家人情」、「欠人情要趕快還」，就是這個道理。

五、符號互動理論

符號互動理論（Symbolic interaction），也有人譯爲「人際交流理論」，主要倡議者包括Mead及Blumer。強調個體對於他人的行爲，是透過思考跟詮釋而來；針對對方行爲的意義，產生相對應的行爲。

在符號互動理論的概念中，自我（self）是相當重要的一項。這個self跟另一個在心理學上常說的「自我」（ego）不盡相同，以佛洛依德（Freud）的理論來看，ego是指個人與客觀世界接觸後，理性適應的人格部分，與人類與生俱來的「本我」（id）、道德良知的「超我」（superego）三者，並稱爲人格的內涵。人與外界環境的互動，都會透過自我對話及自我反省過程，澄清外在訊息或是他人行爲的意義。舉例來說，如果我們將狗的叫聲定義爲「客人來了」，就會走到窗邊，看是否有訪客。如果我們將狗叫聲解釋爲「這實在是一隻很容易緊張、叫聲擾人的狗」，我們可能會喝斥這隻狗，叫牠安靜。

人際關係也須透過自我的思考與詮釋，才可能形成特定的關係型態。比方說，當一個男孩決定追求一個女孩時，他所有追求的行動都會經過思考的階段，思索對方的動機、意圖，以及可能出現的反應，不是盲目依照生物本能來行動。假設男孩送了花，女孩也會對「送花」這個行為，重新思考並賦予意義，才會有所反應。

另外要注意的是，因我們生活在社會文化的架構中，對於人際行為的思考，會有社會文化的參照。當我們對符號做詮釋時，會將社會文化所賦予的意義考慮在內。

六、人格─情境交互模式

近年來，心理學家發現，不同情境下人際互動的行為也會不同。也就是說，改變情境就可能改變人際行為。這種人格特質結合情境因素的觀點，就稱之為「人格─情境交互模式」（the interaction model of personality-situation）。認為人際行為是由人格特質與情境特色互動而來，也就是說：B＝f（P，S）（人際行為＝人格與情境的函數）。舉例來說，美嬋是個權威性格比較強烈的人，但是這個性格並不是每一次與人互動時都會出現，當她遇到比她更有主見的男友志強時，可是百依百順，擺出小鳥依人的姿態。但是當工作上碰到比自己沒有權力、能力也較差的員工文秀，就會擺出一副主管的架子，對文秀頤指氣使。

有什麼情況，比較不受情境的影響，能採穩定的方式與人互動？根據研究指出，內控性格（internal control）較高的人，人際行為的恆定性也較高，較能抗拒情境的壓力，因為他們對自己的信念及價值觀較為堅持。此外，人際行為的恆定性，也受到性別的影響；一般而言，女性的恆定程度較低。

七、摘要

人際關係的本質可依程度深淺分爲：認識的人、朋友及親密朋友三種，認識程度愈深，自我表露愈多。親密關係包括：兩性關係、家人關係、男性之間、女性之間。兩性關係又可分爲友誼關係及浪漫愛情兩種，愛情關係包括激情、親密和承諾三個要素。家人關係的溝通表現，主要在凝聚力及適應力上。男性之間強調實質的幫忙，女性之間談論的重點以關係性及個人性爲主。

五個理論可說明人際溝通與關係的動力。Schutz從歸屬需求、控制需求和情感需求的觀點，稱之爲「人際需求理論」。Homans等人以操作制約的觀點，發展出社會交換理論；認爲人們會根據投資報酬的分析，來衡量人際關係。從社會交換理論衍生出公平理論，指出人際關係的持續與否，取決於雙方對於利潤是否公平的知覺。符號互動理論則強調，人際行爲透過個人的思考與詮釋而來。人格一情境交互模式認爲，人際行爲會因人格特質及情境特色的交互作用而改變。

練習一

想一個令你感到滿意的親密關係，依據下列理論進行分析：

1.依據人際需求理論，這個關係中你滿足了哪些需求？
2.依據社會交換理論，你得到的報酬及付出的代價，計算一下利潤有多少？
3.依據公平理論，說明自己為什麼要繼續維持這個關係？
4.回想一次特定的互動過程，從符號互動理論來解釋，這次的自我對話及符號運用如何？

練習二

想一想，人際互動的過程中，溝通行為是否因為情境不同而出現差異？找出一則經驗作為例子，跟同學一起討論分享。

第7章
傾聽與同理心

傾聽的意義與功能
傾聽的歷程
如何增進同理反應的能力
澄清訊息意義
助人的同理反應技術
不適當的溝通行為反應
摘要

溝通中最要緊的一件事是——學會聽話；這是指不僅知覺到訊息，還能用心體會訊息的意義。跟朋友聊天時，也許覺得聊得很盡興，但回過頭仔細想想，朋友說了什麼，對我們來說並不是重點；重要的是，朋友聽我們說了什麼。換句話說，能夠聽我們說話的人，才是我們喜歡的朋友；反之，如果我們也能聽別人說話，就比較容易讓自己成為受歡迎的人。

傾聽是爲了能夠做適當的「反應」或稱「接續反應」（continuance response），此時，我們的角色就從訊息接收者，轉換成傳送者；對方也從你的反應，來瞭解溝通的效果。例如，小孩回家跟媽媽哭訴：「今天老師處罰我。」如果媽媽說：「活該！一定是你不乖！」漠視說話者的觀點或情緒時，讓孩子覺得沒有被接納，放棄繼續溝通。如果說：「很痛吧！今天發生了什麼事？」媽媽對溝通情境有較敏銳的反應，孩子就可能願意多講一些。

一、傾聽的意義與功能

傾聽是「有目的且專注地聽」，又稱「積極傾聽」（active listening）。對方因爲所傳遞的訊息被完整接收，而感覺受到尊重和接納，同時產生個人價值；因此對彼此的關係，更加投入和有信心。

(一)傾聽是瞭解的開始

我們都希望被別人接納與瞭解，例如，學生跟老師提到：「我覺得自己眞的不適合唸書，我這麼笨，老是學不會、唸不懂，我想我還是休學算了。」對老師來說，如果不仔細傾聽，只是一味的告訴學生：「你不應該有休學的念頭」，然後開始長篇大論地說教，學生就因不被瞭解，失去繼續跟老師談下去的動力。不僅學生的問題沒有解決，老師也可能覺得學生不聽話、不受教。如果老師聽懂了他的挫敗感而說：「聽起來你對自己的學習成果很挫折，也開始懷疑自己的價值，所以興起了放棄讀書的念頭。」學生才可能開始跟老師討論學習的困難，進一步理性考慮未來生涯的方向。

(二)不良傾聽對人際關係的影響

不良的傾聽會破壞人際關係，例如，蘇太太急著說：「老公！我有事必須留下來加班，下午三點半不能去接女兒了，你得去接她。」蘇先生只抓到「加班」的訊息，然後說：「好。」當蘇先生下午四點十五分接到幼稚園老師的電話：「蘇先生，請問您什麼時候來接小孩？」才驚覺自己聽錯了，以爲加班是指下午五點以後。其次，不良傾聽會浪費時間、精力、金錢，例如，蘇老師告訴助理：「藍色標籤的資料印二十五份，其他都印兩份。」結果助理卻將藍色標籤的印了兩份，其餘都印了二十五份。

二、傾聽的歷程

傾聽的歷程可分爲五個階段，包括：專注（attending）、瞭解（understanding）、記憶（remembering）、評估和同理反應（empathic response）。

(一)專注

專注是傾聽的第一個階段，指集中注意，不受其他訊息的干擾。專注是一種知覺歷程，是從感官系統感覺到的無數刺激中，選擇出特定的幾項。現在請你放下書本，閉起眼睛，聽一聽周遭的聲音。也許會聽到學校圍牆外摩托車呼嘯而過的聲音、枝頭上鳥兒跳躍和唱歌的聲音、教室走廊的腳步聲、隔壁教室傳來的咳嗽聲。這些聲音是你在閱讀時，並未察覺到的。這些聲音一直存在於我們的生活中，只是有些聲音我們意識到了，有些聲音則完全沒有知覺。爲什麼我們會聽到某些聲音，對其他卻聽而不聞呢？理論上，我們應該能夠聽到聽覺範圍內的所有聲音，但是我們對聲音的注意，卻會受到心理的控制，也就是知覺的選擇性注意。

不良的傾聽，就是不能有效專注於應該聽的部分，而把訊息混亂或錯置。爲了加強傾聽的能力，第一步必須強化專注力，技巧包括：

◆減少環境阻力

無法專注傾聽，可能是因爲環境中的干擾太多，因此，必須先把會影響傾聽的干擾去除。比方說，收音機的聲音太大，使你聽不清室友的話；邊看漫畫邊與同學討論事情，會讓你分心，沒聽到討論的重點。

◆降低生理限制

再來，必須保持一個能夠專注傾聽的生理條件。如果你常常漏聽某些訊息，或常常聽不清楚，必須別人一再重複，就可能有了聽力障礙而不自知。若你懷疑自己有否聽力問題，應儘快到醫院聽力檢查。除了這種聽力的障礙之外，有時我們會因爲自己的生理狀況不佳，而無法專注傾聽。比如說，因爲感冒而頭昏眼花，就必須將自己的狀況說清楚，請對方在訊息傳遞時，做適當的調整。

◆預作心理準備

不良的傾聽常常因爲自己沒有準備好，例如，老師說：「接下來我要講的部分非常重要，考試時一定會考。」這時你會有什麼反應？大多數人會坐直身子，身體略往前傾，直視老師，並停止其他動作，生理上已經準備好去聽，以免漏失重要訊息。在心理方面也屛除雜念，整個人像裝了雷達系統一樣。平常與人談話時，很容易在腦子裡出現其他雜訊，如：昨天約會的女孩、剛剛輸了的球賽、期中考成績、一場很想看的電影等，這些你心裡所想的事，可能比對方的談話還吸引你，因此無法專注傾聽。

◆聽與說的順利轉換

交談中，必須一下子聽、一下子說，也就是要在聽和說之間轉換，有可能轉換得不順。假設你花了時間在心裡打草稿，準備要說什麼，這時會特別注意自己能否將腹案盡數傾出，而無法兼顧傾聽。反之，當我們說得正起勁時，也該停下來自問：你覺得對方聽了多少？以及我聽對方說了多少？

◆完整傾聽後再反應

我們很容易在對方還沒說完，就已經不想再聽了；因爲我們以爲知道對方要說什麼了。但是事實上，對方的話根本還沒有說完。就算我們聽了前半段，就已經知道完整的意思，但打斷別人的話，會讓對方認爲我們沒有在傾聽，覺得不被尊重，而使溝通受阻。所以，要培養先聽完對方表達，再給予反應的習慣。有時候，專注的傾聽就已經是最佳反應，因爲保持沉默，才能讓說話者自由的去想、去感受。

除了可能過早停止傾聽之外，有時也因對方說話的方式或干擾，而無法繼續傾聽。例如，當對方吞吞吐吐甚至口吃，或語調十分平淡，很可能讓我們覺得不耐煩，沒有意願聽下去。其實在這種情形中，更應體諒對方表達的困難，努力傾聽對方的話。有時，會因說話者的語彙或觀點，讓我們覺得不舒服而不想再聽，例如，當別人說到單親家庭、同性戀、犯罪青少年、原住民、女性主義、福利制度等，可能引起我們的負向情緒，而無法繼續接收對方的訊息。當別人引起我們負面的情緒反應時，也許該設法說服自己，不要急著反擊，冷靜下來客觀的傾聽，聽到完整而正確的訊息後再反應。

◆配合情境目的來傾聽

我們對於訊息的專注程度，不同情境中會有差異，如：娛樂、學習、瞭解、助人等情境中，娛樂時專注的要求比較低，我們只是隨意的聽；若是「空中英語教室」的教學節目，是爲了學習，就必須付出更多的專注力、更積極。其他如：聽清楚該怎麼走才能開車上高速公路（方向）、怎麼操作一台新的電腦（指導）、爲什麼昨天女朋友爽約了（解釋）等，都必須專注。助人情境中的傾聽，就更具挑戰性了；有些人只是想找個人讓他吐吐苦水，有些人則是爲了求助。

(二)瞭解

「瞭解」是傾聽的第二個階段，是對訊息賦予正確的意義，也就是訊息解碼的歷程。大部分時候，思考速度比說話的速度快，所以一邊聽一邊處理訊息並不困難。但是，如果沒有仔細接收訊息，恐怕會爲溝通帶來困擾。「積極傾聽」意指運用特殊的技巧，確保能夠瞭解訊息，包括：確認語意組織結構、掌握非語言訊息、檢核重要訊息，以及重整訊息意義等四個步驟。

◆確認語意組織結構

訊息通常是有組織結構的，包括：訊息目的、觀點、佐證的細節。用心確認這些組織結構，有助於擷取說話者主要傳達的概念。舉例來說，教育改革座談會上，主講人談論著青少年犯罪的問題，重點在貧窮與家庭功能的影響，每一個論點他都提供研究證據。此訊息的結構爲：(1)目的：青少年犯罪的成因；(2)主要觀點：貧窮及家庭功能的影響；(3)細節：證據資料。但是，不是每個說話者都有能力將訊息予以組織，此時就要靠聽者自問：「對方的用意是什麼？」（目的）、「訊息的重要內涵有哪些？」（觀點）、「用什麼來支持訊息重點？」（細節）。

◆掌握非語言訊息

仔細觀察那些伴隨而來的非語言訊息，能幫助我們更正確的解讀訊息。當小芳對美麗說：「嗨！妳可終於搞懂了。」美麗必須依據小芳的聲調、表情等非語言訊息，判斷小芳是善意鼓勵還是惡意嘲笑。當你的女朋友埋怨你不夠重視她，除了必須專注對方的說話內容外，還必須同時掌握對方是怎麼表達的。

◆檢核重要訊息

透過訊息的檢核，可以得到更多資料來瞭解對方；最簡單的方法就是「問」。可惜，很多人也許害羞或怕沒面子，即使不懂也不願發問。但是，假裝聽懂了並不是聰明的抉擇，恐怕會得不償失。例如，打電話給外國客戶，對方告訴你「hold on」（請稍候），你回答「yes」後把電話掛了，一筆生意就此不翼而飛。或是英文老師說你的期末報告實在「Nadir」，而你在搞不懂的情況下回答：

「說謝謝！」，其實，「Nadir」是分數糟透了的意思。聽不懂別人的話當然很尷尬，但是不弄清楚對我們並沒有幫助；也許試著禮貌的問：「我不懂『Nadir』這個字是什麼意思？」問清楚表示你是個認眞的人。有時候聽不懂，是因爲對方的敘述模糊、缺乏組織，這時就必須請對方再做澄清。開口問並不可恥，適當的訊息檢核，才能眞正解決問題。

◆重整訊息意義

接收訊息後，將所瞭解到的訊息用自己的話重新敘述，以確認所理解的，是否與對方傳達的相同，這樣的技術稱之爲「簡述語意」（paraphrase）。還須同時注意語言和非語言訊息，才比較容易正確瞭解對方的意思。

(三)記憶

積極傾聽的第三個階段，就是「記憶」。如果訊息未能記住，即使瞭解再多也是枉然。記憶歷程可分爲三個階段，第一個階段稱之爲「感官記憶」（sensory memory），也就是感官系統接受到訊息的瞬間，不論視覺、聽覺、嗅覺或是觸覺。一般來說，感官記憶只能停留約一秒鐘的時間，之後進入第二個階段，也就是「短期記憶」（short-term memory, STM），約可維持十二至二十秒，所記憶的內容約只有7±2個單位，最後才進入「長期記憶」（long-term memory, LTM），也就是永久記憶。如果對於訊息缺乏專注，訊息並不容易進入進一步的記憶系統。有效的傾聽者，能運用三個技巧來增加記憶：重複（rehearsal）、記憶術（constructing mnemonics）以及做筆記（note taking）。

◆重複

記憶的重要運作過程，是將訊息從短期記憶轉到長期記憶，最簡單的方法就是重複訊息。重複訊息可增強訊息儲存的可能。在接收訊息後不斷地重複，否則訊息只會在短期記憶中存放十二至二十秒，然後就遺忘。

◆記憶術

記憶術就是把訊息轉換成容易記憶的形式，比如說，設計口訣（mnemonic device）。常用的記憶術是將字詞的頭一個字母（字彙）串聯起來，建構成一個字。例如，要記憶「五大湖」（the five Great Lakes）可以用「HOMES」的方法來記（Huron, Ontario, Michigan, Erie, Superior）。再例如，記憶八國聯軍的妙法，就是利用口訣「餓的話，每日熬一鷹」（俄、德、法、美、日、奧、義、英）。

◆做筆記

做筆記是將資料記錄下來，好讓我們重新回顧，這個辦法雖然不適用於日常的人際對話，但是在電話、簡報、訪談或是會議，都是能增進記憶的有效工具。做筆記的過程中，我們自然會主動傾聽，所以能夠強化記憶。有效的筆記應包括主要概念摘要，及部分重要細節，字數不要太長，正確才最要緊。

(四)評估

評估是傾聽歷程的第四個階段，針對所瞭解的訊息，判斷其真實性與可信度。比方說，有人說服你支持某一位候選人，如果你還沒有定見，大概不能聽過就算，必須仔細思考對於訊息同意與否。

否則你可能會在無意識的情況下，做出錯誤的決定，或讓別人對你有錯誤的期待。評估訊息的主要技巧包括：區辨事實及評估推論。

◆區辨事實

清楚的評斷什麼是事實（facts）？哪些是推論（inferences）？事實是訊息的具體內容，可以經由直接觀察而證明。推論則是根據觀察而整理歸納的結論，是觀察後形成的意見或想法。區辨事實就是將這兩者區分開來，避免將推論與事實混為一談。舉例來說，鄰居簡太太說：「我今天早上又看到那個電腦工程師，到王先生家裡修電腦了。兩個星期就來了七、八次。」然後簡太太又說：「老王家新買的電腦，肯定是個爛牌子。」簡太太看見工程師常常來是事實，將原因解釋為電腦品牌不佳卻是自己的推論，不一定正確。

◆評估推論

冒然接受推論其實相當危險，所以必須仔細檢驗。推論是根據事實衍生出來的，常以論證（argument）的形式出現。例如，陳太太說：「我們家的經濟狀況到了明年就會改善，下個月開始我就可以調薪，每個月多三千元，而我們家的房屋貸款明年三月就能繳清，老大明年六月畢業就要當兵了，小兒子今年考上師範學院，也開始兼家教、半工半讀。」

評估推論要考慮三個重點：(1)支持推論的事實為何？(2)推論與這些參照資料的關係為何？(3)是否有其他資料足以推翻推論？就拿陳太太的例子來說，她所提出足以支持推論的事實包括：收入增加，房屋貸款即將繳清，孩子就學而帶來的經濟負擔減少。因此可以知道她的推論合理。在評估推論時，第二個重點最困難，因為傾聽者必須清楚找出推論與事實間的邏輯關係。例如，正豪說：「期中考前一天，我通宵熬夜、讀到天亮，但還是不及格。」以正豪的推論，考試前的開夜車是決定成績的唯一因素；但其實，成績高低的影響因素相當多，比如，平時用功與否、上課專心程度，甚至智力高低等。

(五)同理反應

傾聽歷程的第五個階段是同理反應。同理心（empathy）指的是能偵察（detecting）和指認（identifying）他人的情緒狀態，並做適當的溝通反應。在人際溝通情境中，同理心可以強化彼此的情感連結（emotional bond），使對方有「被瞭解」的感受，並能滿足內在的心理需求。

◆偵察和指認感受

運用知覺（perceptual）的技巧，注意到口語和非口語訊息，以瞭解對方的感受與情緒狀態。影響我們偵察及指認他人感受的因素包括：(1)相同的情境經驗；(2)對特定情境的想像；(3)對他人相同情境的觀察。眞正的瞭解不是根據我們認爲對方「應該」有什麼感受，而是從他眞實經驗的感受出發。同理心是「他人」取向（other oriented），而不是「我」取向（I oriented）。

◆適當的同理反應

有時候，我們分不清同理心與同情心（sympathy）；同情心表示你認爲對方的困境很可憐，如果你分擔他的情緒，雖然一時間會讓對方覺得非常被瞭解，但也因爲你的情感涉入太深，反而很難眞正幫助對方度過情緒困擾。表示同理，則不需要和他一起痛苦。同理心是一種對他人情緒的偵察與接納，不表示必須融入在他的情緒當中。對他人的情緒表達同理反應，不只是「說」，有時適當的非

語言行為，更勝於「光說不練」的語言反應。

三、如何增進同理反應的能力

(一)思考緩衝之後再反應

剛學習同理反應時，最容易犯的毛病就是，太急於表現同理。但是太快反應，很容易失誤。因為我們還沒有細察對方眞正的情緒，很可能只懂表面上的意思。另一方面，其實「急於反應」有它潛藏的意義，就是我們比較在乎自己有沒有做到同理，而非眞正關心對方的感受。

(二) 針對對方感受簡短回應

同理要簡短適切地反應，而不是長篇大論的發表演說。如果我們一再強調自己的觀點，冗長鋪陳、反覆申論，我們又犯了「以自己為中心」的毛病。

(三)毫不保留地表達同理

同理對方的時候，不能表達得模糊不清、曖昧不明；因為其實這時候的保留是多餘的，可能讓對方誤以為我們不瞭解他。所以既然要同理對方，就盡可能在語言和非語言上面，都切實、放心地表現。

同理的反應，可以下面三個部分為基礎，即：對方的情緒、經驗或行為。

◆根據對方的情緒來反應

跟他人互動時，對方可能直接說出他的情緒，也可能在非語言的部分顯露出情緒。例如，妳的室友說，她剛跟男朋友大吵一架；妳根據她的語言或非語言訊息來判斷她的情緒，可以直接反應「妳看起來氣壞了！」，或說：「我想妳的心情一定壞透了！」

◆根據對方的經驗或行為來反應

有時，對方一邊表達情緒，同時也說明由於哪些經驗或行為引發他的情緒。如果我們注意到引起對方情緒的原因時，會讓對方覺得更被瞭解。譬如，同學氣急敗壞地說：「氣死我了！你知道為什麼文宏這次考試會及格，我卻被當嗎？我上課比他認眞耶！可是考試前他跟我借了課本跟筆記，卻沒有按時還，我到處找不到他，害我根本沒有資料可以唸！」如果我們的同理反應只是：「你一定氣死了！」，不如進一步反應：「這次考試考輸文宏讓你很生氣，因為他借了你的課本跟筆記不還，你又找不到他拿回資料，結果無法在考試前充分準備。」

四、澄清訊息意義

誤會常常是溝通的最大障礙。誤會本身並不嚴重，卻會對人際關係造成很大的干擾。誤會常因自己會錯意，而對說話者的本意強加扭曲。如果在溝通的過程中，能夠以開放、非評斷的態度，就可減少誤會的形成。另外，透過適當的反應，也可避免誤會。我們在澄清對方語意時，常用的技巧包括：簡述語意和詢問（questioning）。

(一)簡述語意

簡述語意是指傾聽者用自己的話，來陳述所接收到的訊息意義。通常我們認爲，如果別人已經把意思和感受都說清楚了，就可以不必再重述。事實上，我們很少能夠完全肯定，自己眞的瞭解別人的語意。語言和非語言訊息都很容易被誤解，也許來自環境的干擾，或是彼此的想法與信念不同。簡述語意可以分成兩類，一爲「內容簡述」（content paraphrase）或內容反應；另一爲「情感簡述」（feelings paraphrase）或情感反應。

◆簡述語意的種類

「內容簡述」是針對訊息中的實質意義或外延意義加以摘述，「情感簡述」則根據對方的非語言訊息來描述其情緒經驗。眞實的生活情境中，我們常常會同時內容簡述和情感簡述，以完整表達所接收到的訊息意義。

◆簡述語意的時機

對方談話到一個段落或在某些重要時機，可以運用簡述語意的溝通技巧，來澄清對方的意思。或當我們對於說話者的內容、感受等訊息不能肯定，需進一步清楚瞭解時，也可以簡述語意。有時對方可能有意無意的掩飾眞相，有時我們知覺到對方的訊息有矛盾之處，或是對方情緒過於緊張，無法傳遞眞正的意思，這時都需要簡述語意以澄清訊息。

另外，也許對方說話的方式，讓你無法瞭解訊息意義；也許訊息引發你某些情緒反應，讓你無法正確接收訊息，此時也需要做簡述語意。

(二)詢問

我們也可以利用「詢問」的技巧，得到想要的訊息。但有時詢問會讓對方生氣、尷尬或引發心理防衛，反而破壞彼此的關係。有效的詢問必須遵守下面的幾項原則：

◆具體

具體的詢問才能得到具體的回答，麗湄對你說：「我眞的好挫折！你等一下順便幫我帶紙回來好不好？」除非你們眞的很熟，否則這個模糊的敘述必須進一步詢問，如果你只問：「啊？什麼？」麗湄可能只是把剛剛的話重講一次，你仍然無法得到具體的答案；因此你必須具體詢問：「妳要我幫妳帶什麼紙？要帶多少？」如果無法瞭解麗湄發生了什麼事，問題就可能是：「妳怎麼了？爲什麼挫折？」

◆誠懇

詢問時要誠懇，不要讓人覺得有諷刺、打斷、高傲、專橫、批評的意味。在非語言行爲上也要謹愼，避免引起別人的負向感受。我們要隨時提醒自己，說話方式比說話內容更重要。舉例來說，上課時，坐在你後面的同學說：「你擋住我看黑板的視線了」，如果你不清楚自己該往左還是往右移，才能讓同學看清楚，所以問：「那你要我怎樣？」這樣的問法可能讓人以爲你在故意挑釁；若問：「你希望我靠那一邊，你才看得到黑板？」就比前者要好。

◆虛心

爲了避免引起心理防衛，最好的策略就是虛心詢問，把無知歸因於自己。詢問之前要先表示訊息的傳遞失誤，是因爲自己的疏失

所致。

◆集中焦點

如果我們一次問很多問題，就容易模糊溝通的焦點，也會使對方感覺到焦慮。最好一次只針對一個重點，其餘的疑問在談話過程中再慢慢解開。

◆開放式詢問

除非對方有表達上的困難，否則最好採用開放式的問題。可以避免對答案預設立場，能夠得到較多的訊息。

五、助人的同理反應技術

不僅限於專業的助人工作者，在我們生活情境中出現的助人行為，大部分雖不是專業的助人模式，但如果懂得助人的反應模式，即使不是專業的助人者，也可以發揮助人的功效。在助人情境下的反應稱之為「助人反應」（helping responses），它不同於一般的談話、聊天等，是比較缺乏結構的溝通型式。因為助人者及受助者雙方，都會受到一些既定的內在需求、價值觀、情感、經驗等因素的影響；因此，如何建立一種對彼此有益的助人關係，就必須要靠一些反應技巧，如：支持（supporting）、解說（interpreting）、讚賞（praise）和建設性批評（constructive criticism）。

(一)支持

「支持反應」是傾聽者表達出接納、關心對方的情緒的態度，不論是正向情緒（快樂、得意、榮耀、滿足）或負向情緒（煩惱、憤怒、悲傷、失望）。此時必須注意在語言及非語言表達上的一致性，否則會讓對方感覺你不夠眞誠。

◆對正向情緒的支持

當我們與人分享自己的快樂情緒時，誰都不喜歡被潑冷水或被冷漠對待；支持反應能讓愉快感受持續下去。例如，康小姐說：「主任說我今年的考績可能得到特優呢！」你回答：「恭喜你！眞是太棒了，你的努力有了代價，大家都以你爲榮。」傾聽者知覺到對方的正向感受，然後表現出同理反應。

◆對負向情緒的支持

助人情境中，負向情緒的出現比正向情緒更多。支持反應讓他覺得自己被允許表現負向情緒，較能幫助他恢復心情。大多數人對負向情緒給予適當的支持反應，會覺得比較困難；常會不知所措，然後想逃開。其實，同理並不需要說一些不實的話，因爲偏離事實、假裝瞭解，比起無法正確同理，更讓人受傷害。有時，利用非語言行爲來表達接納，或許會更爲適當，例如，拍拍對方的肩膀、緊握住對方的手，甚至一個親切的擁抱，可以讓對方感覺比較舒服。支持反應最困難的地方是，我們常常在尚未瞭解對方之前，就急於給予建議，結果讓人更不舒服。

(二)解說

有時人們的困擾來自他們只從一個角度看事情，缺乏相關的有利資訊；這時我們可以提供其他觀點、角度或資料，讓對方參考，這就是解說的同理反應。例如，明山終於約到美娜一起去看電影，明山回來後卻顯得非常沮喪。他對美娜心儀已久，照說這個約會應

該是夢寐以求，但是明山卻失望了。明山說：「我帶她去吃飯，然後看電影；送她回家的時候，她只跟我說了聲：『謝謝。』然後就匆忙進入屋內，我們連多聊一下都沒有，她一定不喜歡我。」顯然明山對美娜的行爲，做了負向的解說，他認爲她在拒絕他。我們並不確定美娜心裡的想法，但是可以知道的是，明山的觀點太偏狹，所以可以說：「這會不會是女孩子的矜持呢？你們今天才第一次約會，她願意跟你一起去吃飯、還去看電影啊！」提供另一個詮釋美娜行爲的理由，可以避免明山的自我設限。

(三)讚賞

我們都知道讚賞他人能增強正向行爲，甚至修正他的自我概念。但是，我們卻很容易忽略別人的正向言行。其實，當別人做了一件讓我們感動、感激的事，就可以直接讓他知道我們心中的感受。有效的讚賞必須針對具體的行動，所用的詞語和稱讚的事要相稱，在語言及非語言行爲上要一致。如果一個平時糊塗的孩子，記得歸還所借的蠟筆，這件小事仍值得讚賞，你可以說：「謝謝你記得把蠟筆還我！」但，如果讚賞言不由衷：「唉呀！眞是不容易啊！你居然記得還我蠟筆，眞是太了不起了！」這樣的讚賞就具有傷害性。或者說：「你是個了不起的孩子，每件事都做得很好。」這也不是適當的讚賞，因爲它太空泛了，不能對特定行爲有增強作用。

(四)建設性批評

有時候我們需要別人指正錯誤，或需要去提醒別人的缺失。接受或給予批評，都令人覺得不舒服。批評技巧不佳，可能傷害彼此的關係。所以批評必須具有建設性，眞正對人有幫助。

◆請求別人批評

別人的批評可以幫助我們明白自己的錯誤，但是大家都害怕被批評，寧願從別人的非語言訊息中猜測。其實我們可以利用下列原則，請求別人給予批評。

1.主動請求：主動請求他人批評，讓自己比較有心理準備，來面對各種批評的意見。
2.相信批評的益處：透過有效的批評，能幫助我們更客觀認識自己，進而學習成長。
3.具體請求：利用具體的發問，得到明確的改進意見，而不是空泛的觀念、感受或行爲。
4.眞誠請求：如果你問：「你覺得這件衣服好看嗎？」卻希望朋友和你一樣，覺得這件衣服很漂亮，不接受朋友其他實話，那麼你就是不夠眞誠。一旦別人知道你只是尋求他人的順從或附和，就不會提供什麼對你有價值的評語了。
5.避免語言和非語言訊息的不一致：如果你說：「我想聽聽你對我今天的報告有什麼看法？」但是你的聲調慵懶、一副心不在焉的樣子，會讓人以爲你並不是眞的想知道別人的意見，就不會提供任何有益的批評了。
6.確實瞭解批評：當別人給你評語之後，不要急著反駁，應先簡述語意來澄清，確定你對他人批評的瞭解是正確的。
7.開放接受批評：當對方給你負面批評時，你可能會覺得挫折，或產生其他負面的情緒，但是要記得，你可以不同意這個評語，但是要以開放的態度來接納甚至感謝。如果因爲你不同意對方的意見，對他人生氣，以後即使你再請求，別人也不敢給你任何意見了。

◆給予建設性批評

有時候是因爲別人的主動要求，有時候是我們期望能幫助別人做得更好，但提供建設性的批評仍然不容易，以下是一些重要原則：

1.確定對方有接受批評的意願：如果對方完全沒興趣，或沒有心理準備要接受批評，評語的效果就不大。所以，如果你認爲需要給予批評，要先徵詢對方是否願意聽。例如，你想要對一位主婦發表關於她做的一道菜的意見，可以先詢問：「我不清楚妳是否有興趣聽聽我對這道料理的意見？」要記住，就算別人說「好」，你仍然必須很謹愼。
2.以行爲描述來給予批評：先不急著評價對方行爲的對錯好壞，試著正確而詳細的敘述行爲，它可以顯示批評是針對「行爲」而不是針對「人」，同時指出行爲改進的方法。這樣可以增加別人接受批評的可能，較不會引起心理防衛。
3.儘量先讚賞再批評：先讚賞再批評，比較不會引起負向情緒。但是讚賞必須眞誠，如果在敷衍似的讚賞之後，將對方批評得體無完膚，反而會成反效果，讓人覺得前面的讚賞，爲的是掩飾後來的猛烈砲火。
4.近期行爲的批評：延遲的批評，對人很難有所幫助。要在行爲過後儘快給予批評，間隔時間越短，批評越是有效。
5.批評可改變的行爲：指出別人沒有辦法改變的缺點，不但毫無意義，甚至是一種刁難。
6.同時提供改善之道：批評時不要只指出錯誤，還要說出怎麼做會更好。提供正向的建議，才能幫助對方改進缺失，並且顯示你的動機出自善意。

六、不適當的溝通行為反應

就算是很高明的溝通者，有時也會因爲反應不當而出現問題；這是指那些會引起他人心理防衛或傷及自尊的反應。除了阻礙有效同理的評斷式反應（judgmental responses）外，其他還包括：離題的反應（irrelevant responses）、轉移話題的反應（tangential responses）、不連貫的反應（incongruous responses）、切斷話題的反應（interrupting responses）。

1.*離題的反應*：這是指反應與談論的主題無關，故意忽視說話者的訊息，使對方懷疑自己不被重視。
2.*轉移話題的反應*：本質上屬於離題的反應，但是表現的方式比較婉轉。雖然表示「聽到了」，卻仍把話題轉移到別的事情上。對說話者來說，會覺得他所關心的事似乎不值得討論，損及對方的自我價值，也可能影響彼此的關係。
3.*不連貫的反應*：指語言訊息和非語言訊息的不一致；由於非語言訊息通常比語言訊息更具影響力，所以會使說話者產生迷惑與誤解。
4.*切斷話題的反應*：是指別人還沒把話說完，就隨便插嘴、打斷他人說話。我們會切斷別人的話，有時是覺得自己現在要說的比較重要，或自以爲已經知道別人要說什麼。切斷式的反應會傷害別人的自我概念，引起他人對我們的敵意。相對地，也曝露出我們缺乏敏感度（sensitivity），或許是我們有不必要的優越感。

七、摘要

積極傾聽可以幫助我們瞭解對方，包括五個歷程：專注、瞭解、記憶、評估和同理反應。「專注」是有意識的選擇感官刺激的知覺歷程，強化專注力的技巧有：減少環境阻力、降低生理限制、預作心理準備、聽與說的順利轉換、完整傾聽後再反應、配合情境目的來傾聽。「瞭解」是對訊息賦予正確意義的歷程，幫助訊息瞭解的技術包括：確認語意組織結構、掌握非語言訊息、檢核重要訊息、重整訊息意義。「記憶」則是儲存訊息的歷程，記憶的歷程分爲感官記憶、短期記憶及長期記憶。增進記憶的方法有：重複、利用記憶術以及做筆記。傾聽歷程的第四階段是針對訊息的眞實性做「評估」，主要技巧包括：區辨事實及評估推論。傾聽的最後一個歷程是能夠適當的反應，適當反應須以「同理」作爲基礎。同理心指的是能偵察並指認他人的情緒狀態，並做適當的反應。「適當的同理」包括：知覺的技巧及溝通技巧，必須以專注傾聽爲先。提高同理反應的基本策略有：思考緩衝之後再反應、針對對方感受簡短回應、毫不保留地表達同理。「澄清」的反應，在於確定所接收到的訊息意義，運用簡述語意和詢問技巧，可以幫助我們做澄清。簡述語意分爲內容及情感的簡述，並且要注意簡述語意的時機。詢問要注意幾項原則：具體、誠懇、虛心、集中焦點，還有開放式詢問。助人的同理反應技術發生在助人情境中，也許我們不是專業的助人者，但善用簡單的助人反應，也可達到助人的成效。簡單的助人反應技術包括：支持、解說、讚賞和建設性批評。提供他人批評時，要先確定對方有接受的意願，並且在近期做具體的批評。不適當的反應會干擾溝通，阻礙彼此關係的發展。不適當的反應除評斷式的反應外，還包括：離題、轉移話題、不連貫和切斷話題的反應。

練習一

請專心聽完下面這篇短文，再回答之後的問題。

因為你剛來上班，所以我先告訴你一些工作上要注意的細節。主任一定告訴你，主要的工作只有打字和發信。不過，我告訴你，接電話才會占去你大部分的時間。如果是打字，你要特別留意老葛，因為他的資料最多，而且他要你打的資料常常和業務無關。所以，通常我會婉轉拒絕，免得把時間都用來做他的私事。馬老師給的工作不多，但是你最好做得漂亮一點，她可是個完美主義者。如果是彭教授，他永遠都是趕在最後一分鐘，才把文件交給你打字。信件更是麻煩，不過慢慢你就會習慣。郵差每天來兩趟，早上十點和下午兩點。記得要把不屬於我們的信件送回總務處，寄信也必須送到總務處由他們代寄。如果有比較急的信件，則直接拿到郵局去寄。拿信的時候要記得分類，過濾一下收件人是不是我們單位的人。你的午休時間是中午十二點到下午一點十分，一共七十分鐘。如果沒什麼事，你最好在十一點五十五分前去餐廳用飯，免得學生一下課，餐廳會太擠。還有一件事，要記得每天上午八點十五分時打電話提醒陳老師今天有沒有課，因為他太忙，常常搞錯時間，如果你沒有提醒他，他很容易忘記來上課。好啦！祝你好運。

問題1.不屬於此的信件應送至哪裡？（總務處）

問題2.信件何時送來？（上午十點跟下午兩點）

問題3.最好於何時用午餐？（十一點五十五分）

問題4.彭教授交待的工作有何問題？（總在最後一分鐘才拿來）

問題5.誰給的工作量最多？（老葛）

問題6.老葛給的工作有什麼問題？（資料常與業務無關）
問題7.依主任所說，你的主要工作是什麼？（打字跟發信）
問題8.要寄發的信通常送到哪裡？（總務處）
問題9.緊急寄出的信要送到哪裡？（直接到郵局去寄）
問題10.中午午休時間有多長？（七十分鐘）
問題11.最挑剔的完美主義者是誰？（馬老師）
問題12.早上你必須用電話提醒誰來上課？（陳老師）

練習二

讀完下面的描述，然後評估下列目擊者的敘述是事實或者是推論？

兩個人帶著幾個大包裹，匆匆離開銀行，跳進一部加長型的黑色車子急駛而去。數秒鐘之後，一個男人衝出銀行，揮舞著手臂，看起來很沮喪的樣子。

目擊者1：這家銀行被搶劫了！（推論）
目擊者2：真的！我看到搶匪匆匆離開銀行，跳進一部車子急駛而去。（推論）
目擊者3：那是一部加長型的黑色車子。（事實）
目擊者4：那兩個男人帶著幾個大包裹。（推論，只說兩個人、沒說是男人）
目擊者5：他們離開數秒後，行員追了出來，但是太遲了，他們已逃走。（推論）

練習三

利用下面兩個情境，想想如何給予適當的建設性批評。然後和小組成員分享，看看誰的批評最具有建設性？

1.你搭一位外系同學的便車去學校，這位同學是你室友的朋友。你們只認識三星期，也很談得來，但是他的車子開得太快了。

2.一位好朋友在說每句話時，不只一次出現「你知道嗎？」你很喜歡她，但你發現別人已因此開始躲開她。但她非常敏感，不太能接受別人的批評。

第8章
人際之間的社會影響力

人際影響力的來源

獲得順從之策略

說服：符合人際倫理之獲得順從的策略

抗拒順從與自我肯定

文化與自我肯定

社會影響與自我概念

摘要

有一個笑話是這樣的，一個鄉下來的老先生，被邀請到城裡的一位富豪家作客。富豪留老先生用餐，於是交待廚子做最拿手的西餐料理。老先生從來沒有吃過西餐，心中十分惶恐，就打定主意主人怎麼做就跟著做。用餐的時候，先上來的是生菜沙拉，老先生看著沒有煮熟的生菜，皺著眉頭，也跟著裝模作樣地吃了。主菜上來了，老先生學著主人的模樣，一刀一叉地切開牛排，看著牛排肉半生不熟的樣子，老先生心頭忐忑不安，正巧見到富豪將切下來的第一塊肉餵給了旁邊的狗兒，心中終於放下一塊大石，原來：「有錢人吃飯真麻煩，飯前還先用一塊半生肉來餵狗」，為了掩飾自己從沒用過西餐的窘況，老先生急急將整塊牛排都給了狗兒　。

現實社會生活中，當我們和他人在一起時，行爲及想法無不受到他人的影響，同時也會影響他人。透過人際互動，接納他人的訊息作爲參考依據的現象，稱之爲「社會影響」（social influence）或「人際影響」。影響力是一種可以讓他人改變態度或行動的能力，也是人際溝通中的重要層面。

人際之間的影響，可能有意或許無心；當人們對於自己的知覺、感受、行爲，缺乏客觀的判斷標準時，就常以他人的意見或行爲作爲參考指標。我們將有意圖的影響行爲稱之爲「說服」（persuasion），或有文獻稱爲「獲得順從」（compliance gaining）。接下來即介紹如何經由說服而獲得順從，以及面對社會影響情境時，自我肯定（assertiveness）的重要。

一、人際影響力的來源

1950年代French和Raven首先提出強制、酬賞、權威、專家和指示等五種影響力。隨後影響力的研究和分類相當多，不過主要仍分爲下面六種：

(一)強制的影響力

「強制的影響力」（coercive power）會使對方身體或心理感覺受到傷害。身體的傷害可能因爲對方體力上的威脅，或是對方持有武器；心理的傷害則來自脅迫感、擔心被拒絕或孤立，以及任何被強制接受的壓力。別人是否眞的表現出這些具脅迫性的行爲，不是重點，重要的是我們認爲別人的行爲具有脅迫性。當我們預期別人可能傷害我們時，那麼對方就擁有改變我們的力量。

很多人不能自我肯定，自覺受到威脅。這些人覺得別人具有攻擊性，會傷害自己，因此，雖然別人不見得眞的威脅他們，但是他們卻把強制的力量主動交給別人。有些人不能自我肯定，擔心遭受對方嚴厲的處罰，或激怒對方使自己受傷害。進行強制影響時，必須「影響者」隨時監督對方，才能確保對方行爲的持續改變。

(二)酬賞的影響力

提供金錢、物品、情感等，都是運用「酬賞的影響力」（reward power）。如果酬賞的重要足以彌補順從的代價，酬賞就能發揮功效。例如，你知道報告寫得好，會有好成績，如果成績對你是重要的，那麼成績這個酬賞就能使你認眞準備。反之，你覺得只要能及格就好，付出的就比較有限。另外，酬賞的力量也必須在對方有能力負擔酬賞時，才會有效。如果你的上司答應你，若把某件工作做好，會考慮讓你晉升。若你不認爲上司有這個權力，仍可能不去做。

有些人不能自我肯定，是因爲擔心失去應得或已得的酬賞。如果小朱的上司給他的工作太多，他雖認爲不公平，但是小朱因爲擔心上司會爲此而不讓他加薪，所以不敢爲自己爭取公平的權益。

(三)法定的影響力

影響力來自某種特定地位時，稱之爲「法定的影響力」（legitimate power），又叫「權威的影響力」。因爲人們相信在某種職位的人，有責任使用影響力，所以我們把權力交付給總統、立法委員、市議員等，因爲這些人被選擇出來來擔負特定任務。我們也把權力交給老師、法官、主任，因爲這些人被指定來執行某些職務。我們還把權力交給父母、長輩、家中較年長的子女，因爲這是傳統或文化的規範。

身爲議員、老師或父母，並不表示他們絕對正確，若交給這些人過多的影響力，就可能受到他們不平等的對待，或必須去巴結這些有權威的人，這兩種行爲都不適當，會貶低個人的自我價值。

(四)專家的影響力

「專家的影響力」（expert power）來自對某些特定領域的豐富知識。當你認爲對方具備你所需要的知識時，他就對你產生專家影響力。教授對班級學生有專家影響力，因爲他們有學生需要學習的知識；教練對球員具專家影響力，因爲他們有球員期待瞭解的知識技能。

有些人無法自我肯定，來自於低估自己的專家能力。學生或許很難在教授專長的領域向他挑戰，但若認爲對方是教授，無論任何領域都具有專家影響力時，就顯得不智了。

充實自己的專業知識，是增加社會影響力的良好途徑；當我們擁有豐富的知識，而且被公衆所認可，別人將比較容易接受我們的判斷及說法。但是缺乏專家影響力並不可恥，任何時候我們都有「問」的權利。

(五)參照的影響力

藉由形象、吸引力或人格特質來影響他人，就是「參照的影響力」（referent power），主要是以認同爲基礎，引發出喜歡或吸引力。我們常常會賦予別人這類的影響力，比方說，你的一位好友推薦一部他認爲不錯的電影或一家餐廳，你可能也會去欣賞那部電影或到那家餐廳用餐，沒別的理由，只因它是你好朋友推薦的。

(六)資訊掌握的影響力

資訊是社會判斷的重要依據，因此，人際之間誰掌握訊息或資料，誰就具有比較大的影響力。在組織結構中，領導者常占據資訊流通的關鍵位置；所以，他們所提供之資訊，很容易讓人不經過思考就決定順從。

二、獲得順從之策略

順從指的是個人依循特定要求而出現的行爲反應，這樣的反應通常是爲了得到酬賞、逃避處罰等，因而有符合他人期待的表現。O'Hair和Cody（1987）將獲得順從的技巧概分爲七類：

1.直接強求：直接強制要求他人順從，例如，「我想跟你借五千元。」

2.交換條件：試圖藉由交換來尋求他人順從，例如，「如果你答應借我五千元週轉，我的車子讓你使用兩個星期。」

3.道德訴求：其實是強制他人順服，但是卻利用別人的罪惡感來完成，例如，「拜託！才借五千元而已，不然我的電腦沒錢送修，報告交不出來，我會被退學。難道你希望我被退學嗎？」

4.誘之以情：以感性的方式拐彎抹角地要求，例如，「我真的很想好好唸書，但是我的電腦不修理就不能用，偏偏我媽要等到下星期一才能匯錢給我，如果我先有五千元週轉就好了。」

5.辯理論證：提出足以讓對方順從的證據或理由，例如，「我必須趕快把我的電腦修好，否則我無法處理報告，所以要跟你週轉五千元修電腦。我可以立下字據，下星期一我媽就會匯錢給我，到時我立刻還給你。」

6.利己利人：陳述對方得利的理由來使人順從，例如，「如果我的電腦快點修好，就不需要老是借你的電腦，一直耽誤你處理自己的功課。」

7.訴諸同理：利用他人對自己的情感與彼此的關係，例如，「好啦！拜託啦！我們一直都是有福同享、有難同當的好哥兒們，你總不會見死不救吧！我只是需要週轉而已，你不幫我誰幫我嘛！」

讓他人順從的策略，主要根據下面兩項原理而來。

(一)「腳在門檻內」的效果

「腳在門檻內的效果」（foot-in-the-door effect），就是俗語所

說的「得寸進尺」。當我們勸誘對方接受所提出的一個小要求之後，繼而提出更大的要求。比方說，先要求家庭主婦簽名表示支持環保運動，然後再拜託她們實際參與資源回收的工作。這個效果的產生主要是因爲，每個人都期望維護自尊，表現前後一致的形象。這些願意簽名的主婦，因爲已經表現出「關心環保」的形象，所以爲了維護自己形象的一致，就會答應參與資源回收工作的要求。

此一策略在推銷工作上經常被運用，推銷員開始都只要求你「參考看看、不一定要買」，等到你開始傾聽他的推銷內容時，大部分的人多少都會被誘發買一些商品。

(二)「閉門羹」效果

所謂的「閉門羹效果」（door-in-the-face effect）指的是，當一個人拒絕了他人的初始要求，則會比其他未做初始拒絕的人，更容易順服其他的要求。舉例來說，如果朋友跟正華借五萬元，對正華來說，數目稍嫌龐大，實在很爲難。過了一段時間，朋友改口借五千元，這時正華借錢給朋友的可能性，會比朋友頭一回就開口借五千元的機會來得高。造成這種效果必須有兩個條件配合，其一是初始的要求必須很大，使對方拒絕，但不致產生負面感受；其二是初始提出要求與後續提出要求的對象，必須是同一個人，而且時間間隔的越短越好。

三、說服：符合人際倫理之獲得順從的策略

說服是一個合理獲得他人順從的方法，它允許別人有選擇的自由。說服主要運用論證而不是脅迫，並且必須允許別人自由選擇是否接受你的影響，也就是Paul Keller和Charles Brown所

重視的「人際倫理」(interpersonal ethic)。說服講求:說之以理(reasoning)、取之以信(credibility)和動之以情(emotional needs)。

(一)說之以理

不管理由是眞實或想像,只要有理由,就能增加說服他人的可能。所謂理由,就是我們回答「爲什麼?」的敘述。例如,「爲什麼看了一晚的電視?」理由也許是:「有我最喜歡看的電視節目」、「我很累,需要放鬆一下」、「反正沒什麼事嘛!」

想影響別人的信念或行爲,最好選擇對方可能接受的理由,然後進行說服。一個好理由必須費心尋找,可利用下列原則,篩檢較具說服力的好理由:

1. **最具支持力**:有些理由雖然是事實,卻不夠強而有力。例如,說服同學支持系刊出版的理由:「學生能練習寫文章」,就不算是具有支持力的好理由,它只是附帶的好處。
2. **有充足資料**:有些理由雖然不錯,但因缺乏事實依據,就顯得薄弱。
3. **具有震撼力**:想讓對方接受的理由,必須具有衝擊性。因此必須夠瞭解對方,才知道是否足以對他造成震撼。例如,系主任十分重視學生的反應跟期待,這時如以「提前讓同學瞭解下學期的開課狀況,與學生做充分的雙向溝通」爲理由,說服系主任支持系刊,應該比較容易成功。

「說之以理」的策略有:

1. **辯理論證**:提供理由或證據,以獲得對方順從。利用這個方法時，通常我們的說法會是：「我建議你保留學籍的理由是這樣的　」。

2.交換條件：利用彼此的交換，來尋求他人順從。你會說：「我可以教你微積分，但是想請你教我電腦」，這種方法有協議的成分在。

(二)取之以信

當人們被信任時，說服的成功機率會較高。訊息的來源，與訊息的接受度有很高的相關；如果訊息來源的可信度較高，溝通傳播的效果自然較好。人們做決定時會尋求捷徑，因此會依賴別人的判斷；如果我們信任這個訊息的提供者，通常對於他的判斷比較能接受。小至決定到哪家餐廳用餐，大至投票對象的選擇，都會受到他人的影響。

◆信任的特質

我們並不是盲目決定信任誰，通常會相信那些具有我們所重視的特質的人。這些特質可概分為專業度、可信度和人格特質等三項。

1.專業度：我們認為具備專業學識的人，比較有能力，因此他的判斷比較正確。專業度包括豐富的知識，能提供好的建議，有自信，而且思路清楚。如果婉蘭覺得她的朋友美珊是個精明能幹的數學老師，對數字擁有與生俱來的敏感度，婉蘭會聽從美珊對於財務投資的建議。

2.可信度：當我們認為訊息來源的可信度較高時，訊息的說服力也相對升高。可信度指的是，個人的心理或品德特質足以信賴。我們都比較相信誠實勤勉、穩重踏實、忠厚可靠的人。除了特質因素之外，善意的動機也比較具有可信度。例如，服裝店店員希望你買下正在試穿的衣服，當他說：「你穿起來眞是漂亮極了！」你可能懷疑他們的動機，而較難接受他的說法。但是如果是其他的顧客看著你說：「哇！這件衣服眞的蠻適合你！」你可能因爲不需要懷疑對方的意圖，因而比較容易相信他。

3.**人格特質**：人格特質是個人情緒反應和整體行爲的模式。我們可能因爲對方的特質具有吸引力，而相信他的話。有的人給人溫暖、友善、熱誠積極的感覺，他們的微笑顯出對人的關懷，使人不由自主的喜歡他。這些正向的特質，常是讓人容易接納及信任的關鍵。

◆提高可信度

加強可信度的首要方法，就是展現專業能力。有能力的人知道自己做什麼，以及這樣做的理由。因此，儘量別讓自己看起來一副漫不經心、無所事事，總是茫茫然的樣子。此外，我們必須瞭解，如果我們勸服他人的動機是善意的，就要避免別人誤解我們的意圖或行爲，要以行動展現自己良好特質的部分。例如，假設你自認爲平易近人，那麼就別停留在「自認」的狀態，可以跟鄰居打招呼或主動幫助別人，展現你的「平易近人」。

最重要的是，說服必須符合道德規範，不能爲達目的而不擇手段。符合道德規範的說服，必須遵守下列原則：

1.**絕不說謊**：說實話是讓自己被信任的重要條件。如果別人認爲你說謊，他們一定會拒絕你以及你的意見。放羊的孩子在虛構幾次「狼來了」之後，他說的話就再也得不到別人的信任了。即使眞的「狼來了」，也沒有人會去幫助他。因此，你若不確定訊息是否屬實，就別輕率的使用它；萬一證據薄弱，就要坦白說明訊息不一定可靠。

2.絕不誇張：有時候我們會無意的誇大訊息，但如果誇大到歪曲事實，就和說謊沒什麼兩樣。我們常常因爲只是有點誇張，而輕易原諒自己；但是有點誇張、很誇大和歪曲事實三者之間，其實並不易區分。

3.不道長短：說別人的壞話，其實會損及自己的信譽。「道人長短」眞的不太道德，最好還是避免。

4.訊息完整：提供訊息時若故意有所遺漏，造成與事實不符，或是刻意讓訊息帶有暗示意味，這都違反溝通倫理。

(三)動之以情

影響態度最重要的因素是情感，因此，說服若能引起對方的情感，通常勝算較大。好的理由當然具有說服力，但眞正促使個人行動的力量，通常是情感的介入。情感是行爲的重要動力，能讓我們化被動爲主動。動之以情最有效的做法是，以「理」作爲基礎，然後靠「情」來加把勁。這種既合邏輯又夾纏情感的說服，是最難以抵擋的。

在人際溝通行爲中，該如何動之以情，才能引發他人的動機呢？

1.確認自己的感受：先瞭解自己的情緒，才可能說出引發他人情緒的語句。能感動自己的，才可能感動別人。

2.運用引發情緒的相關資料：要有相關的直接或間接資料，這個訊息資料也許來自於你的親身經驗，或是朋友轉述、報上登載的眞實報導。

3.自然陳述自己的感受：學習陳述自己的感受，在談話中能自在的描述它。這些能打動對方心理的語句，也能獲得順從。

O'Hair和Cody（1987）所說獲得順從的方法中，「誘之以情」和「利己利人」，屬於動之以情。「誘之以情」即間接引起別人的正向情感，以軟性訴求獲得他人順從。例如，你想說服朋友接受你的意見，也許會說：「你眞的是個很特別的人，我們有很多的共同點，你要不要考慮　」；「利己利人」即以讓對方得利的方式作爲誘因，來獲得順從。例如，主管對你說：「國英，我覺得讀研究所對你眞的很有幫助，而且我也需要培養一個能幹的幹部。」

Cody和McLaughlin（1986）提到，企圖影響他人時，情境因素是重要的依據，也就是說，這個情境下哪一種策略才最有效。因此，對情境的評估能力愈好，愈可能說服成功。如果我們認爲對方善辯好說理，那就「說之以理」；若是覺得對方尊重你、信任你，那麼就「取之以信」；萬一對方敏銳善感，那就適合「動之以情」。不過這些方法基本上並不相斥，可以同時交互利用。

四、抗拒順從與自我肯定

我們希望影響別人，但對方不一定會乖乖的服從，可能以其他反應來拒絕。一般說來，抗拒順從的行爲包括：被動反應、攻擊反應、自我肯定反應等三種。

(一)被動反應

被動反應是指：縱使對自己造成不便，或跟自己的利益相衝突，仍不會去說明自己的想法、分享自己的感覺，或採取任何行動。這種人大都屈服別人的要求，不願去影響別人。例如，老吳買了一台新的印表機，卻發現印表機的包裝有拆封的痕跡，印表機似乎使用過了。老吳非常生氣，但是卻沒有去找電腦公司理論。這種行爲就是被動反應，又稱「非自我肯定行爲」。

(二)攻擊反應

攻擊反應是指，當感到不舒服的時候，就暴跳如雷，全然不顧當時的情境或被攻擊者的感受。攻擊反應是批評、獨斷、挑剔而具有威脅性的，也不是一種自我肯定行爲。假設老吳懷疑電腦公司將使用過的印表機轉賣，於是回頭向電腦公司的職員大發脾氣，指控店家故意賣二手貨，不但要求退費，還要對方賠償，這就是攻擊反應。這種方式或許能爭取權益，但是卻容易破壞人際關係。

(三)自我肯定反應

許多人無法在人際關係中適度發揮影響力，多半因爲缺乏自我肯定。自我肯定反應是指，在合乎人際效益的前提下，爲自己的權益做合理的爭取。簡單來說，就是尊重他人，也伸張自己的主權。自我肯定反應包括：陳述自己的感受，說明自己的想法或信念，表現自己堅定的態度。但是不論如何，自我肯定反應都不以傷害他人的方式來表達。老吳可以打個電話到電腦公司，向店家理性地陳述不滿，然後說明自己期望能換一台新的印表機。攻擊反應雖然也可以達到換新印表機的目的，但是自我肯定反應，能以最小的情緒傷害，達到同樣的效果。

自我肯定反應包含以下一些特性：

1.表達自己：自我肯定的反應以「我」作爲陳述的主體，清楚讓別人知道自己的想法和感受。
2.清楚表達：是哪些事情讓我們感覺很不舒服，清楚表達才能讓他人瞭解。
3.具體敘述：只針對此時此地的特定行爲或議題來討論，不挑釁其他潛在的問題。
4.避免質問：不使用任何威脅、批評或獨斷式的語句。
5.專注堅定的眼神姿態：維持眼神的接觸，並採取堅定的身體姿態。
6.自然平穩的語氣：以自然平穩的語氣來敘述，不大吼大叫或是囁嚅微語。

五、文化與自我肯定

自我肯定是人類的基本需求，能否做到則與文化因素有關。一般來說，西方人較能自我肯定；在亞洲，多數人十分介意他人對自己的想法，其重要性大於自我肯定。如國人強調群體主義，常說「推己及人」、「以和爲貴」、「退一步海闊天空」。另外，面子法則也是國人經常遵循的人際規範，「打腫臉充胖子」、「士可殺不可辱」，所以保留面子比個人的需求更爲重要。

六、社會影響與自我概念

許多人不認爲自己有社會影響力（social power），也不能自我肯定。如果誇大這種無力感，就可能會變得十分脆弱而且缺乏安全感，或乾脆自欺欺人的假裝自己完美無缺，這都不是眞正的自我肯定。其實每個人都有社會影響力，每個人都在某些情境中，以自己獨特的方式，展現社會影響力。因此，每個人都應該適度地自我肯定，即使面對自己的缺點，仍相信自己還有獨一無二的優點。有時候不能自我肯定或發揮社會影響力，是因爲沒有用心去思考，只憑直覺就做判斷，這種方式非常冒險，也容易在幾次判斷失誤之後，對自己更缺乏信心。

不能自我肯定也跟內外控取向（locus of control）有關，「內控者」相信自己能夠掌握環境，可以有效操弄或改變成敗得失；而「外控者」或許因爲成長背景或是過去經驗，形成了「習得無助感」（learned helplessness），因此對自己的想法和感覺缺乏自信。這種低估自我價值而不能自我肯定的人，會認爲自己缺乏某些優良的特質，也懷疑自己的能力，因而不敢爭取更多的權益。

此外，人們無法自我肯定，還有兩個可能的原因：

1.*不認爲需要自我肯定*：自我肯定反應不是憑直覺而來，必須要花時間和心力去思考，並且勇敢的表達。有些人會認爲不値得花這個精神，息事寧人就算了；或等別人替我們出頭。一直以「不値得」爲藉口，是否只在掩飾心底的自憐或恐懼？

2.*習慣順從他人期待*：我們常被教導要迎合社會期待，比如說：「你最乖了，最聽媽媽的話」。尤其是傳統的社會，教給女性的刻板角色，常常是順從的、任勞任怨的、溫暖的、乖巧的，因此女性容易傾向被動反應。事實上，我們不需要放棄爲自己說話的權力，甚至應該培養自己的社會影響力，更能表達自己的想法與感受。當你的影響力提升的時候，你將發現別人會比較注意你以及重視你的意見。練習的時機包括上課、開會時的發言，以及一般非正式場合的提供意見。

七、摘要

影響力是一種影響他人的態度或行爲的能力。有意圖的影響行爲稱之爲說服，又有人稱之爲獲得順從。影響力的來源分爲：強制、酬賞、法定、專家、參照、資訊掌握等六種。獲得順從的技巧則分爲：直接強求、交換條件、道德訴求、誘之以情、辯理論證、利己利人及訴諸同理等七種。讓他人順從的策略，主要根據兩個原理，其一是「腳在門檻內」的效果，其二則是「閉門羹」效果。說服是一種符合人際倫理的獲得順從策略，主要包括：說之以理、取之以信，跟動之以情。在說之以理方面，要注重這個理由是否具支持力，有沒有充足的資料依據，以及是否具備衝擊性和震撼力。如果要取之以信，則要加強我們的可信度，注意的原則有：絕不說謊、絕不誇張、不道人長短、並且提供完整的訊息。若是動之以情，則需要先確認自己此時此地的感受，運用引發情緒的相關資料，並且自然陳述自己的感受。有效的人際說服必須合乎道德：不可用欺騙、汙衊事實或基於私利而犧牲他人的方式。

對於他人的影響行爲，會出現三種因應方式：被動反應、攻擊反應、自我肯定反應。自我肯定是將自己的想法和感受，以有效的方式表達出來。包括：表達自己、清楚表達、具體敘述、避免質問、專注堅定的眼神姿態、自然平穩的語氣。

當人們自認能掌握自己的命運時，比較能夠認同自己有社會影響力，也較容易自我肯定。另外，也可能因爲不認爲需要自我肯定，或習慣順從他人，而無法自我肯定。

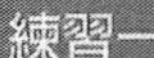

練習一

回想最近一次別人成功影響你的信念或行為的經驗，儘量寫下那人所用的語句，然後加以分析。他是說之以理？還是取之以信？或是動之以情？反之，有人試圖影響你卻無法成功，儘量寫下那人所用的語句，分析他失敗的原因。

練習二

針對下列情境，練習自我肯定的反應。

1.「你回到宿舍想趕一篇報告，因為明天是繳交的最後期限了。卻發現室友正在用你的電腦上BBS跟人聊天。」

2.「你打工的下班時間到了，你正準備離開，而且今天要跟女朋友共享晚餐，可是店長卻說：『我想麻煩你多待一會兒。接班的人剛打電話來說，他臨時有事，至少要遲一個小時才能到達。』」

3.「你打電話回家時，媽媽說：『這個星期六一定要回家，因為你小舅訂婚，我們全家要去幫忙。』可是你本來打算利用星期六準備履歷資料，以備下星期求職面試之用。」

4.「你和朋友約好去唱KTV，你非常喜歡唱歌；但朋友卻臨時說：『如果可以的話，我不想去唱歌，我們去看電影吧！』」

5.你已經加班兩天了，十分疲倦，好不容易工作告一段落，你收拾好資料正打算離開時，老闆走進辦公室告訴你：「既然你還沒走，就麻煩你幫我把這份資料打好，我急著要用。」

練習三

全班以三至五人為一組，每組找出三件用來銷售的物品加以標價，教師發給各組等額的籌碼。一定時間內，各組成員分別向其他組成員推銷物件，並以本組的籌碼購買他組的物件。最後討論並分享議價過程中所利用的說服技巧，以及是否能夠做到自我肯定。

第9章 衝突與協商

衝突的本質
衝突的不同類型
衝突演變的歷程
面對衝突的不同反應
如何妥善處理衝突
交換協商的理論
談判與利害關係
談判協商的基本技巧
如何預備談判與協商
談判協商的進行
摘要

夫：「快去換衣服，再過十分鐘我們就要出門了。」

妻：「我才從市場買菜回來，都沒休息呢，為什麼又急著出門？」

夫：「我跟大學同學約好了，一起聚聚 」

妻：「你不是答應今天陪我去看電影，為什麼又跟同學約好？」

夫：「我跟這群同學好久不見了，聚餐後再陪妳看電影，何必那麼生氣呢？」

妻：「重點是你片面決定我們兩個人的事，你很不尊重我。」

夫：「有這麼嚴重嗎？妳也太小題大做了吧！」

妻：「你自己跟同學聚餐吧！我沒心情，我自己去看電影，不用你陪了！」

美純在街上看見一雙自己喜歡的鞋樣，但是店家開價二千八百元，這個價碼對美純來說，實在超出預算，於是跟老闆喊起價來。最後，美純以自己能夠接受的二千元成交，而店家也得以在景氣低迷的情況下，能以現金交易的方式獲利。

我們都碰過不歡而散的情形，這是因爲溝通不良而產生的衝突。雖然人與人之間必然存在某些差異，但不代表一定出現嚴重的衝突。即使出現衝突，如何巧妙處理，就是一項值得學習的溝通藝術。

一、衝突的本質

對於衝突，多半人有負面的想法，總覺得最好不要和人發生衝突。在家裡不能有衝突，因爲「家和萬事興」；工作上不宜衝突，要「八面玲瓏、面面俱到」。衝突意指個體或團體間出現差異或不一致，導致內在動態的緊張（dynamic tension）。Dudley Cahn（1990）將人際衝突界定爲「人與人在互動中，存在利益上的不同，或是出現相反的意見」。其實每個人都有獨特的動機、想法、感受和行爲模式，所以難免和他人發生衝突。

出現衝突的緊張狀態時，雖然令人感到不舒服；但是，衝突本身不是件壞事，不能妥善處理衝突才是問題。衝突可以呈現出彼此的差異，提供雙方澄清關係、自我概念以及期待的機會，進而有機會加以調整（Taylor, Peplau & Sears, 1997）。若處理得當，衝突能提升人際關係（俗稱「不打不相識」）。所以Fisher和Adams（1994）認爲，人際溝通就是在彼此的差異磋商，以求得一致。

二、衝突的不同類型

任何社會或心理系統，都存在兩種相對的力量，即：打破系統或維持系統，這兩種力量會不斷地相互抗衡。衝突的型態廣義來說可以包括：「個人內在的衝突」（intrapersonal conflict）、「人際間的衝突」（interpersonal conflict）、「團體衝突」（intergroup conflict）等三種。團體衝突發生在兩個對立的社會系統間，例如，勞資衝突。個人內在的衝突，則發生於個人思想、價值、信仰上，內心有兩種或兩種以上的相對力量，或是人格系統間的衝突，比如，趨避衝突（不敢考試作弊，又擔心會被當掉）、雙趨衝突（忠孝難以兩全）、雙避衝突（兩個都不喜歡的男孩子，同時要求約會）等。本章主要探討發生在人與人溝通過程中的人際衝突。

另一種衝突的分類方式，是依引起衝突的情緒因素而定，分爲主觀性衝突及客觀性衝突，或內容衝突與情緒衝突。本章依據衝突升高的不同階段，將衝突分爲以下四類。

(一)假性衝突

「假性衝突」（pseudo conflict）雖然還不是眞正的衝突，但可說是衝突發生的預備狀態，最常見的是一種揶揄遊戲（gaming）。如果揶揄的目的，在於針對積壓已久的事情，故意提出挑釁，則會傷害關係，引發眞正的衝突。例如，偉德跟美珍這對夫妻，正爲晚上要出席的喜宴準備，美珍說：「你爲什麼不打那條黃色領帶？」偉德回答：「奇怪哦！每次妳都要替我做決定。」偉德這種揶揄式的回答，有可能是想挑起爭端，「領帶」其實不是爭執的眞正理由，而是兩人之間的權力關係。如果美珍回應了偉德的挑釁，說：「要不是我事事幫你打點，你能有今天嗎？」接著恐怕就要發生嚴重的衝突。如果美珍對偉德的挑釁聽而不聞，說：「沒有啊！我只是覺得你這樣比較帥嘛！你要怎麼配衣服都行。」不管偉德是否接受美珍的說法，至少不容易陷入爭吵。

另一種假性衝突引發的狀況，起因於雙方的期望無法同時滿足。先生說：「太棒了，今天晚上電視轉播奧運桌球賽，我非看不可！」太太卻抱怨：「什麼？你不是昨天才答應今天晚上陪我去逛街，怎麼你忘了？」如果非得二選一，犧牲其中一人的期待，那麼夫妻間就很容易出現眞正的衝突。不過，如果設法變通，就可以避免衝突的升高。比方說，太太同意今天先讓先生看球賽轉播，明天再一起去逛街；或是先生願意先把球賽錄影下來，等逛完街回來再看。

(二)內容衝突

「內容衝突」（content conflict）的起源，來自於訊息的正確與否，衝突通常都是在爭論哪一個內容才是正確的。換句話說，衝突始於事實層面的論辯，如果討論的方向能夠回歸到事實面，失控的可能性將大爲減少。例如，先生跟太太說：「我跟小劉星期四晚上要一起打桌球。」太太說：「星期四不行，那天晚上我媽媽生日，你答應陪我回娘家幫她慶生。」先生說：「妳媽媽生日是星期五啦！」這時候，可能出現兩個不同的處理方向跟結果：其一是暫停爭論，太太去翻一下日曆，確定媽媽生日是星期四或星期五，再來決定該不該讓先生跟小劉去打球；其二則是升高衝突，向先生抱怨，自己向來辛苦持家、孝敬公婆，可是先生卻不關心娘家的事。而先生也覺得十分委屈，成家之後已犧牲了太多的興趣、交誼，連偶爾打個球，還要被太太囉嗦。

(三)價值觀衝突

當雙方的價值觀介入爭論中，此時，衝突的處理就較爲困難。價值觀是個人的基本信念，影響我們的態度及行爲。價值觀多數相當穩定，不會輕易改變。價值系統有其階層性，價值的重要有大小之分，主要的價值觀稱之爲「優勢價值」或「核心價值」。比方說，注重家庭生活的人，下了班會想快點回家，跟家人共進晚餐。但認爲事業成功比家庭生活重要的人，則選擇下班後繼續加班，或是拜訪客戶、陪客戶應酬。前者的優勢價值在於家庭生活，後者則在事業成就。「價值觀衝突」（value conflict）是由於不同的價值選擇所致。

人際關係中，若雙方的優勢價值，產生干擾甚至抵觸，無法取得平衡時，就容易衝突。一個看重家庭生活的先生，娶了事業心很強的太太，兩個人價值排序不同，當妻子計畫農曆春節期間「赴美洽談生意」，就可能跟先生「與家人團聚」的價值產生衝突。價值觀的衝突，有時難以解決，只能接受彼此差異的存在。

價值觀的衝突在於，雙方對於價值的取捨。如果雙方能彼此理解，以尊重、信任的態度認清差異，然後盡可能彼此妥協，比較可能解決衝突。前例，夫妻二人其實都很愛家，於是可以相互尊重的態度來討論。也許太太選擇以越洋電話或傳眞來談生意，也許先生攜家帶子陪太太赴美洽談生意，都不失爲解決衝突的方法。

(四)自尊衝突

如果把輸贏當作決定自尊的標準，這時的衝突稱之爲「自尊衝突」（dignity conflict）。這樣的衝突中，眞理其實已經不重要了，獲勝反而變成最重要的目標。自尊衝突是最難處理的衝突，一旦自我的尊嚴介入了衝突，大部分人都容易失去理性，使得衝突程度隨之升高，更加模糊了衝突的焦點，甚至演變爲人身攻擊。其實，如果一方可以控制情緒，重新回到內容的討論上，衝突並非不能解決。

三、衝突演變的歷程

衝突具有逐漸形成的生命歷程。剛開始，多半會有「潛在對立」（potential opposition）的狀況，也許因爲語意上的誤解，或因個人特質不同。第二個階段是個人情感及認知的介入，在知覺及感受的層面上，都意識到彼此對立的態度。不過，也可能只是停留在「假衝突」的層次，或者發展爲近似於「內容衝突」。眞正衝突的發生在行爲階段，在語言或非語言的行爲上，出現阻撓他人的意圖或行動。但是，同時也會開始試圖解決衝突。不過，衝突的結果有正負兩種，「正向」意謂著彼此的關係或任務，能夠繼續發揮功能，因爲衝突讓彼此更加瞭解及包容，也讓雙方對所爭論的問題，激盪出周延或是具有創意的解決之道。「負向」則表示彼此的關係或目標都遭到破壞，可能產生更不滿的情緒，甚至使關係瓦解。

四、面對衝突的不同反應

每個人幾乎都有慣用的衝突處理模式，有人採取「忽視」，有人「放棄」，也有人能就事論事的「解決問題」。Verderber和Verderber（曾端眞、曾玲珉譯，1995）將處理衝突的方式分爲「撤退」（withdrawal）、「放棄」（surrender）、「攻擊」（aggression）、「說服」（persuasion）和「問題解決式的討論」（problem-solving discussion）等五種，每一種模式均有其適用的情境。

(一)撤退

是最常用、也最簡單的衝突處理方式。指的是將自己在身體上或心理上抽離衝突的情境，避免衝突加劇，而暫時維持關係。這是被動行爲反應的一種，感覺上就像是一隻烏龜，暫時將自己縮回殼裡。身體上的撤退比較容易看得出來。例如，王先生夫婦近幾個月來爲王先生戒菸的問題爭論不休。這天王太太一進門就聞到菸味，說：「你爲什麼又抽菸了？而且你答應我至少不在屋裡抽菸的　。」王先生不打算跟妻子爭吵，於是起身往門外走，並說：「我去買份晚報，馬上回來。」王先生這樣的動作，就是一個非常清楚的身體上的撤退。心理上的撤退，比較不容易被注意到。當王太太不停叨唸時，王先生仍然安安靜靜的坐在椅子上，雖然眼睛看著太太，腦子裡卻想著明天的提案報告。這時雖然他的感官接收到了太太的訊息，但是他卻故意忽略訊息的處理。

雖然撤退是常見的方式，但是撤退不只沒有消除衝突，也未試圖去處理衝突，常常會帶來負向的結果。正如Roloff和Cloven（1990）所說：「逃避衝突的配偶，比較難解決他們的爭論」；這種「悶葫蘆行為」（mulling behavior），是把眞實問題放在心裡，直到衝突的感覺變得非常嚴重，然後採取攻擊行為。不直接面對問題，只會讓問題變得更難處理。在前面的例子裡，王太太說不定會一直跟先生走到門口，仍不放棄討論戒菸這件事。就算王太太沒有繼續嘮叨，很可能會累積不滿，在處理其他事情時，成為引爆衝突的導火線。

但是，有時堅持立即處理，不一定就會有正向的結果。國人常說凡事要「忍讓」、「小不忍則亂大謀」、「退一步海闊天空」，還是有些道理。Verderber和Verderber（1995）就提到，有兩種衝突情境，可用撤退的行為來應對。其一，為了讓衝突降溫，所以暫時不處理。例如，王先生跟王太太為了是否要搬離婆家、另組小家庭而爭吵。談話過程中，王先生發現太太不停抱怨婆婆帶給她的生活壓力，包括管教孩子的方式，於是王先生提議：「等一下，我去泡個茶，我們一邊喝茶一邊談。」王先生的行為不純粹是撤退，而是提供冷靜下來的機會。其二，兩個少有交集的人發生衝突時，撤退算是一種可行的反應行為。例如，美威和永杰兩個人是同事，在前兩次討論退休金制度的會議中，一直針鋒相對。在一次公司旅遊活動，兩人就技巧的迴避與對方同組，這時候的撤退行為，就可以避免衝突。不過，如果撤退變成我們慣用的處理衝突模式，可能就比較不健康了。

(二)放棄

放棄是指改變自己的立場，以避免衝突、維持關係。雖然有時需要「放棄」，但若以此爲主要的衝突因應策略，不一定是好的適應行爲。有些人因爲厭惡或害怕衝突，所以盡其所能的避免衝突，這可說是一種無法自我肯定的行爲。例如，王先生夫婦討論週休二日要如何安排，王太太期待只有他們二人一起到郊區走走，但王先生卻表示已約了父母兄弟出遊。王太太說出自己的期待，王先生卻說：「只有我們兩個多無趣啊！大家一起，不是比較熱鬧嗎？」於是王太太說：「噢！好吧！」

以放棄模式來解決衝突的人，多半不敢堅持自己的目標；或者說，他們對於人際和諧的重視，遠大於自己目標的完成。所以容易傾向於討好別人而放棄自己。但是，這不一定是好的，因爲，第一，如果放棄了，那麼原來的想法或決定究竟好不好，就沒有機會得到驗證。第二，放棄不一定就能如預期，讓關係維持和諧，也可能會激怒對方。如前例，當王太太採取放棄模式時，說不定王先生會覺得妻子不喜歡他的計畫，所以才委屈的犧牲自己。這種放棄行爲的另一個意涵是「王先生迫使太太不能有自己的意見」，換句話說，王先生是強迫太太順服的惡勢力；這種意有所指的放棄行爲，反而可能引起衝突。

受儒家的影響，我國文化中，人際關係和諧的價值，常高於自我需求的滿足。常用「不與人爭」的觀念，表示一個人的氣度與涵養。在日本，放棄或「謙讓」，被認爲是謙遜及得體；與人衝突，反而讓人瞧不起。但是，除非自己眞能接納這種價值觀，否則放棄只是壓抑個人的不滿而已，壓抑過多容易造成心理不健康。

(三)攻擊

第三種處理衝突的方法是攻擊。攻擊是運用身體、心理的脅迫，來達到目的之方式，可分爲「直接攻擊」（direct aggression）

和「間接攻擊」（indirect aggression）兩種。表面上看來，這種解決模式會有一方成爲「勝利者」，不過事實上即使被攻擊者較弱，選擇暫時隱忍，日後仍會伺機反擊。如果彼此實力相當，就會立即反擊，形成「雙輸」（lose/lose）的局面。此外，攻擊是帶著負向情緒的行爲反應，常具有傷害性和強迫性，會破壞彼此的關係。「直接攻擊」包括身體和語言的暴力，「身體暴力」就是肢體上的打擊，而「語言暴力」在生活中更常出現，例如，蔑視的語氣、講粗話，以強烈的口氣表達反對等。「間接攻擊」是無法直接針對衝突對象表達意見，因而採取其他方式，讓對方知道自己的不滿；例如，刻意踹對方的寵物出氣、故意用力甩門、以高亢的聲音抱怨：「每次　，反正　，我能怎樣　」，甚至低聲啜泣到大聲哭號等，都算是間接攻擊。

攻擊模式無法達到眞正的溝通，因爲充滿負向情緒，只是看誰的胳膊粗，誰的嗓門大，誰鬧得比較激烈；也就是誰能制服誰，或說誰能強迫對方屈服。這樣不惜代價的結果，雖然可以堅持自己的想法，但只會激怒對方、升高衝突，或是模糊衝突的焦點。

(四)說服

說服是試圖改變別人的態度或行爲，以取得協調一致。若說服過程是開放而合理的，則不失爲一種解決衝突的正向方式，很可能找到一個雙方都同意的辦法。但若雙方權力不相當，則較強的一方只是假藉「說服」之名，而行「強迫」之實，這就不是公平的做法。

(五)問題解決式的討論

問題解決式的討論，是處理人際衝突的最佳模式。它視衝突爲一個解決問題的契機，雙方一起面對問題。在問題解決的討論中，必須仔細考慮衝突問題爲何，以及可能的解決方案，和潛在的正負面結果。在討論中，雙方是平等的。然而，困難的在於討論過程中參與者必須有意願，能控制情緒，能客觀的表達，能坦誠面對自己的想法與感受，並且必須放下「我執」，採取開放的態度。問題解決式的討論，需要彼此的信任和合作，這是衝突處理中最能獲致「雙贏」（win/win）局面的解決方法。

問題解決式的討論，過程包括：問題界定、找出可行的解決方法、選擇最適合的方案等。過程中並沒有固定的模式或步驟，重要的是雙方察覺到衝突時，必須各退一步，設法有系統的解決問題。

五、如何妥善處理衝突

處理衝突的原則包括：確定雙方都有處理衝突的意願、認清衝突的類型、以雙贏替代競爭、運用幽默、直接溝通、尋求公正中立的第三者協助，以及從失敗經驗中記取教訓。

(一)確定雙方處理衝突的意願

衝突的處理，必須在雙方都有意願的情形下，才可能完成。如果一方不打算維持關係，衝突就很難處理了。萬一雙方都不在乎關係，就根本不用處理了。處理衝突的困難，起因於我們不自覺地出現慣用的負向模式，這些模式是長期累積、學習而來，常在未經思考的情形下就反應出來。反應的依據，是從我們對目標的重視，及彼此關係對我們的重要性而定。如果目標跟關係，對我們都不重要，面對衝突時較容易傾向迴避或忽視。如果關係對我們的重要性，大於目標的堅持，那麼就可能放棄己見、試圖遷就或討好他人。假如目標的達成勝於彼此的關係，那麼就可能採取強硬的方式，不惜任何代價都要堅持目標。Rusbult就曾提過關係的滿意度，與人們採用正向或負向衝突處理模式，有很大的關係。

所謂雙方都有處理的意願，是指雙方都意識到衝突的出現，而且認爲維持彼此的關係，對他們來說還算重要。重視維繫關係的人，面對衝突時會傾向：「我們珍惜彼此的關係，所以解決差異對我們很重要。」

(二)認清衝突的類型

處理衝突之前，需先認清楚衝突的類型，才能對症下藥。如C. H. Coombs（1987）所說，衝突不會一成不變，衝突是一種動態的緊張，是一種會變化的歷程，可能會變化到讓關係深受傷害的地步。衝突處理技巧主要在於，避免衝突升高到無法解決的地步。如果屬於「假衝突」，最好避開這個衝突情境，不要讓自己掉入陷阱。如果假衝突的起因是因爲無法同時滿足雙方的期待，就需要協調，設法兼顧彼此的需求。當衝突是訊息事實所引發的爭論（內容衝突），最佳的處理就是放下衝突，回到訊息內容上重新確認。萬一衝突的癥結是因彼此的價值觀不同，處理的唯一途徑就是，體認並接納對方和我們的差異，盡可能相互妥協，建立彼此的共識。當衝突已經升高爲「自尊衝突」時，彼此的情緒都因過度涉入，衝突已很難處理了。若能將衝突層次拉回到內容衝突，較有解決的希望。

(三)以雙贏替代競爭

如果在衝突過程中存有競爭的心態，可能會採取攻擊的策略，以求勝利。彼此能夠相互合作，才可能採取問題解決的步驟，以達到「雙贏」。有時候，雖有一方採取合作的態度，另一方卻視衝突爲一種競爭；這種情形下，必須先化解敵意，改變競爭者成爲合作者，衝突才有可能解決。

如何讓對方以理性合作的態度面對衝突呢？首先，你必須誠懇表示自己很期待能解決衝突，樂見一個彼此都滿意的好結局。其次，避免使用會升高衝突，或引起對方防衛的敘述；以合作型的溝通方式，來避免衝突的加劇。我們的語言和非語言訊息，都能傳達自己內心的想法及感受。如果我們的態度坦誠而且尊重對方，至少能讓他願意聽我們說。如果我們的語言或動作意圖貶低對方，就容易引起防衛反應，可能升高衝突。

平時要多練習營造合作的氣氛，覺察衝突發生時，就提醒自己暫時緩一緩、深呼吸，想一想該怎麼辦。如果察覺到別人的競爭心態，就不要再使用威脅型的溝通方式，激發彼此的對立。可以藉由專注傾聽，簡述對方的想法與感覺，例如，「我想你一定很生氣，聽起來這件事對你似乎眞的非常重要」，來營造合作的氣氛，促使雙方專注在共同的任務上。負向的溝通行爲會引發情緒，形成互有輸贏的競爭情境。讓我們對正、負向溝通行爲做一些比較（如表9-1）。

舉例來說，陸健和同學一起討論學期報告，他們已經準備了很久，幾乎每次都要討論兩、三個小時。這天是完成報告的日子，因爲明天就要繳交了。大家原先說好，就算熬夜，也要把報告趕出來。但是陸健因爲答應女朋友去看資訊展，所以希望中途離開一個小時。假設陸健沒有說出自己的需求，只是堅持一定要休息一個小

表9-1 正／負向溝通行為之比較

營造合作氣氛的正向溝通行為	引發衝突競爭的負向溝通行為
1.追求共同目標	1.追求個別目標
2.心態開放	2.心態獨斷
3.明確表達自己的需求、計畫和目標	3.曖昧或錯誤表達自己的需求
4.行為一致 ，是可預測的	4.行為缺乏一致 ，難以預測
5.同理、尊重地互動	5.以威脅或恐嚇的方式互動

時，這樣的行爲，會讓同學覺得陸健不介意工作進度與成果，缺乏團隊精神。加上報告的壓力，同學可能會生氣而引發衝突。反之，若陸健一開始就說：「我知道大家都很急，因爲報告今天非趕出來不可；可是我想跟你們請一個小時的假，陪女朋友去看資訊展。如果你們同意，這段時間，你們也可以稍微休息，一小時之後我一定回來繼續趕工。」這麼說，同學將較能瞭解他的爲難，他的行爲也較不會引起衝突。即使他的行爲仍然引發衝突，彼此也較能以理性的方式設法解決。

合作氣氛會因彼此開放的心態而強化，「開放的心態」（open-mindedness）是指在訊息處理的過程中保持彈性，不執著於自認絕對正確的特定概念，而能接納不同的訊息。「獨斷」（dogmatism）則是堅持依照自己的價值標準來評斷。持開放態度的人，不表示不會在某些想法或態度上有所堅持，但是他們能在共識的基礎上，同理且接納不同的意見。如果雙方都很獨斷，用兩極化方式來面對彼此，將可能使衝突升高。

藉著非語言行爲表達合作的意願，也是處理衝突的重要因素。Newton和Burgoon（1990）認爲，非語言溝通在衝突情境中，扮演著重要的角色。因爲，從非語言行爲可知對方的感受，甚至能察覺對方解決衝突的模式。例如，太太說：「你知道我的白襯衫又被你的工作服染壞了嗎？」先生回答：「糟糕！對不起啦！我急著把工作服洗乾淨，又忘了把它跟白衣服分開了。」如果太太接著說：「我就知道！這麼簡單的事你老是忘記。每次都這樣！」這句話表達時的非語言部分，其實比起語言本身，更能顯示她眞正的意思。如果她杏眼圓睜、眼尾閃爍著笑意，語調輕巧，先生就能預期自己的疏忽已經得到原諒。如果老婆大人語音沉悒，臉色暗沉，那麼她所傳達的訊息絕對不只一件白襯衫，還包括對彼此關係的不滿——「你總是不在乎我」。此時，先生需要澄清太太的感受，並儘快爲自己的疏忽道歉，以化解彼此的誤會。

(四)運用幽默

幽默是衝突處理過程中，重要的潤滑劑。Janet Alberts（1990）強調「幽默能促進彼此團結，增進親密情感」，但是他也提醒我們，幽默的運用取決於雙方既有關係之良窳。如果兩個人原有良好的關係，他們會接受對方的戲弄或是開玩笑，並認爲是幽默。如果彼此已有嫌隙，則自以爲幽默的行爲，可能反而變成一種挑釁，甚至成爲攻擊。

(五)直接溝通

直接和對方溝通，效果會比較好；我們總是習慣間接傳達訊息，而不和對方直接溝通。我們都玩過「耳語」（gossip）遊戲，從第一個人開始對第二個人小聲說話，第二個人把所聽到的內容再小聲傳給第三個人，如此依序轉述，傳到最後一位時，訊息通常已被嚴重扭曲，讓人難以置信。而且，間接溝通也容易產生謠言；在傳話的過程中，內容常被不經意甚至刻意的扭曲，或遺漏訊息的重要部分。

爲了避免傳話的失誤，應盡可能直接與需要訊息的人溝通。透過第三者傳遞訊息的做法，就是間接溝通。如果必須代人傳話，一定要先確認訊息的意思，然後完整而明確地把訊息傳遞下去，以免造成他人的誤解或是衝突。

(六)尋求公正中立的第三者協助

有時雙方雖然有意願合作來面對衝突，但是衝突確實難以獲致解決，這時藉由中立的第三者提供協助，也是一個不錯的辦法。這個第三者不僅要能夠中立，而且也要設法提升衝突處理的效能。否則有可能落入拯救者與迫害者之心理遊戲陷阱中。據角色及介入情形的不同，公正的第三者可分成催化者（facilitator）及仲裁者（arbitrator）兩種。

1. **催化者**：這個人不會替雙方做決定，但是能設法減低彼此衝突所產生的挫敗感；協助雙方利用有效的溝通技巧，評估各種情況，運用問題討論的方法來處理衝突。例如，心理學家、心理治療師、婚姻諮商師、社會工作師、輔導人員等，都十分精熟於催化的技巧。
2. **仲裁者**：他必須在聆聽雙方的敘述後，評估各種可能的選擇方案，並爲雙方做一個滿足彼此需求的決定。在人際衝突中的仲裁者，必須是雙方都信任的對象，而且有能力爲雙方衝突做決定。在家事法庭（domestic court）上，法官在離婚案件中判決子女的監護權，就是扮演仲裁者的角色。有時，我們會找朋友或親戚來做仲裁，這種方式比較不適當，因爲這些人不僅缺乏專業能力，而且和衝突的某方，基於感情因素或是利害關係，難以維持獨立與公正；仲裁的角色，反而讓衝突雙方都覺得很不舒服。如果雙方同意由第三者仲裁，就必須事先約定，不論最後的決定是什麼，雙方都必須接受並遵從。

(七)從失敗經驗中記取教訓

我們都期望解決所遇到的任何衝突，但是，衝突是非常複雜的歷程，有時即使盡了最大的努力，仍然必須面對衝突無法解決的挫敗。但衝突處理失敗，並不可恥，我們應該試著回顧衝突引發及處理的過程，仔細分析失敗的原因，重新檢討哪些地方失當？要加強哪些溝通技巧？從失敗中記取教訓、重新學習，絕對有助於日後坦然面對衝突。

六、交換協商的理論

在我們的生活中，除了衝突會有「輸贏」的問題之外，買東西或者跟別人協調一些事情，也會希望得到所期望的結局。這種有利害關係的雙方，藉由相互協調以獲得共識的過程，稱之爲「談判」（交涉）（bargain）或是「協商」（negotiation）。

從「社會交換理論」（social exchange theory）的角度來看，人際交往之所以持續，是因爲在交往關係中，雙方所付出的代價（cost）與所獲得的利潤（profit），都讓彼此感到滿意。這個均衡互換（equilibrium of exchange）原則，是關係持續的基礎。用以交換的資源，不一定是物質資源，更及於精神與抽象層次，人們常來交換的資源可分爲六類：金錢、貨品、服務、感情、地位、資訊。有不同的具體性（concreteness），也就是資源價值能客觀衡量的程度；也有不同的特殊性（particularism），是指資源能交換對象的特殊程度。

社會交換理論的基本假設是：人類行爲的動機在於趨樂避苦；人際行爲大都傾向選擇「低代價」而「高利潤」的活動。如果兩方處於互賴狀態，個人將會評估雙方的代價與利潤，選擇能滿足彼此的互動行爲。如果兩方無法協調、達成共識，有一方必須負擔較高代價而無法獲得利潤時，就可能改變原先的行爲模式，以設法減輕或消除不公平。常見的行爲反應包括：

1.**改變交換關係中的付出**：假設一個員工認爲自己的工作量過多，這個員工就可能經常出現請假、遲到，或工作偷懶的狀況。
2.**改變交換關係後的結果**：比方說，員工的工作所得實在是入不敷出，就可能集結工人階級的力量，組織團體工會，企圖調整薪資結構。
3.**完全退出交換關係**：例如，在工作情境中，若感覺自己是被剝奪的一方，就可能乾脆換個工作，徹底退出原有的交換關係。
4.**拒絕酬賞以示抗議**：藉著自我剝奪的反應，造成對方的社會心理壓力，藉此表達不滿。
5.**認知曲解，重新建構交換關係合理化**：將現有關係中，代價與利潤不平等的現象，加以合理化。比方說，自己明明被剝削，卻告訴自己：目前外勞相當多，太容易被取代，所以工資低廉是必須接受的。

華人社會的人際關係，有十分清楚的親疏之別；對於不同關係的人，即有不同的對待方式，可分三種：一爲情感型關係（expressive ties），以愛跟歸屬等情感的需求爲基礎，所以比較不計代價；二爲工具型關係（instrumental ties），以功利的目標爲基礎，比方顧客跟售貨員。在這種關係下依「公平法則」來交換，所付出的代價跟所得的利潤必須相等；三爲混合型關係（mixed ties），這也是在中國社會中最多、最複雜的社會交換型態。在混合關係裡，彼此有某種程度的情感成分，卻還不到可以兩肋插刀、無怨無悔的親密程度，於是「做面子」、「賣交情」、「套關係」，成爲中國人獨擅的社會交換型式。擴大自己的人際關係網絡，或提升自己與對方的情感關係層次等，是國人與人談判、交涉或是協商時，常常利用的方便法門。

七、談判與利害關係

談判跟協商，用俗話來說，就是「討價還價」。過程十分有趣，因爲彼此都各懷鬼胎，期望以最低的代價獲得最高的利潤，所以存在著競爭。但是，如果只是競爭，恐怕會讓彼此的關係落入冰點，所以競爭中又必須協調合作，找到雙方都有利的解決方法。這種利害相依的關係，其實是一種「混合動機的情境」（mixed-motive situation），不是純粹的「共合利益關係」（convergent interest relationship）或是「分歧利益關係」（divergent interest relationship）。影響這樣一個競合關係的因素相當多，包括：

1.互動的次數與訊息溝通：互動的次數多，讓對方知道自己合作的意願時，有助於建立彼此互信的關係。

2.人格因素：生性多疑、習慣自我保護的人，傾向於自我防衛的反應，不輕易與人合作。而這種反應也會激起對手的競爭心態，使彼此更不容易卸下心防。如果落入對方的心理陷阱、堅持一戰，常常會兩敗俱傷。一味採取合作姿態也不一定有用，因爲對方可能解釋爲「另有陰謀」或是「搖尾乞憐」。因此以行爲學派中制約的方式來回應，是比較可行的辦法。也就是說，當對方一再挑釁，則回以絕不示弱的反應；當對方出現合作的訊息，則給予善意的回應。

3.**權力擁有的程度**：雙方都沒有權力時，兩人間的合作最為密切；若兩人權力相當，反而競爭得最為激烈。

4.**文化因素**：社會文化如果傾向於鼓勵競爭，例如，強調個人成就與自我實現，選擇「競爭」的通常比較多；如果社會文化強調群體合作的價值，競爭反應就比較少。

談判過程中，不可能出現純粹的競爭或是合作的關係。理想上來說，大家都期待雙方能冷靜的坐下來，理性地提出一個「合理」的解決方案。但這種烏托邦式的理想，基本上並不存在。談判的一方如果輕易讓步，反而使對方視他為弱者；不但不會在「合理」的底線上感到滿足，還會要求對方進一步的退讓。但是從另一個角度來說，如果一方堅持自己的利益，頑強地不肯做任何協商，缺乏「合作的氣氛」，談判者也很容易落入困境（bargainer's dilemma），使談判破裂。

八、談判協商的基本技巧

有效的談判需要相當的耐力與觀察力，目標在達成彼此都能接受的協議，分享共同的利益。談判過程中，必須警覺到彼此的優勢及弱點，並且試圖影響對方。談判有幾個基本的技巧：權力槓桿運作、多方搜尋資訊、提高可信程度及加強判斷能力。

(一)權力槓桿運作

大部分的談判都是不對等的談判，換句話說，就是其中一方擁有較多的影響力或是權力。比方說，賣方有業績銷售的壓力，照公司規定，售貨員每個月至少必須賣出十部電腦；而立元卻沒有立即買電腦的需要，於是大部分的權力便落在立元手上了。如果另一家電腦公司，同意以比第一家便宜五千元的價格，賣給立元一部同樣配備的電腦，這種競爭的情況，會使得立元的權力更爲提高。萬一售貨員再不賣出電腦，就要扣薪了，售貨員的時間非常緊迫，這種情況會讓立元更居於優勢。因此談判過程中，衡量彼此的權力槓桿，是必要的步驟。如果發現自己處於優勢，則可試著讓對方知道事實，不需要妥協也不需要激怒對方，要記住沒有任何權力是永遠不變的。假使自己明顯處於劣勢，也不表示自己必須任人宰割，要冷靜集中在有限的目標上，分辨這樣的情況下，什麼可以得手？什麼必須退讓？千萬不要做困獸之鬥，或表現出一副求饒的樣子，這都會促使對手趕盡殺絕。盡可能冷靜而肯定地，把焦點保持在問題解決上，探測對方的弱點，並且利用仍有的權力來加以抵制。

(二)多方搜尋資訊

有用的資訊是決定談判勝負的關鍵；得到資訊的方法很多，例如，向提供諮詢的單位查詢、與瞭解狀況的第三者談話，甚至透過徵信社調查等。進行資料蒐集之前，必須先仔細評估需要什麼樣的資訊？爲什麼這些資訊是有用的？其實，獲得資訊的最主要方法，是從談判對手那兒獲得，並且設法瞭解對方知道多少關於我們的事。

探測對方資訊的方法，主要有：「單刀直入」跟「迂迴轉進」兩種。「單刀直入」就是直接問對方一個特定問題，好處是很快地讓對方陷於膠著，對方如果正面回答，就便宜了發問的一方了；若拒絕答覆，又顯得十分偏狹、缺乏談判的誠意。如果回答的模稜兩可，仍舊提供了一個繼續追問的機會。但是直接發問也有缺點，最嚴重的，就是曝露自己最在乎的重點，引起對手的警覺。所以此時，迂迴間接的發問法，就會是個不錯的選擇。旁敲側擊、不著痕跡的探查，讓對方在不設防的情形下自由談論，然後藉此抽絲剝繭，拼湊出事情眞正的樣貌。

(三)提高可信程度

可信程度就是對方相信我們所發出的訊息，尤其是關於談判底線的訊息。當我們已經到了談判底線的時候，意味著兩種可能，其一是這個底線眞的已經無法讓步，另外一種可能是還有轉圜的餘地；試著虛張聲勢，看看能否獲取更大的利潤。在傳遞這類訊息的時候，越是精確，越容易讓人信服。但是如果我們只想虛張聲勢，就要愼重考慮，如果將來跟對方還有交換的可能，就儘量不要以信用作爲代價來獲取利潤。爲了一時的短利，而使信譽受損、信用掃地，以後再也沒有談判的空間了。讓步過程中，切忌讓對手以爲這個讓步是很小的、十分輕易的，如果這樣，對方很可能進一步要求更多的空間。因此每做一次讓步，都要愼重考慮，對於自己必須堅持的立場，絕不能輕易動搖。如果對方一再宣告底線已到，切不可得意忘形、心浮氣躁，以爲自己已經把對手逼到無路可走，還是要謹愼觀察對方的非語言行爲，再做定奪。

(四)加強判斷能力

一場漂亮的談判，關鍵在於良好的判斷力。什麼時候該堅持？什麼時候可以鬆手？該用什麼代價來換取利潤？什麼時候該主動開口？什麼時候該等對方開口？判斷對手的風格，以及自己該採取什麼對策。判斷力的養成，主要來自於經驗，記得保持自己談判過程中的平衡，並且有耐心的堅持到底。不管自己是否眞有足夠的時間成本，都不宜讓對方察覺自己的困境。傳達給對方的訊息必須是，我會一直耗下去，除非得到我想要的。當然，有時候如果報酬不値得冒太大風險，速戰速決是最好的方式。另外，還有一件最要緊的事：要適時放棄自己的利益。如果想在每件事上都占盡優勢，讓對方無利可圖、無路可走，反而會逼得對方狗急跳牆，自己什麼好處也得不到。

九、如何預備談判與協商

談判的目的在設法獲取最大的利潤，其實是溝通技巧的極致發揮。談判之前，預備動作是相當重要的，包括事前審愼的籌備與思考分析。

(一)確定談判主題與目標

有時，我們因爲覺得自己吃了虧，想藉由談判來爭回權益，但是，若對自己目前的處境以及想達成的具體目標都不清楚時，只在口舌上逞一時之快，結果反而成爲談判中的致命傷。或者是，我們被委託爲談判代理人，只聽委託人的一面之辭，沒有對事情全盤瞭解，反而失去了先機。因此，在談判之前，必須先清楚確定：(1)談判主題爲何？(2)談判的目標是什麼？(3)對方的立場是什麼？(4)彼此的立場間有多少運作空間？(5)我方的支持者是誰？(6)如果是代表談判，自己被授予的權限程度如何？

(二)仔細評估我方策略

許多影響深遠的重要談判，都無法一次定江山，需要經過長時間、分階段進行。因此在談判之前，如果經過仔細的沙盤推演，通常有助於正式談判時掌握機先。配合我方不同談判人才的交互合作，在攻守之間交叉進行，才可能持續長期抗戰。越是複雜、需要長期經營的談判，越要避免由少數一、兩個人獨挑大樑，整個談判團隊的組成及默契就越發重要。談判團隊需要包括幾種不同的角色，即：主談、專人記錄、緩衝者。要清楚知道我方的權力在哪，還要事先準備好讓步備案；有時必須退而求其次，在一個最佳備案上達成協議，這個就叫做「協議備案」（Best Alternative To a Negotiated Agreement, BATNA）。

(三)深入瞭解談判對手

除了事前的蒐集資料，談判進行中也要隨時敏察對手的訊息。所需要蒐集的資料包括：

1.對手是單獨一個人或是一整個團隊？
2.有無幕僚或背後的支持者？
3.對方是爲自己談判還是代表他人，如果代表他人談判，授權程度如何？
4.對手的個性怎樣？是否有談判經驗？
5.對方所期待的利益是什麼？有怎樣的優先順序？
6.對方的弱點是什麼？最可能的協議備案（BATNA）又是什麼？

(四)創造其他有利條件

適時地營造一些小小的優勢，也可能幫助談判的獲利。比方說，針對對手的風格，選擇談判地點及布置。如果對方是比較強硬的人，選擇溫暖的場地布置，則可能容易讓雙方達成協議。還有座位的安排，儘量讓對手坐在面光的位置，而我方坐在背光的位置。通常面光的位置容易讓人分心，造成似乎無所遁形的心理壓力。整個空間及時間的應用，都可以事前規劃，以備不時之需。

十、談判協商的進行

談判不一定會出現衝突，充斥衝突的談判不是高明的談判。如果在談判的過程中，雙方被太多負向情緒所淹沒，談判很容易失敗。要謹記，談判在於彼此利益的協商，要設法讓雙方滿意。談判進行中有幾個重要的原則：

(一)營造和諧氣氛

開始就要用善意的語言與非語言訊息，傳遞誠懇、合作、正式的氣氛，不論情勢如何，挑起對手的敵意，絕對是不智之舉。

(二)活用談判風格

談判是鬥智，而不是鬥力。談判風格有兩個向度，一個是方向，另一個是力度。方向指的是處理資料的方式，有的直接提供資訊或建議，有的是間接抽絲剝繭。力度指的是轉移對方立場的方式，有時強硬、絕不撤退，有時緩和、配合對方的要求。

(三)注意談判舉止

陳述目標必須清楚而堅定，避免對方以爲我們有任何妥協空間。但這不表示必須以咄咄逼人的姿態來談判，「不卑不亢」的態度最爲適切。即使對方做人身攻擊，也不需回應；應以沉默來忽略對方的情緒，再將問題引導回要討論的重點。

(四)彈性調整戰術

談判中，立場並不重要，重要的是利益。所以出價可以稍微偏高，如果雙方僵持不下，善用休會也是個不錯的策略。停下來冷靜檢討，休息再戰。

(五)謹慎結束談判

雙方達成協議後，切莫得意忘形。謹慎寫下書面協議，並由雙方代表簽字，是非常重要的，否則所有辛苦都可能功虧一簣。

十一、摘要

人際衝突的本質，在於人際互動中出現差異，所導致的心理動態緊張。所包括的類型有主觀與客觀的衝突、內容與情緒的衝突。另外，也從衝突升高的不同階段，區分爲：假性衝突、內容衝突、價值觀衝突及自尊衝突。衝突是一個動態的歷程，從潛在對立，認知與感情的介入，衝突行爲的出現及處理，最後到衝突處理的結果。因應衝突的模式各異，包括：撤退、放棄、攻擊、說服和問題解決式的討論。

妥善處理衝突，首先須確定雙方都有處理衝突的意願；認清衝突的類型，才能對症下藥。儘量營造合作的氣氛，以雙贏來代替競爭，利用幽默的方式來緩和衝突，直接溝通避免誤解，或尋求公正的第三者來協助。即使仍然不能解決衝突，還是要仔細檢討缺失，從失敗中記取教訓。

生活中，必須與他人不斷協商，這種有利害關係的雙方，藉由相互協調以獲得共識的過程，稱之爲談判或協商。從社會交換理論的角度來看，人際交往的代價與利潤，都需要讓彼此感到滿意。人際關係中，用以交換的資源概分爲六類：金錢、貨品、服務、感情、地位、資訊，分別具有不同的具體性與特殊性。

人際行爲中，大都傾向選擇「低代價」而「高利潤」的活動，如果雙方處於互賴的狀態，個人會選擇能夠滿足彼此的互動行爲。如果一方必須負擔較高代價而無法獲得利潤，就可能改變原先的行爲反應，設法減輕或消除不公平。一般來說，常見的行爲反應包括：改變交換關係中的付出、改變交換關係後的結果、完全退出交換關係、拒絕酬賞以示抗議、認知曲解、重新建構交換關係合理化等。

人際關係大致分爲三種：情感型關係、工具型關係、混合型關係。談判中最常出現的是利害相依的競合關係，其影響因素相當複雜，包括：互動狀況、人格特質、權力與文化因素等。有效的談判，需要相當的耐力與觀察力，有幾個基本的技巧：權力槓桿運作、多方搜尋資訊、提高可信程度及加強判斷能力。

談判之前，預備談判的動作相當重要，包括：確定談判主題與目標、仔細評估我方策略、深入瞭解談判對手、創造其他有利條件。在協商進行中幾個重要的原則是：營造和諧氣氛、活用談判風格、注意談判舉止、彈性調整戰術、謹愼結束談判。

練習一

請完成下面的問卷，找出你所慣用的衝突處理模式。（David W. Johnson & Frank P. Johnson, 1991）

請在下列題號前填入適當的答案：

5＝對我來說，這是典型的衝突處理方式

4＝通常我會這樣面對衝突

3＝有時候我會這樣面對衝突

2＝我很少用這種方式面對衝突

1＝對我而言，絕不可能用這種方式處理衝突

______(1)對我來說，克制怒氣還算容易。

______(2)即使別人的想法和我不同，我還是希望最好依照我的想法來做。

______(3)我認為，溫柔的言辭更勝堅定的心。

______(4)如果別人打我一下，我會以牙還牙。

______(5)我覺得大家理智一點就是了。

______(6)我覺得，兩個人爭執時，最先閉嘴的那個人比較值得嘉許。

______(7)我覺得，權力通常可以戰勝權利。

______(8)我認為，圓滑的言辭會幫助事情更圓滑的處理。

______(9)我覺得，凡事「有總比沒有好」。

______(10)我認為，「真理」通常只在書上才有，而且不代表多數人的意見。

______(11)一個人如果攻擊別人得逞，下次很可能再犯。

______(12)我認為，與其讓敵人逃逸，還不如征服敵人。

______(13)我覺得應當心懷慈悲，但不一定要寬恕你的敵人。

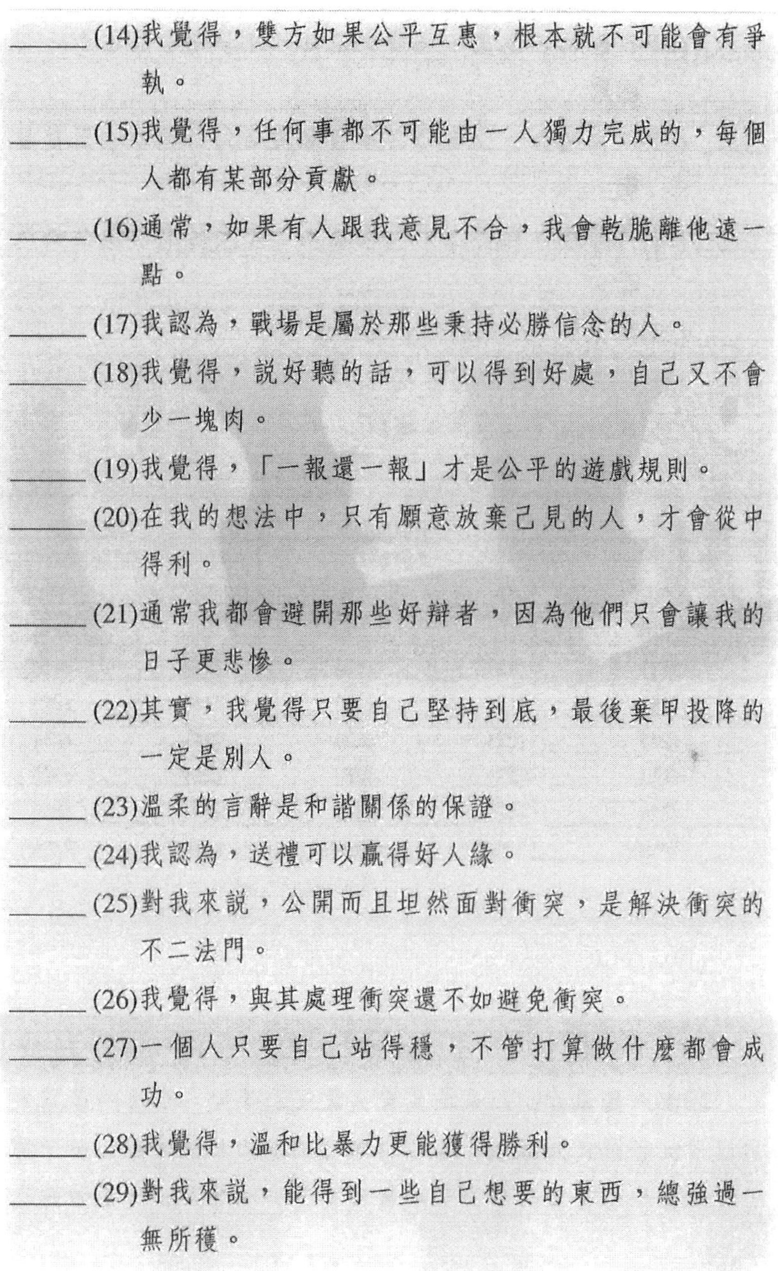

______(14)我覺得，雙方如果公平互惠，根本就不可能會有爭執。

______(15)我覺得，任何事都不可能由一人獨力完成的，每個人都有某部分貢獻。

______(16)通常，如果有人跟我意見不合，我會乾脆離他遠一點。

______(17)我認為，戰場是屬於那些秉持必勝信念的人。

______(18)我覺得，說好聽的話，可以得到好處，自己又不會少一塊肉。

______(19)我覺得，「一報還一報」才是公平的遊戲規則。

______(20)在我的想法中，只有願意放棄己見的人，才會從中得利。

______(21)通常我都會避開那些好辯者，因為他們只會讓我的日子更悲慘。

______(22)其實，我覺得只要自己堅持到底，最後棄甲投降的一定是別人。

______(23)溫柔的言辭是和諧關係的保證。

______(24)我認為，送禮可以贏得好人緣。

______(25)對我來說，公開而且坦然面對衝突，是解決衝突的不二法門。

______(26)我覺得，與其處理衝突還不如避免衝突。

______(27)一個人只要自己站得穩，不管打算做什麼都會成功。

______(28)我覺得，溫和比暴力更能獲得勝利。

______(29)對我來說，能得到一些自己想要的東西，總強過一無所穫。

______(30)我認為，率直、誠懇與信任，會幫助自己面對一切困難。

______(31)以我來說，沒有任何事情會重要到必須為它堅持奮戰。

______(32)我認為，世界上只有兩種人，不是勝利者就是失敗者。

______(33)我覺得「以德報怨」沒什麼不好。

______(34)其實，只要雙方各退一步，就容易達成和解。

______(35)我認為「真理越辯越明」。

烏龜型（撤退）	鯊魚型（攻擊）	玩具熊型（放棄）	狐狸型（說服）	貓頭鷹型（問題討論）
______ (1)	______ (2)	______ (3)	______ (4)	______ (5)
______ (6)	______ (7)	______ (8)	______ (9)	______ (10)
______ (11)	______ (12)	______ (13)	______ (14)	______ (15)
______ (16)	______ (17)	______ (18)	______ (19)	______ (20)
______ (21)	______ (22)	______ (23)	______ (24)	______ (25)
______ (26)	______ (27)	______ (28)	______ (29)	______ (30)
______ (31)	______ (32)	______ (33)	______ (34)	______ (35)
______(Total)	______(Total)	______(Total)	______(Total)	______(Total)
______	______	______	______	______

練習二

回憶一個最近你和朋友或家人之間的衝突，這次的衝突中你們用什麼模式來處理？當時你內心的想法和情緒是什麼？當時的語言和非語言反應對解決衝突有何作用？下一次要如何改進？

練習三

你打算承租一間房子，房東因為房子新建且地點方便，開價每個月五千元房租，而且不包括水電、瓦斯費。鄰近地區的房租大約四千元左右，不過都是中古的舊房子。你打算跟房東做談判，請就你自己的狀況，寫下你所考慮的談判條件是什麼？雙方的優勢及弱點可能為何？

第10章
團體中的人際溝通與領導

團體的特徵與類型

團體中的人際關係型態

有效的工作團體

領導者角色的意義與特質

領導風格

團體領導者的功能及領導技巧

摘要

小陸自從上大學以來，從沒有感覺這麼快樂過，他終於可以在外面租屋居住，擁有自己的小天地！但是，自由的感覺沒維持多久，一天，他打算下課後找同學打籃球，可是同學有的還有課，有的要去社團，小陸突然覺得自己好孤單！

人是社會性的動物，不可能離群索居，但是身在團體中，眞的比較快樂嗎？人與人之間會彼此互助嗎？俗話說：「一個和尙提水喝，兩個和尙抬水喝，三個和尙沒水喝。」團體生活中，溝通是如何進行的？怎麼溝通才能達到團體最大的效益？

團體中爲何要有領袖？好的領袖對於團體有多大的效益？劉備三顧茅廬，才請到孔明出馬，使漢軍如虎添翼、屢破曹營。劉備是漢軍之主，但是許多事情仍依靠孔明，這兩個人誰才是眞正的領導者？

一、團體的特徵與類型

(一)團體的特徵

團體由兩個以上的人組成，但是一群人並不表示構成團體。在車站月台上的人群，就不會被視爲一個團體。一般來說，團體要具備下列幾個特徵：

1.互動：團體成員彼此是有互動關係的。他們透過語言或非語言交流，並在互動過程中交互影響。

2.結構：團體成員會形成一種穩定的互動關係型態，稱之爲「團體的結構」，包含三大要項：角色（roles），是成員在團體中特定並相對應的行爲模式；規範（norms），是團體內部自成的一套行爲準則，用以約束團體成員，並使團體順利運作；成員間的關係（intermember relations），是形成成員彼此相互依賴，或權力控制的獨特方式。

3.目標：當個體無法獨立完成某些特定目的時，就成了團體存在的重要理由。成員聚在一起，共同分擔責任，一起完成目標，是促使團體凝聚的重要因素。

4.互賴感：團體成員的一種相互依存的感覺，認可自己及其他成員是「我們團體」（we-group）的一分子，覺得彼此是命運共同體。

5.改變：團體是有生命的，隨著時間的變化而有不同；也就是說，團體在不同階段，會出現不同的面貌。

(二)團體的類型

◆正式或非正式團體

1.正式團體：團體的組成有特定的目標，藉由成員的互動來完成這個目標，例如，學校、醫院。

2.非正式團體：團體的組成基於成員互動而自然形成，或是成員間彼此人際吸引而形成。例如，讀書會、鄰里社區。

◆開放或封閉式團體

1.開放式團體：成員隨時可以加入或退出，可為團體帶來新觀念，但也不容易建立成員間的互信關係。

2.封閉式團體：成員幾乎不變，團體進行狀況通常比較穩定，也較可能長期維持。

◆初級或次級團體

1.*初級團體*（primary group）：成員不多，彼此互動頻繁，經常面對面的溝通，態度或行為的一致程度較高，情感也比較深厚，例如，家庭。

2.*次級團體*（secondary group）：成員關係不深，而且人數較多，通常成員的異質性較高，彼此行動的變異性較大。

二、團體中的人際關係型態

團體中，因為情感或利益的互賴，使團體成員出現不同的互動模式。在兩人的成對關係中，常見的有「互惠對偶」（mutual pair）、「求愛對偶」（courtship pair）、「依賴－支配對偶」（dependency-dominance pair）等幾種。互惠對偶中，兩人站在平等互惠的地位相互協助，就好比「你儂我儂」。求愛對偶則有一人對另一人特別傾慕，被追求的一方，有權選擇接受或拒絕追求者的美意，因此兩人的關係並不對等。在依賴－支配對偶的關係中，一方被他方支配，形成傾斜的依賴關係，權力亦不對等。三個人的關係就更為複雜了，若其中兩位無法互相協調，第三個人就得要成為雙方的調停者或是仲裁者，此稱之為「仲裁關係」。假若三人中有兩人，為了共同的利益，聯合起來對付第三人，這時在團體中就出現聯盟的關係。

溝通網絡的形成，開始常受到環境的影響，比方說，剛到學校時，最初交往並建立友誼的對象，幾乎都是室友或教室座位坐在旁邊的人，這就是接近性原理（proximity）。另外，我們常利用下面這個五人溝通型態，來說明溝通網絡（Shaw, 1981）。

(一)集中化的溝通網絡

這類的溝通型態中，團體成員必須透過居於溝通中心點的人來傳遞訊息。位於溝通網絡中心的人（A），通常也掌握較大的權力；包含下面兩種型態（如圖10-1）。

(二)非集中化的溝通網絡

沒有特定的人掌握溝通的樞紐位置，大部分或甚至全部成員，都能跟其他人自由交換訊息，其中又以自由型網絡的互動狀況最為普及與頻繁。因為充分參與，成員在團體中的滿足程度較高。但是所需要的溝通時間較長，對於一些容易解決的問題，反而較缺乏工作效率。非集中化的溝通網絡，包含下面三種溝通型態（如圖10-2）。

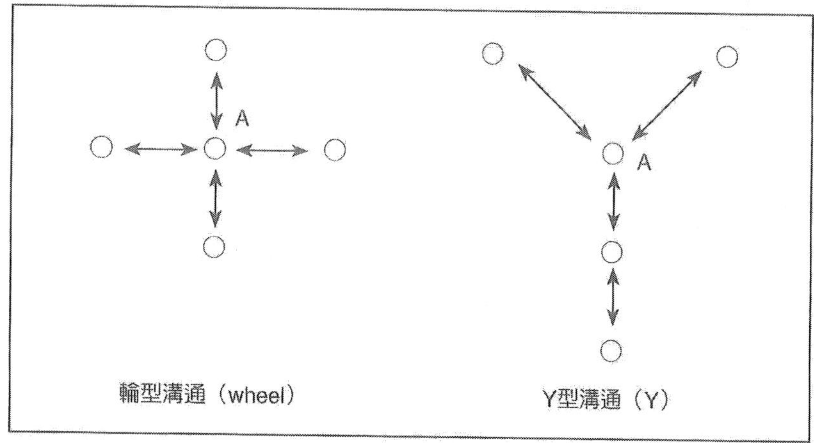

圖10-1　集中化的溝通網路

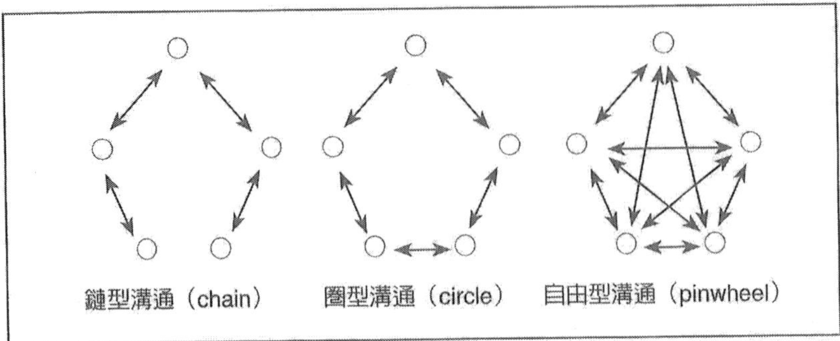

圖10-2　非集中化的溝通網路

三、有效的工作團體

一個工作團體能發揮溝通效果，達成團體效益，有下列幾個重要的條件：

(一)利於互動的環境

一個能夠促進團體互動的環境，就是最好的工作環境。以座位而言，理想的安排是成圓形，或者類似圓型的排列，讓每個人都能看到其他成員，而且彼此地位平等。圓形排列的優點是視線較好，每個成員表達機會較高，但是領導者的地位較不明顯。若是長方型的桌子，坐在頂端的人會被認爲是身分地位較高的人；坐在角落的人，發言的意願與機會就可能較少。另外，外部空間也必須適當，如果空間過大，團體的活動與外界缺乏明顯界限，容易造成成員分心。如果空間過小，則會形成壓迫感，而覺得不舒服。還有就是要避免外界的干擾，例如，電話、吵雜聲等，以免影響團體工作的進行。

(二)團體大小適當

有效的團體成員人數，必須引起足夠的互動，又不會多到讓討論變得沉悶。團體越大則溝通越困難，因爲分享頻率越低，匿名性越高；但是成員間的緊張越少，資源越豐富。團體越小，出現的情況恰好相反，溝通的品質與數量都會提高，卻較有壓力，參考範圍也較有限。研究指出，團體人數多寡視團體性質而定，四個人的團體適合休閒娛樂，五個人的團體適合討論，八個人的團體比較足以完成任務。Miller也曾提過一個「7±2」的原則，也就是團體人數以五到九人最爲理想。Paul Hare（1976）則認爲五個人是最恰當的人數，低於五人則太少，無法有足夠的意見，難以發揮團體的功能；多於七、八人，原本沉默的人就更不會發言。團體人數更多時，發言的都是固定幾個人，其他人反而顯得沉默。

(三)團體凝聚力

凝聚力（cohesiveness）是指成員間能互相吸引，團結在一起，共同投注在團體任務上；也就是影響團體成員願意留在團體內的合力（resultant of forces）。這個力量使得成員聚在一起（group together），並常以「我們」（we、us、ours）來表現對團體的情感。凝聚力的產生有內、外在因素，「內在因素」如：團體內具有吸引力的成員，團體確實能幫助個人達成獨自無法達到的目標；「外在因素」如：面臨外在強大威脅時，團體內部更爲團結。

團體的凝聚力高，可提升成員的溝通質量，並且願意爲團體的目標而努力。但是凝聚力過高，也會帶來團體壓力；也就是說，團體會要求少數成員服從多數意見；對於少數的歧異者，團體的排斥會更強烈。團體壓力的運作，可能從一開始的懷柔政策，希望少數人改變以順從多數意見，維持團體凝聚的形象，以至到後來出現鐵腕手段迫使順服，甚至直接排除異己。

(四)團體決策

只要有一群人共同完成某一件事，就會牽涉到決策。決策若是經過成員間思考與互動的結果，那麼團體成員比較願意支持，工作的過程也比較愉快。因此，團體決策，可說是人際溝通的重要課題。

◆團體決策的過程

團體決策必須包含幾個步驟，從界定問題開始，先釐清團體的目標及可用資源；再進入問題分析及資料蒐集的階段，此時必須對問題的成因及相關議題，都做詳盡的討論；然後必須討論理想的決策標準爲何，再對所有可行方案充分討論，最後才決定一個最適方案。決策的執行方法、限制，也需做討論並達成共識，然後予以執行並做評估。團體決策的過程有許多技術，例如，「腦力激盪術」（brainstorming）、「具名團體技術」（nominal group technique, NGT），以及「德爾菲技術」（Delphi technique）等。決策的模式如「螺旋模式」（the spiral model），由成員提出不同的想法，再從共同接受的觀點出發，以此爲基礎繼續討論並修正，直到達成共識爲止。基本過程如圖10-3所示。

另外，Forsyth（1990）提出團體決策的「理性模式」（a rational model of group decision making），包含四個階段：起始、討論、決策及執行，簡單概念如圖10-4。

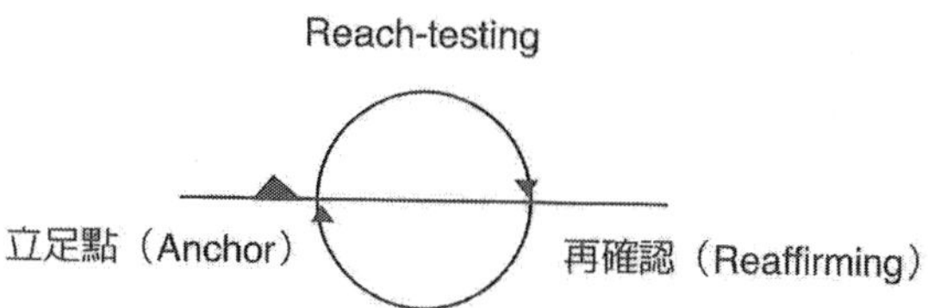

圖10-3　決策之螺旋模式

起始階段（Orientation）

問題界定（defining the problem）
計畫程序（planning the process）

↓

討論階段（Discussion）

蒐集資料（gathering information）
找出可行方案（identifying alternatives）
審查方案（evaluating alternatives）

↓

決策階段（Decision making）

選擇團體決定（choosing group solutions）

↓

執行階段（Implementation）

堅持決策（adherence to the decision）
評估決策（evaluating the decision）

圖10-4　團體決策之理性模式

資料來源：Forsyth, 1990。

◆團體決策的陷阱

理論上，由團體成員共同決策能使成員更願意接受及執行共同的決定，因而促使團體目標的完成，滿足團體效益。但是，團體決策有沒有反而會傷害團體利益呢？當團體的討論不夠開放，陷入責任模糊的狀況，甚至造成全體一致的錯覺時，就有可能出現團體迷思（group think），甚至發生團體偏移作用（group polarization，或稱團體極化作用），這時團體的決策反而過於冒險，也可能造成傷害。因此，在團體討論的過程中，成員保持理性的態度，是相當重要的。當成員間意見不一致時，必須仔細檢核每個意見，甚至鼓勵成員相互評判或分組討論，直到能博採眾議，取得一個能代表團體立場的結論爲止。

(五)團體成員的角色

角色是指展現個人在團體中特定地位的行爲模式，簡單來說，角色可說是地位的動態面。團體成員中有任務角色（task roles）、維持角色（maintenance roles）和個別化角色（personal roles）；任務角色是成員爲要達到團體目標而完成某些工作；維持角色是成員表現出促使團體順利運作的行爲；個別化角色是爲滿足個別需要所扮演的角色。團體中並非每個角色都具有正向功能，有時可能出現一些妨礙團體運作的行爲。以一個功能良好的團體來說，成員最好兼具任務及維持的角色。

◆任務角色

主要在激發並協調團體共同任務的完成，主要包括五種：

1.資訊提供者（information giver）：這個角色提供團體討論的

內容，讓團體能有足夠的意見題材以導出結論。擔任資訊提供角色，必須準備充分，廣泛蒐集資料；而且能根據事實資料做客觀陳述，不帶主觀情緒。

2.資訊尋求者（information seeker）：這個角色主要是探詢進一步的資料或意見，促使團體充分瞭解並討論議題，避免在資訊不足時遽下結論。因此必須在適當時候提出問題，關切團體討論要領，好讓成員能多發表意見或提供更多資訊。

3.團體監督者（expediter）：這個角色主要在於掌控團體討論的主題，並促使團體依照進度完成任務。不論短期或是持續性的聚會，無可避免的會出現討論離題的現象。雖然離題有時可以形成更具創意的討論空間，或讓成員藉此傾吐心聲，但是與團體的任務無關。團體監督的角色，就在促使團體維持工作進度，繼續在主題上運作。他會說：「目前的討論雖然很熱烈，但似乎需要澄清它與主題的相關性。」、「時間快結束了，關於前面所提到的，還有別的想法嗎？」

4.議題分析者（analyzer）：這個角色會詳加分析團體所討論的內容及推論，評估團體的思慮是否周延。他重視資訊的正確性、代表性及有效性，並且檢核團體成員的推論。比方說，分析角色會注意到：「我們是否需要先估算一下這項提議所需的成本，再做決定。」

5.任務行動者（procedural technician）：這個角色主要在促成團體的行動、決策的執行、分配任務、管制並安排工作進度。例如，「請總務處派人前往接洽並估價」、「下星期一將所有資料彙整，再做進一步討論」。

◆維持角色

此角色是爲了維持團體運作及團體中的人際關係，主要包括支持、調和以及管制三種。

1.支持者（supporter）：協助團體成員肯定自己的參與和貢獻，鼓舞團體士氣。當成員有好表現時，支持者會以語言或非語言方式，予以同理及回饋。例如，點頭、微笑、鼓掌，或說：「露露，妳這個點子眞棒」、「文彬，你眞是個工作的好夥伴」、「淑芬，妳這個意見是我們今天最重要的收穫」、「我同意大家的想法，大家辛苦了！接下來該怎麼做，我一定配合」。

2.調和者（harmonizer）：促進團體的和諧，讓團體成員凝聚在一起，並且幫助大家化解誤會和對立，舒緩緊張的氣氛，減少不必要的衝突。例如，「可玲，我知道妳付出很多，也眞的累了，但是我想妳還是該給美華一個說明的機會」、「大家別急著爭執，雖然每個人立場不同，但是我覺得應該找出我們的共識」、「美華，也許妳還在生可玲的氣，但是妳看我們的討論已經漸入佳境，別再嘔氣了，一起來參與嘛！」

3.管制者（gatekeeper）：促使團體溝通管道通暢，像守門員一樣，確保每位成員都有所貢獻。爲了團體成員均衡參與，他會約束較具支配性的成員，鼓勵較害羞的成員。管制者會注意到誰想發言卻不得其門而入，誰沒跟上討論，或是誰的話太多讓別人無法開口。比方說：「允武，你想說什麼嗎？」、「我們已經談了很久，卻都是正文跟宜倫的意見，我很好奇其他人的觀點是什麼？」

◆個別角色

這是爲滿足自我的需要而扮演的角色，通常是負向角色，會對團體的問題解決，產生負面影響。

1.攻擊者（aggressor）：會在團體進行不順利的時候，批評並指責他人，甚至反對他人的意見與行動，進而攻擊團體目標，凸顯自己的優越。面對攻擊者的最好方法就是，不要被他激怒，理性地提醒他，請他察覺自己的言行對團體產生的不良影響。

2.玩笑者（joker）：喜歡引起別人的注意，容易打斷團體的進行，常常像小丑一般開玩笑，或是模仿他人的行為。這些小玩笑偶爾可以緩和團體氣氛，如果頻頻出現，會對其他成員造成干擾。面對玩笑者的方法是，認真告訴他玩笑要看時機，如果團體正在討論重要的事情，就必須嚴肅面對。

3.退縮者（withdrawer）：這種人是標準的「心不在焉」型，在心理上並沒有參與團體，對團體的態度冷漠，擺明「到此一遊」的樣子。面對退縮者的方法是，設法激起他的動機，引導他參與，或是找出他的專長予以善用。多給予正向回饋，有助於這些人褪去保護殼。

4.獨占者（monopolizer）：這個角色的人隨時都在發言，利用各種機會表達自己的看法或是感受，以顯示他們對團體的重要性。當他們的意見對團體的任務有意義時，其發言可以鼓勵；但如果他們說了太多沒用的話，領導者就應禮貌地打斷，或請別人發言。

(六)遵守團體規範

為了團體能夠順利運作，必須訂定團體規範。所謂的團體規範指的是，團體成員所共同認定，用以管理自身行為的一套守則。

不只藉此提供團體達成目標的基本架構，並且界定團體行為的可容忍度，作為團體成員活動的參照水準。通常在團體開始之初，就會建立團體規範；在成員互相熟識之後，規範會隨之修正與改變。因為團體的型態不同，所以規範的選擇及內涵也大不相同；規範的型式可以是訴諸文字的守則（例如，議會規則），也可以是具有效力的社會默契（例如，在團體的聚會中，不能談及私事），或只適用某種特殊狀況的規則（例如，正式會議時，成員不得使用不雅的言詞）。團體規範大略分成下面三種形式：

1.程序規範（procedural norms）：用以範定成員互動的準則，例如，多久聚一次、每次討論多久、是否需要投票表決等。
2.角色規範（role norms）：用以範定成員的行為表現，例如，團體的領導者或是調和者，就被賦予特定的位置，以及他人對其行為表現的期待。
3.文化規範（cultural norms）：範定團體的共同信念，包括：態度、價值、理念、儀式等，這個文化規範通常異於其他團體，為此團體所獨有。

規範可以用語言或非語言的方式呈現，它導引成員的行為，有助於凝聚力的發展。規範在於使團體維持動態均衡的狀態（dynamically balanced），當成員遵從規範時，將和其他成員建立較好的關係；但如果對你而言某些規範具有傷害性，就必須提出來並具體說明；因為團體規範一旦建立，就很難加以改變。

四、領導者角色的意義與特質

對任何團體來說，領導（leadership）都是一個極為重要的角色。有人認為一個人之所以能成為領導者（leader），是因為具有天賦特質；也就是與生俱來即是「人中龍鳳」、與眾不同。有人認爲領導之事純屬意外，靠的是運氣，碰巧讓人搶得先機、獲得領導地位。關於領導者的定義，眾說紛紜，不過大部分學者都同意，領導者的特質應包括影響力（influence）及貫徹力兩者。簡單來說，所謂的領導，是指影響團體以達成目標的能力，也就是在團體中有權利或義務執行決策的角色。這種能力的來源，也許是正式的，比方說，在團體中擁有主管的地位；也有的領導角色，來自於非正式的「影響力」。團體中可能不只一位領導者，也可能不一定存在特定的領導者。換言之，領導在團體裡，其實是一個高度變異的現象。領導與領導者是兩個彼此密切相關但卻不盡相同的概念。領導者是團體中的一個特定角色，而領導則是一種人際關係的形式。

(一)領導者角色的意義

◆領導者促進團體目標的達成

在工作團體中，達成目標意指完成團體任務，或是獲得最好的問題解決方法。組織中的領導者，可能是由上級指派或是投票產生；但是工作團體中，卻可能出現團體成員企圖展現領導行爲，而彼此爭奪領導者角色的情形。也就是說，團體中的每個人，都在有意無意間試圖掌控團體；於是領導者這個角色，或許由團體中的某些成員共享，或是在不同成員身上轉換。

◆領導者會影響他人

影響力是一種能促使他人改變態度或行爲的能力。影響的方式可能是直接的、有意圖的，也可能是間接完成的。間接影響主要是因領導者的示範及成員的模仿所產生，直接影響則是領導者有目的

的做些什麼，來引導成員完成決策、達到團體目標。

◆領導權力來源多樣化

領導權力的基礎分成六種：(1)法定權力（legitimate power）：由團體或文化賦予的權力，例如，會長、班長、隊長，也許經由選舉或是高層指派而得的權力；(2)專家權力（expert power）：因為個人專業知識及權威所具有的權力；(3)參照權力（referent power）：具有讓人容易認同的特殊吸引力；(4)酬賞權力（reward power）：可以獎賞成員的能力；(5)強制權力（coercive power）：為酬賞權力的反面，也就是處罰的權力；(6)資訊權力（information power）：因為掌握訊息所獲致的權力。

(二)領導者角色的特質

身為領導者，必須比一般成員更能成功的運用溝通技巧。Marvin Shaw（1981）根據個人特質與領導者角色評量的關係，指出領導者的社交能力、溝通能力，顯著高於團體其他成員。社交能力方面，領導者比起其他成員要更受歡迎，也更具可靠性、更被人信賴，並且更善於積極合作，溝通的能力要較一般成員為優。如果你具備上述特質，那麼請善用自己的天賦特質，應該可以成為一個不錯的領導者。但是如果你缺乏這些特質，只要能做到下面幾項而獲得團體成員的支持，仍可能成為一個有功能的領導者。

◆知識豐富

領導者當然不是團體中唯一提供資訊的人，但如果領導者對於團體的共同任務，擁有更豐富的知識，比較能說服成員服從領導。而且領導者的知識愈豐富，愈有能力對於團體討論的過程清楚分析，進而帶領成員處理團體所面臨的困境。

◆勤奮付出

領導者在團體中具有示範作用，如果團體領導者比成員付出更多、工作更勤奮，將比較能夠得到成員的支持，也比較能帶動團體爲任務而努力。這樣的付出勢必需要有個人的犧牲，但是要成爲一個有效能的領導者，這恐怕是必須付出的代價。

◆長期承諾

領導者必須對團體任務有很大的使命感，因此必須對團體目標的達成，及團體需求的滿足，有長久而堅定的承諾。一旦領導者的承諾消失、熱忱鬆懈，領導者的功能就可能急速衰退。

◆決定果斷

如果領導者缺乏自信，整個團體就會出現群龍無首的混亂現象。因此若領導者缺乏做決定的能力，成員會感到挫折與生氣。領導者要能果斷做決定，即使這個決定可能引起少數成員的不滿或衝突。若領導者無法具備決斷能力跟勇氣，勢必無法持續擔任領導的角色。不過要特別注意的是，如果決定引起多數人的反對，並且有具體的理由，領導者也要能反省，自己是否過於獨裁？

◆平等互動

能夠與團體成員自然互動，充分參與團體討論的人，比較有可能成爲受歡迎的領導者。如果領導者只是高高在上、不參與討論，或以威權主導討論的進行，都無法與團體成員有很好的交流，更不可能建立共識，甚至影響他人。

◆培養技巧

有效的領導者，會讓成員在團體中感覺很自在舒服，團體的凝聚力會越強，領導者在團體中也會具有良好的聲望。雖然團體中通常會有任務性及維持性的不同領導者，分別扮演正式或非正式的領導角色，但是優秀的領導者應該同時具備兩種技巧，尤其以團體維持的角色技巧更爲重要。

五、領導風格

領導方式無所謂正確與否，當我們觀察團體進行時，常常可以發現不同的領導風格（leadership styles）各有其效益。有些領導者喜歡直接下指令，有些則習慣由團體成員公決；有些領導者看起來置身事外，有些卻是大小事一把抓；有些領導者經常詢問團體成員的意見、關注成員的情緒，有些則從不理會成員的想法及感受。個人的領導風格，同時反映他的人格特質、心理需求以及偏好。主要的領導風格有下列兩類：第一，「任務取向」（task oriented）或「人際取向」（person oriented）的領導；第二，由「領導的生命週期理論」（life-cycle theory of leadership），區分出：指揮式、督導式、協助式、授權式等四種。

(一)「任務／人際取向」領導

這種區分法將領導風格分爲：任務取向和人際取向兩種，正好對應於團體中的任務功能和維持功能。任務取向的領導者，對團體採取直接控制的方式，並且盡力引導團體的活動。他的權威及決策都較集中，較不允許成員從既定的規則中偏離。常自行決定討論

的議題，並指示達成決議的步驟，然後分配任務。這類型領導者以「事」爲考量的中心，能完成較多工作，但是卻比較容易產生成員的不滿或挫折，並且會降低成員的創造力與成就感。

人際取向的領導者，雖然也對於所討論的問題、程序、成員的角色及任務有所建議；不過他主要扮演諮詢者的角色，鼓勵成員表達，邀請團體成員共同做決定，一起分擔責任。過程中每位成員自由發言，甚至可修正領導者的建議。領導者主要是傾聽、鼓勵、催化、澄清和支持；團體的方向及目標達成，則由全體成員一起參與。領導者可以開放接受與自己想法不同，甚至完全相異的意見及決定。這類型的領導者以「人」爲基本考量，人際取向領導的團體，成員具較高的動機和創意，成員間會有較濃厚的情誼。

(二)領導的生命週期理論

Fiedler認爲領導的成敗須視情境而定，例如，領導者與成員的人際關係是否良好？團體目標及任務是否明確？團體成員接受領導者的程度？Fiedler認爲任務取向的領導者，在極爲有利或極爲不利的團體條件下，最能發揮領導效果。因爲，當團體條件有利的時候，表示領導者有良好的人際關係、團體目標明確、團體成員願意接受領導，此時領導者可以把心力著重在任務的達成上。相對地，當團體條件極爲不利時，由於領導者難以改變成員的心態，故而領導者不必再試圖調整團體狀況，可心無旁騖、傾全力來完成任務。如果團體的條件不上不下、不好不壞，人際取向的領導者比較適合；因爲領導者可藉著加強團體人際關係、澄清目標以及建立聲望等，來逐漸發揮領導效能。

根據權變理論所發展的「領導的生命週期理論」，進一步強調「因材施教」的領導方式，認爲領導風格應隨情境及對象不同而改變。這個理論將領導風格分成下列四種基本型態：

1. 指揮式領導（directing leadership）：直接給予成員明確的說明跟指示，密切監督其工作任務的完成。
2. 督導式領導（coaching leadership）：像教練一樣，一邊指導任務的完成，一邊跟成員溝通，要求其提供意見或回饋，也幫助成員學習。
3. 協助式領導（supporting leadership）：領導者與成員有較多的討論，讓他們參與決策，領導者主要在於支持並協助成員完成任務。
4. 授權式領導（delegating leadership）：領導者放手讓成員自行發揮，將決策制定及任務完成的責任，全權交付給團體成員。

上面四種風格，如果能夠配合成員的特性，將可在任何情況下，達成最適領導的目標。而決定成員特性的指標，主要有「能力」跟「意願」兩項指標，組合為成員的四種發展層次。當成員的能力及經驗都不足，但有高度熱忱及意願時，宜採用「指揮式領導」。當成員的能力有所提升，但是工作意願及動機卻下降時，則適合用「督導式的領導」。當成員的能力已達一定水準，但無法持續工作熱忱時，則「協助式領導」比較有用。如果成員的能力相當足夠，問題解決的意願也高，能自動自發完成任務時，則「授權式的領導」最為合宜。領導風格與成員發展層次的配合應用，如圖10-5所示。

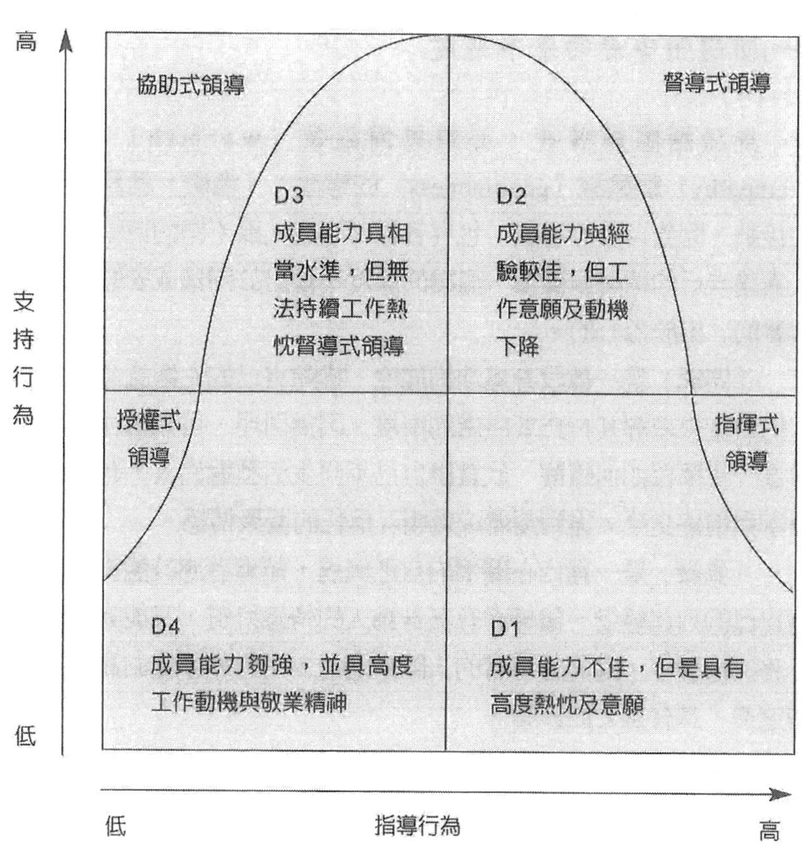

圖10-5　領導風格與成員層次的配合

六、團體領導者的功能及領導技巧

成爲團體的領導者，和如何實踐領導的角色，是兩個不同的歷程。因爲，有些人在成爲領導者之後，卻無法發揮領導的效能。

(一)團體領導者的基本態度

身為團體領導者，必須具備溫暖（warmth）、同理（empathy）跟眞誠（genuineness）的態度。「溫暖」就是無條件的接納，開放自己的心胸，包容各種不同的人跟不同的情緒，對他人表達自己的情感跟關懷。溫暖的態度不是出於同情或安慰，而是自發的、出於內心的。

「同理」是一種設身處地的態度，排除自己的主觀意念，用他人的角度來理解其行為或所處的情境。因為同理，可以幫助團體成員進一步學習如何瞭解、欣賞跟自己不同生活型態的人，藉由經驗分享與情感交流，達到團體成員相互信任的凝聚情感。

「眞誠」是一種內在關懷的自然表達，領導者應該能夠誠懇表達自己的內在感受。領導者有其身為人的情感特質，又能兼顧團體任務的重要性。團體領導者的人際溝通能力，對於團體的和諧與任務達成，具有重大的影響。

(二)工作團體的有效領導

有效的領導者在帶領團體進行任務討論時，必先洽妥會議的場地跟時間，設計並準備議程，說明會議方向，維持每位成員在溝通機會上能均等發言，提出適當問題，並總結討論的結果。

◆預備會議場地及時間

環境對於溝通的效果會有影響，如果環境不良，就應設法改善。身為領導者必須確定環境的溫度舒適、燈光恰當，而且位置的安排有利於成員的互動。領導者還需要考量會議舉行的時間，什麼時候不宜開會，例如，下班前或者剛用過午餐。除此之外，領導者也必須慎重考量會議是否有舉行的必要？其意義及目標何在？期待會議要達成何種結果？預計要多久時間來完成討論？是否需要分爲不同階段來完成等。

◆設計並準備議程

議程指的是依據會議主旨所涵蓋的主題，列成的會議大綱，可以由領導者自行擬訂或與團體成員共商而訂。議程最好能在會議前幾天就發給每位成員，如有附件等書面資料，亦應事先提供或傳閱，以利團體成員對於聚會討論的內容有所預備。議程中應扼要陳述會議中擬完成的事項，並註記會議的時間、地點及預定的會議長度。討論特定問題時，應對問題背景做簡要說明，並對解決問題做出初步的建議草案。

◆說明會議方向

會議進行之始，領導者必須說明討論的主題及討論程序，並且確定與會成員都瞭解。新成立的團體，有些成員對團體的信任感較低，並可能對團體抱持著懷疑的態度，這種情緒會使得一些成員保持觀望。有效的領導者在一開始便和成員充分澄清，並約法三章，逐一回答成員的問題，例如，「爲什麼要開會？」、「開會做什麼？」、「成員的責任是什麼？」、「需要遵守什麼規定？」

◆維持每位成員均等發言

爲了讓團體順利運作，應鼓勵每位成員發表意見與感受。一般成員在會議中的行爲模式有三種：用心參與型、互不侵犯型、自我導向型。第三種人無法融入討論，在團體中潛藏個人的需求；有的人會壟斷討論，有的人會拒絕發言，有的人會攻擊他人的觀點，有的人會岔開討論的話題等。因此領導者應做適當的介入，對於獨占發言的人要有所阻止，也要引導不說話的成員參與討論。除非必須，否則不要引起辯論，因爲那樣會浪費太多時間，而且導致成員的負向情緒。讓成員的發言機會均等，對領導者的管制技巧是一大考驗。一個經常不發言的人，如果被一再強迫，可能會更不願意參與團體討論。所以，領導者必須替這些害羞的人鋪路，幫助他們發言；當他們發表幾次後，就比較能建立信心，以後會比較容易提出意見。對於過度發言的人，若其內容確有價値，加以阻止將使他們對團體的貢獻減少；所以，一面謝謝他寶貴的意見，一面引導他也瞭解其他成員的想法。

◆提出適當的問題

發問是頗爲有效的領導技術，發問的技巧包括，掌握發問的時機以及問題的內容。一般來說，領導者應盡可能提出開放式的問題，最有效的問題型態包括：詢問支持性的訊息，開放成員自由反應的問題。領導者在發問的時候，儘量避免問「爲什麼」（why），這種問法通常帶有質問的意味，容易引起對方的防衛。需要發問的情形通常是：

1. **爲了使討論切題**：可以利用提問題，來確定成員所敘述的重點是否切合主題。
2. **爲了探詢進一步訊息**：許多團體對於成員的意見，常常未經探查就決定忽視或接受，所以此時可說：「聽起來你的觀點相當有意思，你可以進一步地加以說明嗎？」或是徵詢其他成員的意見：「大家覺得這個觀點如何，你們的看法呢？」
3. **爲了處理團體中的人際問題**：有時候領導者提出問題，是爲了幫助團體成員討論他們的感受，以免人身攻擊。

◆總結討論的結果

討論的進行中，領導者要帶領團體，針對下列要項產生共同的看法、凝聚共識：

1.問題的定義是什麼？
2.問題所呈現的現象是什麼？
3.問題的成因爲何？
4.用以評估最適解決方案的標準爲何？
5.對這個問題有哪些可能的解決方法？
6.每一種可能的方法，符合參照標準的情形分別爲何？
7.哪一個方法最符合決策標準呢？（至此完成問題解決方案的決議）
8.方案執行的程序及分工爲何？

如果成員對每個要項都有共識，則最後的結論，獲得一致性同意的可能性較高。

七、摘要

團體的特徵包括：成員間的互動、特定的結構、共同的目標、成員彼此有互賴感、團體會隨著不同的時間歷程而變化。團體的類型可以分爲正式團體跟非正式團體、開放團體跟封閉式團體，或是依照成員的關係分爲初級跟次級團體。團體中的溝通與互動，除了談到二人及三人的關係外，特別提及五人團體的溝通網絡，其中分爲集中化的溝通網絡，包括有輪型及Y型兩種；以及非集中化的溝通網絡，則分爲鏈型、圈型及自由型。有效的工作團體應該具備一些特質，包括：利於互動的環境、適當的團體大小、團體有凝聚力、

能共同做決策、成員扮演有益團體運作的角色、遵守團體規範。

團體決策的模式包括螺旋模式及理性模式。團體決策也有其陷阱，就是可能出現偏移作用。團體成員的角色主要分為三類：任務角色、維持角色及個別角色。

領導就是影響團體達成目標的能力，領導與領導者是兩個密切相關卻不盡相同的概念，領導者是團體中的一個角色，而領導則是一種人際關係的形式。領導者角色在促進團體目標的達成，影響他人。領導者影響他人的權力來源相當多樣，包括：法定、專家、參照、酬賞、強制及資訊權力等。一般來說，成為領導者的條件有：知識豐富、勤奮付出、長期承諾、決定果斷、平等互動，並且要培養團體維持角色和任務角色的技巧。

沒有絕對正確的領導風格，「領導的生命週期理論」將領導風格分為指揮式、督導式、協助式、授權式領導四類，這四種領導風格，如果能夠配合成員的「能力」跟「意願」，將可在任何情況下達成目標。

身為一個團體領導者，必須具備溫暖、同理與真誠的人際態度和能力，而工作團體的有效領導技巧應包括：事先預備會議場地及時間、設計並準備議程、說明會議方向、維持每位成員均等發言、提出適當的問題，最後並總結討論的結果。

練習一

最近的一個團體經驗中，有哪些令你記憶深刻的角色，他們的行為模式如何？再想一想你自己，你扮演怎樣的角色？這個角色有助於團體的進行嗎？

練習二

跟同學形成六至八人的小團體，利用十分鐘時間，討論下列的兩難困境。另外，在團體中指定一位成員做觀察員，觀察團體決策的過程，以及團體成員扮演哪些角色。

七個人共乘一艘船，他們是A先生（55歲、全國最著名的心臟科權威），B先生（36歲、愛滋病醫療的研究者），C小姐（23歲、股市超級營業員），D女士（60歲、負責殘障收容機構的修女），E先生（43歲、銀行總經理），F小姐（26歲、待業中、懷孕的未婚媽媽），G先生（58歲、學校知名教授）。當船將要沉時，只有二位能留在救生艇上，請問應該留哪兩位？

練習三

請八個同學為一組，其中一人為觀察員。請組員以自己身上所穿的外套、鞋襪，所帶的書包、課本等為材料，設法造出一棟樓塔。十分鐘後，由所有同學一起投票選出：(1)最高的塔；(2)最美的塔；(3)最堅固的塔；(4)最有創意的塔（同學投票過程必須投給自己組別以外的組，以維持公平性）。在築塔的過程中，觀察員必須記錄下面要項：(1)領導者如何產生？(2)該名領導者的領導行為為何？(3)在團體中是否存在其他非正式的領導者？(4)領導效能為何？(5)不同成員對不同領導行為的反應是什麼？

第11章 組織中的溝通

組織的特質

組織內的人際溝通類型

組織中重要的人際關係型態

摘要

小雨剛到這家公司上班，負責員工訓練工作；她的未婚夫也在這個公司的業務開發部門。小雨第一天來，非常的興奮，因為這份工作對她來說簡直是夢寐以求，還可以跟未來的人生伴侶一起奮鬥。但是工作了一個上午，小雨除了接電話之外，主管什麼事也沒交代她，小雨困惑了。中午用餐時，特意請教了辦公室較資深的徐姐，徐姐告誡小雨：「我們這兒呀！什麼功勞都是那個主任的，如果讓他以為妳會威脅他的地位，妳就完了。反正跟他說話要小心點！這兒的人都待不久，除了我以外；因為我手上握有他的把柄。妳可別仗著妳未婚夫也在這兒，否則，得罪了他，誰也救不了妳。」下了班，小雨跟未婚夫一邊用餐，一邊訴說著自己的焦慮。她倒底該跟主管如何相處？又該與這位資深的徐姐維持怎樣的關係？

我們的人際關係，大都發生在組織中。從生到死，我們從來沒有脫離過組織，因此，必須瞭解組織環境對人際關係的影響。良好的溝通技巧，能幫助我們在組織中擁有成功的人際關係，也影響自己在組織中的成敗。

一、組織的特質

組織（organizations）是由一群人組成的集合體，合力完成一些個體無法獨立完成的目標。有些組織成員是不支薪的志願工作者，純粹爲了組織目標而工作；有些組織的成員則是支領薪水的受僱者。一般而言，組織具有下列特性：

(一)特定的目標

任何組織都有其存在的宗旨或任務，組織的宗旨（vision

statements）標示組織的精神及行爲的中心準則。組織的具體目標非常重要，因爲它決定組織中什麼是重要的行爲，並藉此判斷成員可得到的報酬。比方說，民營電信公司以突破市場占有率，及提供客戶良好服務品質爲目標，能夠達到這樣組織目標的員工，就被視爲有良好的工作績效。

以營利爲目的之組織稱爲「企業」（businesses）。不求賺取利潤，而是編列經費預算，設法完成目標，稱之爲「非營利組織」（nonprofit organization）。這種非營利組織有的來自官方，也有民間團體自行籌組，例如，慈善及宗教組織（如YMCA、慈濟）；醫院（如公立醫院、基督教醫院）；社會服務機構（如張老師、家庭扶助中心、世界展望會）；環保、消費或特殊訴求的團體（如消費者文教基金會、保護動物協會）等。組織是否以營利爲目標，將影響其運作模式及組織內的人際關係。

(二)獨特的文化

組織文化反映成員共有的核心價值觀。組織文化的差異，根據Deal和Kennedy（1982）的說法，大概可以從幾個方面來瞭解：「行動取向」（orientation toward action）、「個別化的程度」（degree of individualism）、「決策模式」（mode of decision making）、「獎勵制度」（type of performance feedback）。

不同的組織，對行動（action）以及活動（activity）的重視程度不同。活動取向（activity-oriented）的組織，強調「活動」本身，看重員工是否偷懶；所以，對員工來說，「顯得忙碌」就比工作成效還要重要。有些組織特別在乎生產量，另有些組織強調的是行動，於是員工可能致力於開發新產品，以期符合顧客的需要。

組織文化也反映在成員個別化的程度上。有些組織鼓勵個別發

揮，有些則強調團隊合作。若組織重視個別化，則成員間容易出現競爭的現象，個人也可能因獨特傑出的表現，而獲得拔擢或獎勵。若組織強調合作，則成員習慣聯合陣線，彼此互相支援。當獎勵是以團隊表現爲依據時，這種組織除了注重專業技術之外，也會看重人際合作能力。

組織文化也表現在決策模式上。有些組織鼓勵成員即使訊息不足也要勇於做決定，認爲抓住機會、放手一搏，好過拘泥小心而失掉先機。有些組織則不同意大膽決策，決定之前一定會充分蒐集資料、反覆仔細思考。

最後一種組織文化，呈現在員工的獎勵制度上。有些組織獎勵的條件，主要在於成員對組織的服從或配合，而不在實際完成的任務。有的組織則以成員的表現作爲獎勵的指標，當成員達成任務，就給予具體的回饋。在這類組織中，成員比較清楚自己對組織的具體貢獻。

雖然組織文化可能隨著時間演變而調整，但是一般來說，組織文化形成後，便已塑造出共同的價值體系，少有很大的變異。組織中的人際關係會受組織文化的影響，所以新成員必須設法瞭解並融入組織文化。組織文化通常不會直接顯現，而是藉由社會化的歷程，形成一種組織氣氛，無形中對成員潛移默化，進而內化爲組織成員一致的思考模式或價值觀。

(三)成員各有其特定任務

組織目標通常分成許多不同層次的次目標，分別交由不同的人來執行；因此組織中的成員，都只負責特定的任務，以及擔任特定的某種角色。「角色」是指個體被期待的行爲或任務，也許明確記錄於工作說明或聘僱合約上，也可能隨著個人能力或興趣的不同而

調整，或是隨著組織的需求而改變。即使沒有明文列出工作職掌，個體仍然可經由職務訓練的過程，清楚自己的責任。如果組織傳達任務的系統健全，個體較能瞭解自己的角色與任務，進而有效完成角色期待。如果組織不能適當傳達角色期待，成員就可能無法明白自己的任務。這種困惑謂之「角色模糊」，會使成員工作表現不佳，並產生挫敗感，工作滿意度偏低。

現代社會中，每個人必須在不同的團體或社會組織中轉換，於是可能出現角色與角色間的衝突，稱之爲「角色衝突」。比方說，職業婦女在工作環境中，被期待扮演認眞負責、有工作表現的人；回到家裡，先生又希望太太是一個賢妻良母，能夠把家務及孩子的事情打理好。無法同時滿足兩個不同的角色期待時，就發生角色衝突。可藉由組織中的良好溝通來預防，營造支持性的溝通環境，讓員工能安心的討論與解決其角色衝突。

(四)有各種角色組合

這些集合體，有時是一種常設性的單位，各有不同的名稱，例如，部（department）、組（group）、科（division），分置於組織中不同的地方，通常設有主管，下轄數位部屬。有時爲了達成特定目標，而產生任務性的臨時組合；就是由相關的單位部門中，挑選某些成員組成委員會。這種組合是跨功能性的，當任務達成時，委員會也就解散。工作單位的劃分法有許多不同的方式，最常見的是「功能別」劃分法，如工程、會計、人事、製造、採購等部門。還有依照「產品別」劃分法，例如，銷售運動用品的公司，將組織分成運動服裝、運動器材兩大部門。如果依照地理區域來劃分，則稱之爲「地理別」劃分法；依照工作流程劃分，則是「流程別」劃分法；若是依照特殊顧客的不同類型，則是「顧客別」劃分法。

(五)組織目標的達成有賴人際間協調整合

組織成員間的功能相互依賴，各種任務必須同時運作，經由協調整合，才能完成組織目標。必須協調整合的現象，對個體而言有利有弊；好處是藉由與他人的整合，完成個體不能獨力成就的目標；但是，也因爲必須與他人協調整合，而使個體的工作失去彈性，包括：工作時間、工作方式以及工作夥伴。組織的整合，常利用下面幾個策略。

第一，小型組織常見「互相協調」的策略。互相協調就是將相關成員聚集在一起，針對工作任務進行討論並做決定；這種情形下，人際溝通的技巧幾乎就是成敗的關鍵。比方說，幸美在花店打工，這天因爲生病不能上班，於是打電話給同事莉莉，請她幫忙代班，這就是組織中協調的例子。

第二，當組織龐大而成員人數眾多時，就難以單靠互相協調就能整合，必須有明確的規則或程序。例如，醫院裡的護士，都排有固定三班制的工作方式，大家輪流上班及休息，使醫院的運作能夠順暢，病人能得到適當的照顧。有些組織則利用工作報告或文書的方式來整合例行工作。例如，餐廳服務生必須提供點菜單給廚師，廚師才能接手進行烹煮。這是外場服務生與內部廚師間工作的整合。廚師烹煮之後在盤子邊上夾回原來的點菜單，轉由服務生接手，將煮好的食物送給顧客。醫院裡不同上班時間的醫師與護士，都必須在病歷上詳盡塡寫，爲的是藉此整合不同的工作，讓所有的醫療人員都能對工作現況一目瞭然。書面或報告形式雖然藉助文字，但仍然是一種人際溝通行爲。

(六)成員有層級之分

爲組織管理之便，通常會將組織結構化。常見的組織結構包括：簡單結構、科層結構、功能型結構、產品型結構、矩陣結構、團隊結構等。其中垂直分化最少、複雜性最低的就是「簡單結構」，通常發生在小型組織或是組織發展的初期，主管就是組織的擁有者、管理者跟決策者。最爲大家知曉及運用的就是「科層結構」，它是一種金字塔型的結構，具有高度的複雜性及正式性，階級劃分非常清楚。組織活動與個人活動也有所區隔，每個人的工作都有清楚定義，並且都受到上級主管的監督與控制。如果員工的專業化程度較高，則組織較爲分權，否則這類型的組織多半偏向集權化。「功能型結構」則是將相關的專業人才組織在一起，例如，會計師事務所、律師事務所等，這類型的組織，能將專業分工的優點發揮到極致，但缺點是較難跟不同功能的人溝通協調。依照產品特色來劃分的組織，稱爲「產品型結構」，不同產品就有不同的權責主管及所屬成員。另外，結合功能及產品兩個基礎的稱之爲「矩陣結構」，在功能或產品的交叉網絡上，各有不同的主管及成員。這種結構雖增加了不同部門的協調，卻也產生許多因權力重疊所引起的混淆，以及雙重主管的費用支出。於是又有人提出以問題爲導向的「團隊結構」，這些團隊因特殊計畫而組成，計畫完成團隊隨之解散。

不管組織的結構如何，員工均各有所長也各司其職。不論哪一種組織，成員幾乎都有權級之分，工作也都分層負責。管理階層的員工多擔任策劃、整合及監督的角色。組織中絕大多數的成員，屬於執行階層，只負責自己份內的工作，無權置喙他人的任務內容。管理階層之一是基層主管，他們負責規劃與分配執行人員的工作，並予督導監控，還要負責與其他相關部門聯絡及協調。基層主管之上為中層主管，通常負責資訊的蒐集與開發，協助組織做決策或訂立策略性目標，另外還負責管理基層主管。不過近年來，因為電信電腦科技發達，使得資訊取得越趨容易，加上執行階層的員工，自我管理與思考能力增強，中層主管的存在已漸式微。許多組織都縮減編制，明顯削減中層主管。最高的階層是行政管理階層，負責拓展組織，開創組織發展的契機。他們必須建構長期發展目標與計畫，決定組織資源的有效利用，並為組織目標負責。

二、組織內的人際溝通類型

在一個大型組織中，溝通是如何進行的？由於組織有階層高低之分，在溝通時必然會存在很大的問題。當溝通行為是「由上而下」時，層層轉述的結果，會使訊息有所扭曲。換句話說，行政主管的溝通訊息，輾轉到執行階層時，通常已非本意了。

組織的溝通網絡中，可分成正式溝通跟非正式溝通兩種。在正式溝通網絡中，組織的訊息傳遞，都有規範加以限制，其中又可分為下面三種：

(一)下行溝通

訊息的傳遞是從高階主管到中層主管，再到基層主管，最後傳到執行人員。下行溝通的功能，主要在於命令的下達、教導，還有激勵跟評估。在命令或工作指示下達時，每一階層的主管都會將訊息做更清楚的說明，並且過濾訊息，決定哪些訊息必須再往下傳遞，哪些訊息予以保留。除了工作指示之外，常見的下行溝通的訊息還有：組織目標、政策、獎懲、福利制度等。對於員工的激勵與評估，通常也透過這種下行溝通的方式。下行溝通的媒介除了會

議、電話等直接的方式之外，也可透過公布欄、員工手冊、工作說明書、訓練手冊、組織刊物或簡訊、年度報告等。

(二)上行溝通

如果訊息是從組織的低階層傳往較高階層，這樣的歷程爲上行溝通。主要功能在於傳達成員的工作訊息，包括：工作報告、財務預算、工作計畫與建議，甚至對工作的抱怨及不滿。在訊息往上傳遞的過程中，中層的管理者仍然會過濾訊息，決定哪些訊息往上傳遞；但這個過濾的程序有時只是加以整理及濃縮，有時則可能扭曲。常見的上行溝通方式有會議、電話或是面談等，另外也有利用意見信箱、申訴制度或問卷調查，來瞭解基層員工的想法及態度。

(三)平行溝通

下行或上行溝通，都是橫跨不同的溝通層級，可以視之爲「垂直溝通」。而在組織中，沒有特定層級關係的人，所形成的溝通網絡稱爲「平行溝通」。相同權力階層間的溝通，屬於水平溝通；若是不同階層、但是無直接職權關係的溝通，叫做「對角線溝通」。平行溝通的功能在於協調及解決問題，優點是訊息的傳遞較直接快速。常用的平行溝通模式爲會議、電話、書面記錄或是各種表格等。

除了正式的溝通網絡之外，組織中常見的還有非正式的溝通網絡，通常以「馬路消息」或是「流言」、「八卦」的面貌出現。這些非正式的溝通無所不在，而且傳遞的速度相當快，幾乎組織中的所有人，都對這樣的訊息感興趣。非正式網絡的存在，隱含的意義是：組織中的正式溝通網絡不足。當員工無法從正式管道中獲得訊

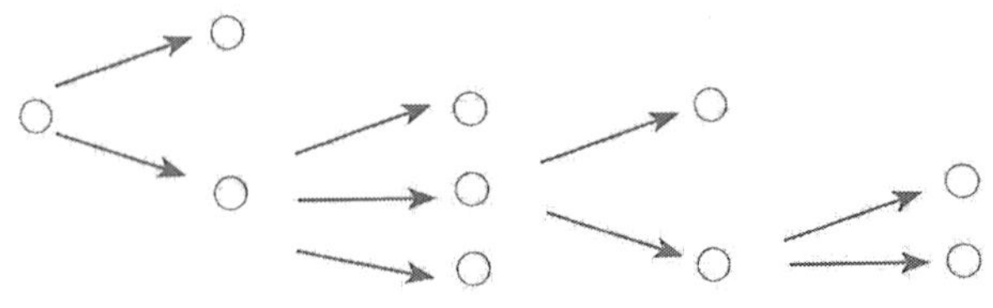

圖11-1　叢鍊式溝通

息，心裡比較缺乏安全感，再加上人類與生俱來的內在動機「好奇心」，就容易引起組織內非正式溝通網絡的盛行。非正式溝通經常是「叢鍊式」（cluster chains）（如圖11-1），其傳遞過程具有選擇性，不同的訊息會傳給不同的聯絡者，聯絡者再將這些訊息中感興趣的部分，傳送給其他既定網絡中的人。

非正式溝通網絡的功能，在於補足正式溝通管道的不足，強化組織的功能。若是主管階層能夠善用非正式溝通網絡，對組織決策也能產生極大助益。比方說，透過非正式溝通網絡，瞭解員工對於新派任務的想法，幫助員工對於新的工作內容產生興趣，適應新的工作並認同工作團隊等。或是在組織公布重要決策之前，透過非正式溝通網絡，先試探員工的想法、反應及感受，作為最後決策的考量基礎。

三、組織中重要的人際關係型態

溝通是組織效能的重要核心，組織功能的運作是否良好，端賴有效的溝通。如果涉及組織與組織間的訊息交換，或是由外在環境導入相關的訊息或情報，稱之為「組織的外部溝通」。組織的內部溝通則是，組織依循結構的不同向度，例如，角色、地位、層級、目標等，而產生的溝通。組織中有三種跟組織目標密切相關的人際關係型態，分別是主從關係（supervisor-subordinate relationships）、同僚關係及與顧客的關係。

(一)主從關係

組織中的關係以「主從關係」的研究最多，由一位具有權力的主管，負責監督部屬的工作績效。上司或是管理者須協助所屬員工充分發揮潛能，進而解決工作中所遭遇到的難題。其功能包括：(1)行政的功能，負擔職務層級上的責任；(2)專業的功能，提供部屬在專業能力或技術上的訓練及示範，並給予專業評估；(3)情緒上的支持，協助處理任何會引起部屬工作意願低落的特殊事件。一個良好的主管，需要完成的任務包括：增進部屬的技術和能力，以滿足組織期待；提供回饋，讓部屬能瞭解自己的工作表現；輔導部屬達成個人及組織的目標。

Redding（1972）指出，主管必須擅長溝通，才能勝任督導及管理的角色。除了必須充分瞭解部屬的工作任務與相關專業知識外，還要能將這樣的瞭解轉達給部屬。主管必須以具體清晰的語詞，提供建設性的批評回饋，才能有效協助部屬。他們必須覺察部屬的心理需求，善於傾聽，而不自私獨斷。具備這些條件之後，再運用影響的技巧，才能讓部屬更願意努力達成工作目標，進而滿足他們自己的需求。

組織中的任何成員，幾乎都隸屬在主從關係之中。不只是主管必須具備良好的溝通技巧，部屬更需要體認主從關係中，權力與地位的差異，並充實自己的溝通技巧，才能與上司維繫有效的關係。如果主從雙方都瞭解溝通的重要，也都能充分溝通，雙方的需求才能得到滿足，也能充分達到組織的整體目標。主從關係其實就像一般人際關係，會隨時間改變而變化。不同的部屬與主管的關係也各不相同，對主從關係的發展有相當研究的George Graen（1976），

就提出了「二人垂直連結關係模式」（Vertical Dyadic Linkages model, VDL），垂直的意思就是兩個人分處不同的層級，其中一人爲另外一人的部屬；連結則指上下階層必須連結來達成組織目標。這個模式最先的假設是，當主管被要求必須完成超出工作團隊既定的工作量時，他必須從部屬中找到人來完成額外的工作。一段時間後，這些願意額外付出的人，對主管而言就會愈形重要，也因此擁有反制的權力，也就是掌握了與主管協商的有力條件。在這種情形下，如果報酬與付出不對等，致使他們不願繼續爲主管做額外的工作，將造成主管被反制。主管爲了讓部屬繼續做額外的工作，必須和部屬間有公平的交換，也就是與他們協商合理的報酬，形成特殊的「交換關係」（exchange-centered relationship）。

合理報酬的形式很多，也許是獎金，也可能是無形的，例如，自由選擇工作時間、提供較好的工作空間、公開予以褒揚、透露屬於高階層的訊息，甚至成爲主管親信、與上司關係親近等。在這種與上司的親近關係中，主管與特定部屬間會出現類似「師徒關係」（mentoring relationship），部屬能從主管這裡學到更多技巧和專業知識，提升他在組織中的價值，對其生涯發展有很大的幫助。

這種「二人垂直連結關係模式」中，將出現主管親信以及非親信兩種人，在機會獲得的分配上，有不平等的現象。當部屬只完成份內工作，卻沒有幫主管額外付出時，依照「二人垂直連結關係模式」，這些人與主管所維持的稱之爲「角色關係」（role-centered relationship）。這種關係中，部屬雖然仍可得到良好的工作評價、加薪及其他公平待遇，卻很難獲得拔擢，也不容易與主管建立親近的工作關係。只能和上司維持一般的公務關係，沒有私人的交換關係存在，他們對於主管來說，屬於「非親信」（out-group）。這些非親信，即使工作能力佳或是工作表現優異，通常不會被要求額外的工作。而與上司有交換關係存在的部屬，與上司較親近，也就是

所謂的「親信」（in-group），這群人是主管特別信任的人，而且也願意爲主管額外負擔一些工作。

在整個組織當中，你可能是主管的親信，你的主管又可能是其他上司的親信，從這種連鎖效應來看，每個人對組織的觀感都有所不同。而在連鎖效應的影響下，個體獲得的酬賞，不只依賴自己與主管的關係，還要參考主管與各級上司之間的關係。不管是升遷或是裁員，都會受到這種「二人垂直連結的連鎖效應」所影響。

如果藉由「二人垂直連結關係模式」來說明主從關係，那麼該如何跟主管建立有效的工作關係呢？第一個步驟：你必須評估自己的能力，是否足以在既定工作之外，協助主管完成其他任務。這些能力也許是工作上無法提供的，如果你缺乏特殊專才，就必須設法培養。比方說，公司希望能將業務工作電腦化，而你的主管對於電腦並不熟悉，你便可以自行進修或參加訓練課程。當發現主管在這個電腦相關工作上出現滯礙，又對於工作完成進度十分焦慮時，就自告奮勇協助主管。雖然這不是你份內的事，但是當主管注意到你的工作能力跟效率後，就會慢慢變得依賴你；以後有相關問題時，也需要你提供意見。

當你知道自己擁有什麼專長能力，足以與主管建立交換關係之後，第二個步驟就是表達你能額外付出的意願和能力。身爲主管，通常不好意思向部屬要求協助，但是經常會在言辭中隱藏求助的訊息：「我實在忙得分不開身，可是業務電腦化的工作設計，星期一必須提交書面報告。」單純角色關係的員工，可能只會注意到表面的訊息，回答：「辛苦你了！這個工作設計聽起來很不容易，看來你今天又必須加班了！」然後安份回到自己的工作崗位上。但是希望跟主管建立交換關係的人，則會注意到深層的意思，說：「天啊！主任，你豈不是要忙壞了？我想你可能在時間上有些來不及，需要我幫忙做點什麼嗎？」

建立親近的主從關係，關鍵在於信任感。所以還需要第三個步驟，就是所做的額外工作必須又快又好。但是要達成這個結果，你必須體認需要更賣力工作，或者你可以試著跟主管討論，減輕原先的日常工作，以免使自己陷於嚴重壓力之中而無法自拔。

上面這些建議，並不是鼓勵你對主管要多所奉承，而是你必須清楚體認到現實的層面。傳統的主從關係裡，主管跟你的權力關係是不平等的，上司的權力比部屬大；如果能使主管對部屬的依賴增加，部屬才可能與上司取得比較平衡的關係。工作關係與其他關係最大的不同，其實就在於彼此不需要什麼特別的好惡或是情感，互惠是最重要的。即使上司與部屬變成朋友，但是他們仍需要持續交換關係，才能維持工作上的穩定關係。

溝通是建立、協商跟維繫主從關係的重要因素，在組織溝通中，我們唯一所能確定的就是，人與人之間，與生俱來並不相同，既然每個人都以其獨特的眼光看世界，若能有效的運用傾聽、知覺查驗、描述澄清、簡述語意以及發問等語言溝通技巧，並專注瞭解對方的非語言行為，你將比較可能主導二人垂直連結關係的建立。如果只以自己的眼光，對世界做主觀的陳述或判斷，不能用心溝通，可能和上司或部屬的關係都會有距離，而形成不良的工作關係。

(二)同僚關係

同屬一個工作單位而且階層相同的人，就是所謂的同僚。Feldman（1981）指出，因為組織內部運作複雜，成員難以獨力獲得所有資訊，所以同僚間的資料蒐集與傳遞，就成為獲知組織訊息的重要來源。Jablin（1985）則認為，同僚關係會影響我們的工作品質和工作滿意度。一般的工作情境，成員都會儘量避免爭執，以

減少衝突及人際困窘，尤其是工作氣氛較緊張的情境。但是當組織成員不能表達不同意見時，組織反而失去很多重要訊息或是寶貴的意見。因此，每一個工作同僚都必須學習溝通技巧，有效表達自己的想法與感受，避免因過度順從所衍生的問題，也減低溝通不良所帶來的衝突與負面情緒。

許多企業強調個別競爭，希望藉此激勵員工的績效表現，但卻因此使組織內積極進取又富才智的人，因爲不在乎同僚的感受和需求，而在工作情境中遭遇挫折，連帶使企業失去優勢。現今企業經營已深刻體會到組織成功的關鍵在於合作，因此更重視同僚間的溝通。不過，雖然一般的研究顯示，高凝聚力的團體其工作效能較高，但也不一定。凝聚力高並不全然都是好的；凝聚力高，代表員工間有足夠的情誼，可以減低彼此的緊張，創造出有利的環境以達成團體目標。但是，假若成員對於組織目標並不認同，或是在工作態度上較爲負向，則過高的凝聚力，反而會減低組織效能。適當的同僚合作關係，並不是靠同事間的私人情誼，或是憑藉他們在任何事上都意見一致。事實上，工作任務越不同，同僚間越可能出現意見歧異。不同的意見其實蘊含更多的組織力，主管若能善加引導，反而更能激發創意，研議出有效積極的策略。

我們不能選擇主管，也無法選擇同僚。工作情境中與這些人建立關係，都得靠我們的溝通能力。如果能做到積極傾聽，覺察彼此的差異，便能進而瞭解彼此的需求和感受，較可能擁有滿意的工作關係。

(三)與顧客的關係

顧客指的是享用組織工作成果的人，也就是消費者。傳統上，只要不是組織中的角色，就有可能成爲顧客，又稱爲「潛在消費者」。在組織中有些人負責與組織外的人互動，這種橋樑者的角色（boundary-spanning roles），必須能與顧客建立良好的工作關係（work-related relationships）。這些人也許是銷售業務代表、送貨員、採購經理人（purchasing agents）、房地產經紀人、公關人員，或其他服務提供者，例如，社會工作者（social workers）、護士、導遊領隊等。與組織之外的人進行與工作相關的溝通時，必須善用溝通技巧；在與顧客的關係中，最易出現下面幾種困境。

◆忽略組織對顧客的依賴程度

俗話說「顧客永遠是對的」，擔任組織與顧客間橋樑關係的人，在任何情形下都必須能與顧客建立良好的關係。如果忽略了組織對顧客的依賴性，則容易因爲不瞭解這些「衣食父母」的需求，而引起了更大的問題。也許我們都有過這樣的經驗，走進百貨公司的名牌專櫃，遭到售貨小姐以貌取人，決定對你服務的殷勤與否，甚至會因爲你的服裝打扮太過平常，而贈以白眼甚至出言不遜，言語中暗示或挖苦「這裡的東西你買不起」、「小心，窮光蛋，別把我們這裡的高級精品碰壞了」。這種傲慢的態度，非常容易引起顧客的反感。若因此得罪具有消費能力的顧客，或是未來可能的潛在消費者，對於組織的利益來說，都是得不償失的事。

相對地，我們也都曾經因爲服務人員的親切態度，而喜歡持續向他買東西。小至早餐店、生活日用品的採購，大到買家電、買新車，如果服務人員總是和顏悅色、提供適當的詳盡說明、推薦適合的產品，甚至贈送一些小禮物、小贈品等，會讓顧客感受到被尊重，這樣的人對公司才是有利的。服務人員必須能使用同理以及尊重的態度，傾聽顧客的需要，善於衝突處理及其他溝通技巧，盡可能站在顧客的立場設想，並能合理而適當地向顧客說明組織的立場。

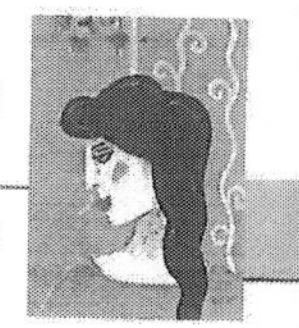

◆無法建立積極的互動關係

服務人員的角色常處於壓力狀態，因爲他們對公司的政策，只有接受卻不能改變；對組織的政策缺乏主控權，同時還得負責把公司的政策傳達給交易的對象。例如，各家公司對於服務人員接受退貨的權限有很大的差異，有些零售商對退貨的規定非常嚴格，無法輕易接受退貨。同樣地，經銷商雖能事前答應顧客送貨的時間，但卻必須靠組織中的其他成員配合，才可能確實如期交貨。當顧客不滿意時，這些擔任溝通橋樑的人，如果可以和顧客好好的溝通，讓顧客明白公司的政策，並委婉解釋其原因，應該可以減少顧客的抱怨。有時，必須在事前就做好充分的溝通，比方說，經銷商不必向顧客保證送貨的日期，而是向顧客說明大約有百分之九十的顧客可以在訂貨三天內收到貨品；到貨時間超過三天，公司將有補償。這樣說明後，即使顧客遲些收到貨品，仍不至破壞關係。或者在顧客選購貨品時，清楚向顧客做簡單的說明：「我們的價格已是最低折扣，所以無法接受退貨。麻煩請您在擇定貨品時務必仔細檢查。」溝通橋樑者必須與顧客維持積極的互動關係，即使面對一些不確定性的情況，仍能與顧客維持良好的關係。

◆彼此處於敵對關係狀態

在過去，買方和賣方最主要的關注是，爲自己的公司獲取最大的利潤而不顧對手。這種「零一合」的結果，經常使雙方處於敵對的狀態。現代企業都知道，與顧客維持長遠的「夥伴關係」，才能讓雙方互蒙其利。舉個簡單的例子，我們習慣在採購東西的時候盡可能殺價，但是如果對賣方來說實在無利可圖，賣方的選擇是決定不賣，或以我們所要求的價格賣出，然後卻在其他成本上東折西扣，這種「我贏你輸」的遊戲，對買賣雙方都是一種耗損。除了消耗精神體力外，也很容易發現賣方會設法在其他地方賺回來，比方說，以過期或次級品賣出、不提供售後服務等，結果是賠了夫人又折兵。現代企業與顧客關係的維護，是最重要的事；在交易時要運用協商的策略，達到雙方的最大利益。因此，橋樑者必須學習如何運用「問題解決」策略、協商及合作解決衝突的溝通技巧。

◆過度使用專業術語

某些語言可能是該組織所特有的專業術語，但對於不隸屬該組織的人，就很難理解。作爲溝通橋樑的人，若不能說顧客聽得懂的話，自然很難和顧客建立良好的關係。身爲溝通橋樑，必須從顧客的非語言訊息中，敏銳察覺對方是否理解，然後用普通的語詞再說一遍。如果必須說明專業技術方面的訊息，最好用對方熟悉的事物來舉例。

這個法則不只適用於組織與外在顧客的關係，有時在組織內不同單位間的溝通，也要避免過度使用專業術語。例如，在醫院，雖然醫療專業人員是工作的主力，但在醫院裡仍有其他不同的專業，對醫療工作的執行相當重要，就像社會工作部門、會計部門等。社會工作部門協助醫療資源的適當利用，及醫病關係的協調；會計部門則協助醫療費用的計價與核算。但是卻因爲專業的不同，較難理解醫療相關的專業術語。如果醫療人員不能試著以其他專業人員理解的方式來說明，則組織內的工作關係就難以融洽，也難以得到所需要的支援及協助。

四、摘要

大多數的人際關係發生在組織情境中，組織是一群人的集合體，合力完成個體無法獨立完成的目標。組織的特性包括：有特定目標、有獨特文化、組織成員各有特定任務、組織中有各種角色組合、必須共同協調整合才能完成目標，且組織成員是有層級之分的。

組織中的溝通類型可以分爲：下行溝通、上行溝通以及平行溝通。下行溝通就是訊息「由上而下」傳遞；上行溝通則是訊息「由下而上」傳遞；平行溝通則發生在相同的權力階層間。另外還有非正式的溝通網絡，俗稱「馬路消息」，通常以「叢鍊式」的網絡來傳遞。善用正式與非正式的溝通網絡，才能讓組織內部訊息充分流通，並能建立共識。

組織中重要的人際關係型態有主從關係、同僚關係以及與顧客的關係三種。在所有工作關係中，主從關係被研究得最多，其中「二人垂直連結關係模式」可說明這種關係的演變。此模式指出，爲完成特定任務，主管會和願意額外付出的部屬建立交換關係，而與那些不願多做工作的人，維持傳統的角色關係。與主管有交換關係的部屬，通常可以得到較多有形或無形的報酬。爲了能取得交換關係，部屬必須瞭解自己的能力，並向主管表達意願，然後做好份內與額外的工作。

第二種工作關係是同僚關係。同僚關係使成員獲得更多訊息，影響個體的工作品質和工作滿意度。另外一種關係就是與顧客的關係，主要建立在組織中的橋樑者角色，和組織外的人們溝通。這些溝通的橋樑必須避免犯下列錯誤，如：忽略組織對顧客的依賴程度、缺乏積極互動、與對方形成敵對關係狀態、過度使用專業術語等。這些技巧除了應用於組織與外部人員的關係外，在組織內與不同專業或不同單位的人員亦可引爲借鏡。

練習一

回想你曾有的工作經驗（包括打工），你跟主管的關係如何？

1.你的主管有比較依賴特定部屬的情形嗎？如果是，對工作團隊的影響是什麼？
2.俗話說「功高震主」，如果讓主管過度依賴部屬，甚至造成對主管主控權的威脅，你認為這樣是否得宜？維持角色關係的利弊為何？應該如何跟主管建立良性的工作關係及溝通氣氛？
3.如果你跟主管存在交換關係，你成為上司的親信時，你跟同事間該如何互動以維持正向的溝通？

練習二

將「愉快」及「不愉快」的消費經驗作為腳本，由你來飾演服務人員，跟同學角色扮演。練習一下該如何溝通，才能增進關係，以及避免不愉快的顧客關係。

第12章 工作求職面談

面談的類型

面談的籌備工作

面談中使用的問題

如何主持面試

如何應徵

摘要

「林小姐，您好！我是華美公司的人事主任，張先生是業務部經理，王女士則是行銷企劃組組長。您的履歷自傳我們都已經看過，等一下我們會請教您幾個問題，在這之前，麻煩您先做一個簡單的自我介紹。」

應徵工作，常要經過面談這一關。許多人在求職路上，常常會遇到面談挫敗的經驗。如果面談進行的不好，對雙方來說都是一種時間的浪費，也容易引發負面情緒。「面談」（interview）是人際溝通的一個特殊形式，由兩個人（或兩個人以上）透過彼此問答的方式，完成特定的目標；目標的不同，會主導不同的溝通內容與類型。

一、面談的類型

(一)求職面談

「求職面談」（the employment interview）主要目的在於求職，不論是新加入就業市場或是轉換工作職場。求職的錄取與否，取決的因素相當多，包括：工作經驗、在校成績、重要關鍵人的推薦等。但是能夠在初步甄選中獲得較高評價的重要因素，一是能夠提出一份漂亮的履歷表，再來就是在面談中有良好的表達，給面談者留下很好的印象。

(二)資料蒐集式的面談

「資料蒐集式的面談」（the information-gathering interview）主要是從來談者或是受訪者處，獲取更多的資訊。比方說，檢警單位為了蒐證的需要，找到一些關係人進行訪談；或是學術研究為了進一步瞭解所調查的內容，與受訪對象進行訪談。

(三)問題解決式的面談

「問題解決式的面談」（the problem-solving interview）經常在企業界出現，比方說，當公司產品出現問題時，就可以利用這類面談，試圖解決所遭遇到的具體問題。在面談過程中，結構化的方式呈現非常重要，在一問一答間澄清問題，通常可以獲致解決成效。

(四)諮商式面談

「諮商式面談」（the counseling interview）其實跟問題解決式的面談有雷同之處，因為重點都是提供來談者一些指導或支持；最大的差異在於，我們會特別指稱諮商式面談，是由一些專業助人者所提供；這些面談者可能是心理治療師、諮商師、社工師或輔導人員。在一些商業機構中，亦有要求管理人員須具備諮商技巧，或是藉由專業人員的協助，緩解下屬的工作壓力，並促使其潛能發揮。

(五)說服式面談

「說服式面談」（the persuasive interview）在於改變他人的信念或是行為，過程中主要由面談者主導並提出問題，來談者開始時難以認同面談者所提出的想法或目標，在面談後才重新接納新觀念。在銷售貨品或選舉時，就經常出現這種以說服他人為目標的面談。

(六)評價式面談

「評價式面談」（the appraisal interview）目的在協助來談者瞭解其工作表現的優缺點，通常由督導者提供。評價式面談很容易被誤用，常見許多主管以負面評價的方式來提供督導，常無法達到提升其工作能力與工作績效的目標。有效的評價式面談，最好以雙向溝通的方式進行，儘量用正向的鼓勵與建議，來代替負向的批評。

二、面談的籌備工作

一般來說，面談進行的流程跟籌備，是由面談者一方來處理。籌備面談的工作可能頗爲瑣碎，但如果能夠充分預備，反而有助於實際面談時節省時間。面談的籌備工作，包括下列幾項：

(一)場地

必須事先預備好特定的場地，這個場地應該舒適、隱密，光線跟通風都要十分良好，室內陳設應盡可能符合會談的形式，要將桌子撤離，因爲桌子容易成爲彼此有形及無形的障礙，而且使得面談的氣氛過於嚴肅。如果面談的雙方感覺比較輕鬆，通常比較能夠交換彼此的意見。隱密的空間，主要是讓來談者不需要面對太多的人或物，以免形成壓力，並且也避免對公司既有的工作流程造成干擾。但是這個面談場地的選擇，仍應以對公司陌生的來談者容易找到爲原則；而且不宜安排得過於隱密，以至引起來談者的焦慮或不安全感。另外，面談場地宜避免干擾，所以電話、廣播系統等，均應事先處理或者關掉。如果來談者人數較多，可能會出現等候的情形時，最好能準備雜誌或飲料，或甚至提供公司的簡介等，以緩和等候時焦慮的情緒。

(二)時間

對於面談的時間，亦須事先規劃，包括：何時進行面談，以及利用多少時間進行面談。如果來談者不只一人，面談的時間必須要事先取得協調，每一位來談者平均約用多少時間，要否有休息時間等，都要計算清楚。

(三)面談通知

有時候應徵者相當多，不見得每位都有機會來面談，因此，初步書面審查就十分重要。通常負責書面審查的委員，不一定是面談者；但是初步審查的標準，應該在決策者、審查委員及面談者三方面，有一定的共識。在初步審查後，應對符合及不符面談資格者，均儘早寄發通知。在面談通知上，應註明公司聯絡人姓名與聯絡方式，以備來談者若有任何特殊狀況，可以事前通知。

(四)主試者

有時面談者不只一人，就必須事先決定由誰主試。負責主試的人，應盡可能針對所須應徵的工作職位，其基本條件與最適條件，有較深入的瞭解。並事先研讀相關文件，準備所要發問的問題，想清楚面談中需要取得的資訊有哪些。如果沒有特定的主試者，而由所有的面試者輪流擔任主試的角色，那麼前述的這些問題，最好在事前就由所有的面談者充分溝通，而有一致的看法與作法。如果面談者不夠深入與專業，可能會甄選出並不適任的應徵者。

(五)記錄

這裡所謂的記錄，不只是對來談者的評比，也包括從來談者的角度，發掘出一些組織的問題，或是面談籌備上的缺失。這些都可作為日後改進的參考，因此必須詳加記錄，並在相關檢討會議中，提出來討論。

(六)評比

也就是比較每一位來談者的標準；所有的面談者在這部分應先建立共識，並且書面化，最好製出表格。表格中詳列應徵職位的基本條件與最適條件，並且分項列出每個評比指標；必要時依照各指標的重要程度，訂定加權指數。在評比的方式上，可以採用給分或是排序。可以每位來談者各一份評比表，或將所有來談者均列在同一張表格上。評比表格的製作參考如表12-1。

三、面談中使用的問題

面談主要以發問和回答問題的方式進行；這些問題可用開放式或封閉式、中立式或引導式、首要或後續問題等來呈現。

(一)開放式或封閉式問題

「開放式問題」（open questions）是廣泛的向來談者提問，而來談者能回答任何他想回答的內容。例如，「能否談談你自己？」；有時則會給一些方向，例如，「請問你認為自己適合這份工作的理由是什麼？」。運用開放式問題引發來談者說話，是為了有機會觀察並

表12-1　評比表格的製作

<table>
<tr><td colspan="8">應徵職務：業務經理</td></tr>
<tr><td colspan="4">基本條件</td><td colspan="4">最適條件</td></tr>
<tr><td colspan="4">1. 中英文會話表達能力良好
2. 五年以上業務經驗
3. 可加班
4. 五十歲以下
5. 口齒清晰、表達良好
6. 具親和力
7. 品德操守無慮
8. 業績表現良好、無重大疏失
9. 服從公司決策、配合發展</td><td colspan="4">1. 中、英、日語聽說讀寫流利
2. 十年業務經驗，五年以上業務主管經驗
3. 可隨業務開發外派國外地區
4. 三十五歲以上、四十五歲以下
5. 表達真誠、具說服力
6. 人際關係良好、曾參與人力資源開發工作
7. 組織忠誠度佳、應對成熟
8. 業績開創性佳、客戶關係良好
9. 積極上進、以廠為家</td></tr>
<tr><td>應徵者姓名</td><td>敬業精神
25%</td><td>專業能力
25%</td><td>領導能力
20%</td><td>溝通表達
15%</td><td>學習能力
15%</td><td>總評分</td><td>備註</td></tr>
<tr><td>李大華</td><td></td><td></td><td></td><td></td><td></td><td></td><td></td></tr>
<tr><td>王小明</td><td></td><td></td><td></td><td></td><td></td><td></td><td></td></tr>
<tr><td>陳小莉</td><td></td><td></td><td></td><td></td><td></td><td></td><td></td></tr>
</table>

傾聽，藉此瞭解來談者的想法、目標與價值觀。開放式問題常常會花較多時間，若面談者未加留意，很容易偏離主題。

「封閉式問題」（closed questions）是侷限在特定範圍內，而且只需要簡短的回答，就像是非、選擇或是簡答題，如「請問你修過管理心理學嗎？」或需簡短的回答，如「你曾在幾家公司工作過？」；運用封閉式問題時，較容易控制面談的時間及流程，能在短時間內獲得訊息；但是封閉式問題，很難獲得來談者的自發性訊息。

應使用哪一種問題型式，必須依面談目的而定；這個面談主要想獲得哪些資料，以及有多少時間進行面談。在大部分的面談中，都會交互使用這兩種類型的問題。

(二)中立式或引導式問題

「中立式問題」（neutral questions）是不給予任何方向或暗示，任來談者自由回答，比方說，「對於你所要應徵的工作，你有任何想法嗎？」而「引導式問題」（leading questions）則是在問題中暗示面談者喜歡或期待什麼樣的答案，例如，「你對這份新的工作，看起來企圖心不強，可以談談嗎？」大部分的面談情境，都不適合用引導式問題，因爲這種問題對人有強制性，也容易讓人產生心理防衛。

(三)首要或後續問題

「首要問題」（primary questions）是面試者事先預備好的問題，它是面談的重點，是事先計畫好的。籌劃一個面談時，必須列出足夠的首要問題，以便得到所希望知道的資訊。「後續問題」（follow-up questions）則是從首要問題的回答中，再提出的衍生性問題。如果能預期來談者可能的回答，則後續問題也能事先擬訂。爲了能提出適當的後續問題，以便知道所需要的進一步訊息，面談者必須很專心的聽來談者的話。有時後續問題只是爲了鼓勵對方繼續說下去（如「然後呢？」、「還有什麼？」）；有些則進一步探究剛才所說過的內容（如「你說『偶爾』指的是什麼意思？」、「那時候，你的規劃原來是什麼？」）；還有些則探詢情緒感受（如「得到客戶讚美的感覺如何？」、「當你無法處理員工的抱怨時，你心裡覺得如何？」）。

後續問題主要在促使一個人多談，因爲在來談者回答首要問題時，可能因爲不清楚面談者期望知道多少資料，或是爲了掩飾自己的缺失與弱點，而回答得不完整或模糊，甚至可能避而不答。面試者應儘量避免具威脅性的探問，而是在彼此信任及良好的溝通氣氛，適度地發問後續問題。

四、如何主持面試

主試者是應徵者和公司間的橋樑，應徵者對公司的印象主要來自主試者，所以主試者最好能回答來談者所詢問有關公司的問題，包括：薪資、升遷的管道或機會、工作條件等。更重要的是，主試者必須比其他面談者更能負責決定，這個人是否適合應徵的職位？以及是否被僱用？

(一)決定面談程序步驟

有效的求職面談是相當結構化的。如果缺乏結構，常常會出現面談者說得比來談者多的情形。如果對來談者所知不多，據以作爲人事決定的資料就不夠充分，所做的決定也就比較不可靠。如果應

徵者很多，更是必須確定對每位應徵者問的問題是一樣的，這樣才能得到公平且有效的資料，做出適當的決定。在開始面談之前，必須盡可能熟悉應徵者的基本資料：應徵函、履歷表、推薦信、成績單等，這些書面資料，可作爲預擬面談首要問題的參考。

(二)主持求職面談

面談中包括：開場（opening）、主體（body）和結束（closing）三個部分。

◆開場

開場的首要目標，在促使面談者與來談者建立和諧的氣氛，尤其要試圖緩和來談者的緊張情緒。所以在面談開始時，面談者可以先叫應徵者的名字，並且溫和的致意與握手，然後介紹自已跟其他面談者，以便對方能知道如何稱呼。對應徵者的態度要坦誠，如果面談過程需要做筆記或甚至錄音時，須先讓應徵者知道原因，並徵求同意。

主試者必須根據當時情境，決定開場時是先問一些暖身題以建立關係，還是直接進入主題。有時因爲來談者過於緊張，可以先問一些無關緊要、比較有趣的問題來暖身；不過有時候雖然暖身有些用處，但因爲大多數應徵者都已準備好要立即進入主題，用來暖身的問題，反而可能讓來談者更緊張。一般來說，直接進入主題是比較好的方式，但是不管是暖身題或是直接進入主題，主試者的態度應盡可能的溫暖、友善。

◆主體

面談的主體是由一些問題所構成，面談者發問時有些重要規則：

1.謹慎的呈現語言及非語言訊息：陳述要清楚且自然。避免機械化的發問，而且要敏察自己的非語言訊息，因爲來談者會捕捉你所傳遞出的不同意的符號。任何不經意的眼神或語調變化，都可能讓應徵者有錯誤的解釋。

2.避免期待特定答案的問題：應徵者對於那些會讓他們暴露短處的問題，非常敏感。如果應徵者認爲問題有詐，覺得面談者刻意讓他暴露缺點，則這種懷疑將形成敵對的氣氛。任何可能影響應徵者回答的因素，都不利於面談，因爲這樣反而失去重要的眞實訊息。

3.不要浪費時間問已知的事：從應徵者的履歷表、應徵函等方面，應該可以得到不少訊息，這些已知的部分，如果沒有特殊理由，不需要再重複詢問。除非在書面資料的呈現上不夠完整，而這個訊息是重要的，就需要再加以追問或澄清。比方說，在應徵者的書面資料中提到，曾在某家公司工作，但未說明工作內容，這時才需要再詢問。

4.讓來談者有機會發問：在面談的尾聲，留些時間讓應徵者發問，讓來應徵的人，對於面談有較多的參與感。

5.求職面談中常見的問題：這裡所列的問題包括：個人興趣、教育背景和工作態度、生涯目標及特殊技能，這些訊息都是用來決定人選的重要依據。

(1)個人方面：

·你的興趣是什麼？

·你如何面對及處理壓力？

·你的朋友認爲你是個什麼樣的人？你同意嗎？

·什麼人或事會讓你情緒失控？

- 你的優點是什麼？缺點是什麼？
- 你有什麼特別嗜好？
- 你喜歡閱讀哪一類的書籍？
- 到目前爲止，對你的人生影響最大的有哪些人？

(2)教育方面：

- 你如何評價你的大學生活？
- 你滿意自己在主修科系或課程上的表現嗎？
- 你曾修過哪些課程，讓你覺得自己適任這份工作？
- 你印象最深刻的一門課是什麼，爲什麼？
- 你最不喜歡的課程是什麼，爲什麼？
- 在學校，你參加過什麼社團或課外活動？
- 你覺得自己的成績單是否反映出你的能力？

(3)工作方面：

- 你喜歡哪一類的工作？
- 你對這家公司有什麼瞭解？
- 爲什麼你會來這家公司應徵？
- 在什麼情況下，你會選擇換工作？
- 你的理想是什麼？生涯目標又是什麼？
- 在你過去的工作資歷中，你認爲哪些經驗對你目前應徵的工作有助益？
- 你喜歡旅行嗎？如果工作必須經常離家，你的感覺如何？
- 你喜歡和哪一種人相處？如果必須跟不喜歡的人一起工作，你感覺如何？
- 你認爲以自己的資歷，拿多少薪資是合理的？
- 你希望自己再學習些什麼？
- 你覺得自己目前最需要加強的技能是什麼？

· 在過去的工作經驗中，你最得意的一件事是什麼？
· 你的專長是什麼？在目前所應徵的工作上，你認爲自己可以得到發揮嗎？
· 如果你是主管，當某個員工總是遲到，你會怎麼處理？

◆結束面談

面談結束時，要避免讓應徵者沮喪挫折的離開；這麼說的意思，並不表示需要對來談者充滿鼓舞或給予承諾，而是盡可能讓他對自己想要表達的做充分的表達，不宜對來談者有任何結果的暗示。而應該告訴應徵者後續的事情，說明做決定的程序，由誰做決定，什麼時候做決定，以及如何將結果通知應徵者，然後以中性而親切有禮的態度結束面談。在確定要結束前，最好以問句的形式確認來談者已做了充分表達，例如，「你覺得還有什麼非常重要的事情，是我們剛才沒有談到的，而你認爲必須讓我們有所瞭解嗎？」。

五、如何應徵

面談是求職過程中的重要部分，當你得到面談的機會，你所能呈現的就是你自己以及你的資歷，因此必須在語言及非語言的溝通上，展現最好的一面，包括自己的儀容跟穿著打扮，都必須能讓僱用你的人或公司接受。

(一)求職面談的準備工作

每個人都需要爲面談做充分準備，這包括面談前的兩個重要事項：應徵函和履歷表，Krannich和Banis（1990）認爲這兩項就是能否得到面談機會的關鍵。此外，面談前的預演也至關重要。

◆應徵函

應徵函的目的在簡短而清楚表達對該工作的意願。這個信函通常是寄給有權僱用你的人，而不是人事部門。因爲這封信必須引起讀信的人對你的興趣，所以信不能寫得像印刷函件一樣毫無特色。應徵函的內容應包括：在何處知道這個求才訊息？爲什麼你選擇到這個公司應徵？爲什麼你認爲自己適任？你的工作相關特殊專長爲何？以及你十分希望獲得面談的機會。儘量寫在一頁之內，然後附上履歷表。

◆履歷表

市售的履歷表有各種不同的樣式，如果市售的履歷表不能滿足你的要求，可以自己用電腦製作。一般來說，寫履歷表不一定要包含一些個人基本資料，例如，身高、體重、婚姻狀況等，也不一定非附上照片不可。但至少必須包括下列各項資料，而且清楚條列，才能增加你被面談的可能。

1.**聯絡處**：姓名、地址、電話號碼（確實能聯絡到的）。
2.**生涯目標**：根據你的專長領域，陳述自己目前應徵的職位，與未來的生涯目標。如果自己還不確定，這部分可以簡略，只寫擬應徵的工作職位。
3.**經歷**：從最近的工作經歷寫起，不管是否支薪。
4.**學歷**：就讀學校、就讀年份，特別註明修過哪些跟應徵工作有關的重要課程。
5.**檢覈**：與應徵職位相關的專業能力，如通過檢覈或取得任何資格證照，應詳加記錄，並載明證書字號。
6.**服役**：是否役畢，也可說明軍中習得的特別技術及能力。
7.**專業團體或學校社團**：是否參與爲團體會員、或隸屬哪些組織。

8.特殊技能與興趣：外語能力、電腦應用能力、重要興趣。

9.社會服務與活動：列出與工作有關的活動項目。

10.保證人或推薦人：寫出適於被查詢的保證人，或直接請推薦人簽名。

要注意的是，履歷表最好不要超過三頁，才能達到立即產生印象的效果。並且要整齊編排，仔細校對，紙張品質要好，看起來乾淨。試著從雇主的觀點來思考，要在履歷表中呈現什麼，想想該公司需要什麼，不要寫一些與工作無關的個人特質。還要特別注意，履歷資料必須眞實。可以強調自己的長處，但不能誇大不實，也就是絕不能欺騙和違反道德。

◆預演

對大多數人而言，面談確實會有壓力。為了能在很短的時間裡展現自己的優點，最好先做面談的練習。試著想想可能會被問到哪些問題，認眞思考該如何回答，例如，所希望的薪資、你對公司可能的貢獻、自己有些什麼特殊才能等。另外，盡可能事先準備一些資料，包括：自己的資格證書、得意的作品或計畫。若能事先瞭解該公司的服務性質、產品、股東、財務狀況，就能清楚顯示你對該公司的興趣，通常會讓主試者留下深刻的印象，而且也讓你製造出自己對公司有貢獻的有利印象。

(二)面談

◆服裝儀容

衣著的選擇是自我表現的一部分，服裝儀容不只是衣著本身，同時更傳達許多社會訊息。一般來說，莊重簡潔而傳統的打扮，比較容易引發別人的好感；對面談者來說，也較容易感受到你對於這個工作的看重。因此，在大部分的面試場合中，通常會建議男性穿著乾淨整齊的西裝，女性則以套裝式的打扮較爲合宜。

◆準時

面談是公司觀察你這個人工作態度的唯一線索，也是你藉由非語言訊息，表達自己工作熱忱的重要機會。如果你在這麼重要的事情上都會遲到，主試者可能據此推測你在正式工作時也會遲到。因此，務必要讓自己有充裕的時間，不能因爲交通或任何原因而遲到。

◆集中精神、熱忱表現

非語言行爲會透露出很多訊息，面談者從你的眼神、姿態和語調，來判斷你的自信、專注與熱忱。因此，沉穩、微笑、專注地直視面談者是很重要的。切忌眼神閃爍，或是一副疲倦、痛苦的樣子。

◆給自己思考的時間

如果面談者問了一個你預期外的問題，不要急切回答，可以在回答前先思考一下。未經思考而匆促回答，可能使你錯失良機。如果你不能肯定自己確實瞭解問題，可以在回答前先複述一下問題，或乾脆跟面談者確認或澄清問題後，再來回答。

◆詢問工作相關的問題

面談的目的不只是讓公司找到適任的員工，其實也是一個讓應徵者確認自己是否喜歡並適合這個工作的機會。因此，或許可以請求面談者概略說明工作狀況，如果面談的地方在公司，你或許可以請求看看工作場所。

◆不要花時間討論薪資及福利

如果面談者想要套問你對薪資的想法，或期望用較低的薪資僱用你，你可以問：「像我這樣的資歷，在這個職位上通常可以得到多少酬勞？薪資的計算標準是　？」這樣問是為了讓你對薪資有個概念，而不會一下子就答應某個數字的薪資。也可以事先稍作打聽，避免面談時在這個部分浪費太多時間。關於福利部分，最好是在公司錄用之後再談，比較合適。

◆展現有效的溝通行為

在面談過程中，有效的溝通行為利於求職，例如，真誠、開放的態度、表現積極的工作熱忱、同理他人的感受、避免以自己為中心等；不要做曖昧不明的回答，盡可能明確而理性地表達自己的想法。

六、摘要

面談是人際溝通中的特殊形式，由兩個人（或兩個人以上）透過問答的方式進行。面談的類型包括：求職面談、資料蒐集式的面談、問題解決式的面談、諮商式的面談、說服式面談、評價式面談。面談進行之前，籌備的工作是相當重要的，包括：場地的預備及時間的安排，包括過程中的記錄與評比方式，都要事先加以討論並做充分準備。面談的主要型式是在問答間得到所需要的訊息；其主要技巧是有效的發問。發問可以採用開放式或封閉式、中立式或引導式、首要或後續問題等不同的型態。

求職面談是一種特殊的溝通情境，不管是面談者或是來談者，都要盡可能做好事先的準備。主試者必須事先規劃面談的程序步驟，並對來談者的資料先予以瞭解，並且要讓來談者有機會發問，並在面談結束時，說明後續的相關事項。作為一個應徵者，在接受求職面談之前，要花時間瞭解公司背景，並充分準備應徵函、履歷表，以爭取面談的機會。面談時，要注意服裝儀容，務必準時，並且要集中精神。對於困難的問題先思考再回答，詢問與工作有關的問題，最重要的是展現對該工作的熱忱。

練習一

為你將來可能尋找的工作，準備一份應徵函和履歷表。每三位同學一組，就各人所擬的應徵函及履歷表，找出面談者可以發問的不同問題。每一組推出一位應徵代表，每組的應徵代表依序在全班同學面前接受求職面談，除了同組的另兩位同學之外，其他同學都是面談者。對不同應徵者進行十五分鐘左右的聯合面談，同組同學可提供答覆面談的書面協助。最後由全班同學一起進行評比，決定哪一組的應徵代表是求職勝利軍，並由授課老師帶領討論。

練習二

請每位同學穿一套自認為最適合參與求職面談的服裝，並做合適的打扮；再由授課教師與全體同學參與評比，討論求職面談時怎樣的裝扮較適當。

附錄

附錄一　內外控量表

附錄二　A型性格量表

附錄三　人際交往傾向量表

附錄四　工作耗竭量表

附錄一　內外控量表

請圈選適合你自己的答案。

1. A 成績的好壞決定於學生的用功程度。
   B 成績的好壞決定於老師的仁慈與否。
2. A 努力工作就會有晉升的可能。
   B 要有適時的機會才會有晉升的可能。
3. A 有沒有戀愛的對象須靠運氣而定。
   B 若常外出，接觸很多人，談戀愛的機會就會增加。
4. A 一個人活得長久與否，要看他的遺傳是否良好而定。
   B 有健康習慣的人較可能活得久。
5. A 一個人會太胖是因爲他的脂肪細胞一出生就比別人多。
   B 食量的多寡決定你會胖或是會瘦。
6. A 一個人只要按照計畫，每天都可以找出時間運動。
   B 人們常因太忙而無法抽出時間每天運動。
7. A 賭注下得好才是贏得撲克牌賭博的原因。
   B 賭撲克牌要贏，要看運氣好不好。
8. A 平時對婚姻的努力經營有助於維持長久的婚姻。
   B 婚姻的破裂常起因於選錯對象或運氣不好。
9. A 人民對政府具有影響力。
   B 個人對政府根本發揮不了影響的作用。
10. A 一個運動技巧很好的人，完全是因爲他天生有很好的運動協調能力。

B 運動技能很好的人，是因爲他很努力學習運動技巧的緣故。

11. A 一個人有好朋友，完全是因爲他運氣好，剛好碰上可以成爲好朋友的人。

B 要結交好朋友必須自己去努力追求。

12. A 你的未來好不好要看你遇到的人和機會而定。

B 你的未來如何，完全掌握在你自己手裡。

13. A 很多人都堅信自己，所以你根本很難去改變他們的意見。

B 只要有合乎邏輯的理由，很多人都會被你說服的。

14. A 我們可以決定自己生活的方向。

B 大部分的時候，我們無法掌握自己的未來。

15. A 不喜歡你的人，也不會瞭解你。

B 你可以讓那些你想要他們喜歡你的人來喜歡你。

16. A 你可以讓自己的生活快樂。

B 會不會快樂要看你的命而定。

17. A 你會評估別人的回饋，並且依此做出決定。

B 你很容易受別人影響。

18. A 如果有候選人的完整紀錄，我們可以選出較誠實的政治家。

B 政治和政治家的本質都是貪污、腐敗的。

19. A 父母、老師或老闆很能影響你的快樂或自我滿意的程度。

B 要不要快樂全看你自己。

20. A 只要大家都討厭髒空氣，空氣污染是可以防治的。
B 空氣污染是科技發展的產物，是無法避免的。

答案：

1. A 2. A 3. B 4. B 5. B 6. A 7. A 8. A 9. A 10. B
11. B 12. B 13. B 14. A 15. B 16. A 17. A 18. A 19. B 20. A

每對一題得一分，若得分在11分以上，那麼你比較傾向於內控人格，若是得分在10分以下，則傾向於外控人格。

附錄二　A型性格量表

	像我	不像我
1. 在說話時，我常把關鍵的字眼說得特別用力。	------	------
2. 表達一個句子，到最後幾個字時，我說話的速度會加快。	------	------
3. 我的動作、走路的步伐和吃飯的速度都很快。	------	------
4. 我常覺得日常生活中的大部分事情，步調太慢了。	------	------
5. 我會用「嗯嗯」、「是是」的回答來回應別人的問題，或乾脆打斷他的話來催促其講話速度。	------	------
6. 開車時，要是有一輛速度不快的車子擋在前面，我會很憤怒。	------	------
7. 我覺得要排很長的隊伍是很痛苦的。	------	------
8. 我常無法忍受別人做事情的速度太慢。	------	------
9. 我讀書時經常很快讀過去，並且希望能儘快得到結論。	------	------
10. 我常常同時做二件以上的事情。	------	------
11. 當我對某話題有興趣時，我總是忍不住要去談論它。	------	------
12. 當我休息幾個小時或幾天時，我會有莫名的罪惡感。	------	------

	像我	不像我
13. 對於一些重要的、有趣的事情，我不太去注意。	------	------
14. 因為我非常在乎讓事情變得有價值（having），而無暇去品味事情本身存在的價值（being）。	------	------
15. 我希望把行事曆排得愈滿愈好。	------	------
16. 我總是匆匆忙忙。		
17. 當遇見一個有活力的、有競爭性的人時，我總想向他挑戰。	------	------
18. 我講話時會習慣性的握拳、擊掌，或拍打桌面，用以強調自己說的話。	------	------
19. 我常常牙關緊閉，咬牙切齒。	------	------
20. 我相信自己某些成功乃由於自己做事情比別人快的緣故。	------	------
21. 我發現自己愈來愈會用數字來衡量自己和別人所做的事情。	------	------

如果以上的敘述都跟你自己很像的話，那麼你可能具有相當程度的A型性格，具有某種程度的攻擊性、競爭性，缺乏耐心，覺得時間緊迫，具有廣泛的敵意與不安全感，但是工作認眞負責，嚴格要求自己，十分自律。

附錄三　人際交往傾向量表

本問卷旨在瞭解您和他人互動情形．由於每個人有其個別的互動方式，因此，沒有所謂正確答案。本問卷主要是幫助您瞭解自己和您實際的互動行爲，所以請勿以「應該如何」的方式作答。本問卷有些題目很相似，請您依照事實將最好的答案寫在下列各問題的空格。

請將所選答案的號碼，塡寫在下列各題的題號前空格內。

6.常常(usually)　5.時常(often)　4.有時(sometimes)
3.偶爾(occasionally)　2.幾乎沒有(rarely)　1.從來沒有(never)

______ 1. 我設法與人相處。

______ 2. 我讓別人決定應如何做。

______ 3. 我參加社會團體。

______ 4. 我設法使自己和人們有密切的關係。

______ 5. 只要有機會，我樂意參加社會團體。

______ 6. 我允許別人影響我的活動。

______ 7. 我設法參與非正式的社交活動。

______ 8. 我設法和別人擁有密切的人際關係。

______ 9. 我儘量讓別人參與我的計畫。

______ 10. 我允許別人控制我的行爲。

______ 11. 我會設法使周圍經常有人。

______ 12. 與別人相處時，我設法取得較親密的關係。

______ 13. 大夥做事時我樂於參加。

______ 14. 我容易被人帶領。

______ 15. 我設法避免孤單。

______ 16. 我設法參加團體活動。

______ 17. 我設法友善的對待別人。

______ 18. 我讓別人決定應如何做。

______ 19. 我和別人的人際關係是冷漠而有距離的。

______ 20. 我樂意讓別人來管事。

______ 21. 我設法和人們擁有密切的關係。

______ 22. 我允許別人影響我的行動。

______ 23. 和別人相處時，我設法取得較密切的關係。

______ 24. 我樂意讓別人控制我。

______ 25. 我和別人保持冷漠而有距離。

______ 26. 我容易被人帶領。

______ 27. 我設法和別人有密切的人際關係。

______ 28. 我喜歡別人邀請我做事。

______ 29. 我喜歡別人與我親密相處。

______ 30. 我設法深深的影響別人的行動。

______ 31. 我喜歡別人邀請我參加他們的活動。

______ 32. 我喜歡別人親近我。

______ 33. 我與別人共處時，我設法去管理事情。

______ 34. 我喜歡人們有活動時將我算在內。

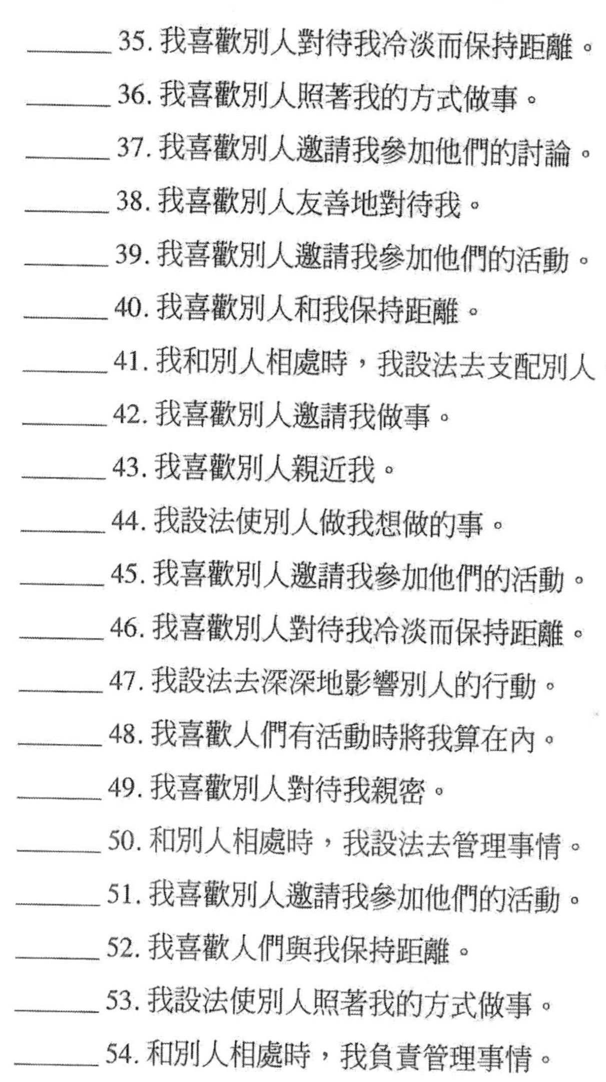

_______ 35. 我喜歡別人對待我冷淡而保持距離。

_______ 36. 我喜歡別人照著我的方式做事。

_______ 37. 我喜歡別人邀請我參加他們的討論。

_______ 38. 我喜歡別人友善地對待我。

_______ 39. 我喜歡別人邀請我參加他們的活動。

_______ 40. 我喜歡別人和我保持距離。

_______ 41. 我和別人相處時，我設法去支配別人。

_______ 42. 我喜歡別人邀請我做事。

_______ 43. 我喜歡別人親近我。

_______ 44. 我設法使別人做我想做的事。

_______ 45. 我喜歡別人邀請我參加他們的活動。

_______ 46. 我喜歡別人對待我冷淡而保持距離。

_______ 47. 我設法去深深地影響別人的行動。

_______ 48. 我喜歡人們有活動時將我算在內。

_______ 49. 我喜歡別人對待我親密。

_______ 50. 和別人相處時，我設法去管理事情。

_______ 51. 我喜歡別人邀請我參加他們的活動。

_______ 52. 我喜歡人們與我保持距離。

_______ 53. 我設法使別人照著我的方式做事。

_______ 54. 和別人相處時，我負責管理事情。

計分方式：只要你的答案符合特定題號的某些許可答案，就算1分。表列如下：

人際構面	層次	題號	許可答案
隸屬 Inclusion	實際表現	1	6、5、4
		3	6、5、4、3
		5	6、5、4、3
		7	6、5、4
		9	6、5
		11	6、5
		13	6、5
		15	6
		16	6
	理想期待	28	6、5
		31	6、5
		34	6、5
		37	6
		39	6
		42	6、5
		45	6、5
		48	6、5
		51	6、5

人際構面	層次	題號	許可答案
控制 Control	實際表現	30	6、5、4
		33	6、5、4
		36	6、5
		41	6、5、4、3
		44	6、5、4
		47	6、5、4
		50	6、5
		53	6、5
		54	6、5
	理想期待	2	6、5、4、3
		6	6、5、4、3
		10	6、5、4
		14	6、5、4
		18	6、5、4
		20	6、5、4
		22	6、5、4、3
		24	6、5、4
		26	6、5、4

人際構面	層次	題號	許可答案
情感 Affection	實際表現	4	6、5
		8	6、5
		12	6
		17	6、5
		19	3、2、1
		21	6、5
		23	6、5
		25	3、2、1
		27	6、5
	理想期待	29	6、5
		32	6、5
		35	2、1
		38	6、5
		40	2、1
		43	6
		46	2、1
		49	6、5
		52	2、1

如果你在每個不同人際構面的不同層次上，得分7分以上，表示你的需求很高，在3分以下則表示需求偏低。

附錄四　工作耗竭量表

在下面的描述中，你覺得適合形容自己，請打○；若不符合請打×。

______ 1. 你的工作效率衰退了。

______ 2. 在工作上，你的進取心降低了。

______ 3. 你已對工作失去興趣。

______ 4. 工作壓力比以前大。

______ 5. 你感到疲倦或虛弱。

______ 6. 你最近常頭痛。

______ 7. 你有胃痛的毛病。

______ 8. 你最近體重減輕。

______ 9. 你睡眠有問題。

______ 10. 你會感到呼吸短促。

______ 11. 你的心情常改變或沮喪。

______ 12. 你很容易就生氣。

______ 13. 你常有挫折感。

______ 14. 你比以前更會疑神疑鬼。

______ 15. 你比以前更覺得無助。

______ 16. 你使用較多藥物來改變你的情緒。

______ 17. 你變得越來越沒有彈性。

______ 18. 你變得更加挑剔自己和別人的能力。

______ 19. 你做的很多，但眞正做完的很少。

______ 20. 你覺得自己的幽默感減少。

如果有15題以上的題目，你都打○，你已經瀕臨耗竭。

如果有10題以上打○，就請你特別注意自己在職場上的工作狀況，是否壓力過大。也許需要藉助溝通的技巧來減輕你的心理負擔。

參考書目

中文部分

王政彥（1994），《溝通恐懼——面對人際溝通的焦慮與害怕》。台北：遠流。

李美枝（1995），《社會心理學》。台北：大洋。

李茂興、李慕華、林宗鴻（譯）（1994），《組織行爲》。台北：揚智。

林萬億（1985），《團體工作》。台北：三民。

苗延威、張君玫（譯）（1998），《社會互動》。台北：巨流。

高子梅（譯）（1996），《有效溝通》。台北：桂冠。

徐木蘭（1991），《行爲科學與管理》。台北：三民。

夏林清（1994），《大團體動力——理念、結構與現象之探討》。台北：張老師。

陳皎眉、鍾思嘉（1996），《人際關係》。台北：幼獅。

陳彰儀（1995），《組織心理學》。台北：心理。

湯淑貞（1994），《管理心理學》。台北：三民。

曾瑞眞、曾玲珉（譯）（1995），Verderber & Verderber，《人際關係與溝通》。台北：揚智。

黃嘉琳（譯）（1994），《你誤解了我的意思——正確解讀不同的談話風格》。台北：遠流。

黃惠惠（1995），《助人歷程與技巧》。台北：張老師。

蔡幸佑、彭敏慧（譯）（1996），《說服傳播》。台北：五南。

蔡伸章、吳思齊（譯）（1998），《肢體溝通》。台北：巨流。

鄧碧玉（譯）（1997），《自信訓練手冊——學習自尊、憤怒、溝通的藝術》。台北：遠流。

賴美惠（譯）（1994），《如何轉弱爲強》。台北：遠流。

蘇玲娜（譯）（1995），《談判高招》。台北：絲路。

英文部分

Abelson, R. P. (1976). "Script in Attitude Formation and Decision Making," in J. Carroll and T. Payne, eds., *Cognition and Social Behavior* (Hillsdale, N.J.: Erlbaum)

Alberts, J. K.(1990). "The Use of Humor in Managing Couples' Conflict Interactions," in Dudley D. Cahn, ed., *Intimates in Conflict: A Communication Perspective*. (Hillsdale, N.J.: Lawrence Erlbaum)

Arnold, W. E. & McClure, L. (1996). *Communication Training and Development*. Waveland Press, Inc.

Andersen, P. (1994). "Explaining Intercultural Differences in Nonverbal Communication," in Larry A. Samovar and Richard E. Porter, eds., *Intercultural Communication: A Reader,* 7th ed. (Belmont, Calif.: Wadsworth)

Aries, E. J. & Johnson, F. L. (1983) "Close Friendship in Adulthood: Conversational Content Between Same-Sex Friends," *Sex Roles* (December 1983): 1189.

Argyle, M. (1991) "Intercultural Communication," in Larry A. Samovar and Richard E. Porter, *Intercultural Communication: A Reader,* 6th ed. (Belmont, Calif: Wadsworth)

Argyle, M. & Furnham, A. (1983) "Sources of Satisfaction and Conflict in Long-Term Relationships," *Journal of Marriage and the Family 45* (August 1983): 490.

Argyle, M. & Henderson, M (1984). The rules of friendship. *The Journal of Social and personal Relationships,* 1, 211-237.

Arvey, R. D. & Campion, J. E. (1982) "The Employment Interview: A Summary and Review of Recent Research," *Personnel Psychology,* 35: 281-321.

Austin, W. (1980). Friendship and fairness: Effects of type of relationship and task performance on choice distribution rules. *Personality and Social Psychology Bulletin,* 6, 402-408.

Axtell, R. E. (1991). *Gestures: The Do's and Taboos of Body Language Around the World* (New York: Wiley)

Bach, K. & Harnish, R. M. (1979). *Linguistic Communication and Speech Acts* (Cambridge, Mass.: MIT Press)

Barker, L. Edwards, R. ; Gains, C. ; Gladnes, K. & Holley, F. (1980) "An Investigation of Proportional Time Spent in Various Communication Activities by College Students," *Journal of Applied Communication Research,* 8: 101-109.

Bass, B. M. (1990). Bass and Stogdill's Handbook of Leadership: Theory, *Research, and Managerial Applications,* 3rd ed. (New York: The Free Press)

Baxter, L. (1982). "Strategies for Ending Relationships; Two Studies," *Western Journal of Speech Communication*, 46: 223-241.

Bell, R. R. (1981) "Friendships of Women and Men," *Psychology of Women Quarterly,* (Spring 1981): 404.

Berg, J. H. & Derlega, V. J. (1987) "Themes in the Study of Self-Disclosure," in John H. Berg and Valerian J. Derlega, eds., *Self-Disclosure: Theory, Research, and Therapy* (New York: Plenum Press)

Berger, C. R. & Brada, J. J.(1982). *Language and Social Knowledge: Uncertainty in Interpersonal Relations* (London: Arnold).

Berger, C. R. (1985). "Social Power in Interpersonal Communication," in M. L. Knapp and G. R. Miller, eds., *Handbook of Interpersonal Communication* (Beverly Hills, Calif.: Sage)

Berko. R. M., Wolvin, A. D. & Wolvin, D. R. (1989). *Communicating : A Social and Career Focus*. Houghton Mifflin Co.

Berscheid, E (1985). Interpersonal attraction. In G. Lindzey & E. Aronson. (Eds.), *Hand book of Social psychology.* 3rd ed., 2, 413-484. New York: Random House.

Berscheid, E. & Walster, E. (1985). *Interpersonal Attraction,* 2nd ed. (Reading, Mass.: Addison-Wesley)

Bloch, J. D. (1980). *Friendshi* (New York: Macmillan)

Bochner, A. P. (1984) "The Functions of Human Communicating in Interpersonal Bonding," in Carroll C. Arnold and John Waite Bowers, eds., *Handbook of Rhetorical and Communication Theory* (Needham Heights, Mass.: Allyn & Bacon)

Brammer, L. M. (1993). *The Helpering Relationship - Process and Skills*. Allyn and Bacon, Inc.

Breckler, S. J. (1993). "Emotion and Attitude Change," in Michael Lewis and Jeannette M. Haviland, eds., *Handbook of Emotions* (New York: Guilford Press)

Britchnell, J. (1990). *Interpersonal theory: Criticism, modification, and elaboration*. Human Relation, 43,(12), 1183-1201.

Brown, J. D. & Smart, S. A. (1991) "The Self and Social Conduct: Linking Self-Representations to Prosocial Behavior," *Journal of Personality and Social Psychology* (1991): 368.

Burgoon, J. K.; Buller, D. B. & Woodall, W. G. (1989). *Nonverbal Communication: The Unspoken Dialogue* (New York: Harper & Row)

Burgoon, J. K.; Walther, J. B. & Baesler, E. J. (1992)." Interpretations, Evaluations, and Consequences of Interpersonal Touch," *Human Communication Research* 19: 259.

Cahn, D. D. (1990). "Intimates in Conflict: A Research Review," in Dudley D. Cahn, eds., *Intimates in Conflict: A Communication Perspective* (HiJIsdale, N.J.: Lawrence Erlbaum)

Campbell, J. D. (1990). "Self-Esteem and Clarity of the Self-Concept," *Journal of Personality and Social Psychology* 59: 538.

Campbell, R. J.; Kagan, N. & Krathwohl, D. R. (1971)." The Development and Validation of a Scale to Measure Affective Sensitivity (Empathy)," *Journal of Counseling Psychology*, 18: 407.

Canary, D. J. & Stafford, L. (1992) "Relational Maintenance Strategies and Equity in Marriage," *Communication Monographs*, 59 (September 1992): 259.

Cate, R. M. Lloyd, S. A. & Long, E. (1988). The role of rewards and fairness in developing premartial relationships. *Journal of Marriage and the Family,* 50, 4433-452.

Cegala, D. J. & Sillars, A. L. (1989). "Further Examination of Nonverbal Manifestations of Interaction Involvement," *Communication Reports,* 2 : 45.

Centi, P. J. (1981). *Up with the Positive: Out with the Negative* (Englewood Cliffs,N.J: Prentice Hall)

Chebat, J. C. ; Filiatrault, P. & Perrien, J. (1990)."Limits of Credibility: The Case of Political Persuasion," *Journal of Social Psychology,* 130 (April 1990): 165.

Cloven, D. H. & Roloff, M. E. (1991)." Sense-Making Activities and Interpersonal Conflict: Communicative Cures for the Mulling Blues," *Western Journal of Speech Communication,* 55 (Spring 1991): 136.

Cody, M. J. & McLaughlin, M. L. (1986). "Situation Perception and Message Strategy Selection," in Margaret L. McLaughlin, eds., *Communication Yearbook,* 9 (Beverly Hills, Calif.: Sage)

Cogger, J. W. (1982)."Are You a Skilled Interviewer?" *Personnel Journal,* 61: 842-843.

Coombs, C. H. (1987). "The Structure of Conflict," *American Psychologist,* 42 : 355-363.

Corey, M. S. & Corey, G. (1998). *Becoming a Helper.* Brooks/Cole Publishing Co.

Cormier, W. H. & Cormier, L. S. (1991). I*ntervering Strategies for Helpers - Fundamental Skills and Cognitive Behavioral Inerventions*. Brooks/Cole Publishing Co.

Crable, R. E. (1981). *One to Another.: A Guidebook for Interpersonal Communication*. New York : Harper and Raw.

Cupach, C. R. & Metts, S. (1986)."Accounts of Relational Dissolution: A comparison of Marital and Non-marital Relationships," *Communication Monographs,* 53:319-321.

Davidson, L. R. & Duberman, L. (1982)."Friendship: Communication and Interactional Patterns in Same-Sex Dyads," *Sex Roles* (August 1982): 820.

Davitz, J. R. (1964). *The Communication of Emotional Meaning*. (New York: McGraw-Hill)

Deal, T. & Kennedy, A. (1982). *Corporate Cultures* (Reading, Mass.: Addison-Wesley)

Deaux, K. , Dane, F. C. & Wrightsman, L. S. (1993). *Social Psychology,* 5th ed. (Belmont, Calif.: Wadsworth)

Demo, D. H. (1987). "Family Relations and the Self-Esteem of Adolescents and Their Parents," *Journal of Marriage and the Family,* 49: 705-715.

DeVito J. A. (1994). *Human Communication - The Basic Course*. Harper Collins College Publishers.

Duck, S. & Gilmour, R. (ed) (1981). *Personal Relationships* (London: Academic Press)

Duncan, S. Jr. & Fiske, D. W. (1977). *Face-to-Face interaction: Research, Methods, and Theory* (Hilisdale, N.J.: Erlbaum)

Egan, G. (1998). *The Skilled Helper - A Problem-Management Approach To Helping*. Brooks/Cole Publishing Co.

Ekman, P. & Friesen, W. V. (1969)."The Repertoire of Nonverbal Behavior: Categories, Origins, Usage, and Coding," *Semiotica,* I: 49-98.

Ekman, P. & Friesen, W. V. (1975). *Unmasking the Face* (Englewood Cliffs, N.J.: Prentice-Hall).

Ekman, P. & Oster, H. (1979). "Facial Expression of Emotion," *Annual Review of Psychology,* 30: 527-554.

Ellis, D. G.& Fisher, B. A. (1994). *Small Group Decision Making - Communication and The Group Process*. McGraw-Hill, Inc.

Estes, W. K. (1989). "Learning Theory," in Alan Lesgold and Robert Glaser, eds., *Foundations for a Psychology of Education* (Hilisdale, N.J.: Erlbaum).

Fazio, R. H., Sherman, S. J. & Herr, P. M. (1982)."The Feature-Positive Effect in the Self-Perception Process: Does Not Doing Matter as Much as Doing?"

Journal of Personality and Social Psychology, 42 : 411.

Feldman, D. C. (1981)."The Multiple Socialization of Organization Members," *Academy of Management Review*, 6 : 309-318.

Feldman, R. S.; Philippot, P. &Custrini, R. J. (1991). "Social Competence and Nonverbal Behavior," in Robert S. Feidman and Bernard Rime, eds., *Fundamentals of Nonverbal Behavior* (New York: Cambridge University Press)

Fiedler, F. E. (1967). *A Theory of Leadership Effectiveness* (New York: McGraw-Hill).

Fischer, J. L. & Narus, L. R. Jr. (1981). "Sex Roles and Intimacy in Same Sex and Other Sex Relationships," *Psychology of Women Quarterly* (Spring 1981): 449.

Fisher, B. A. &. Adams, K. L. (1994). *Interperonal Communication - Pragmatics of Human Relationships*. McGraw-Hill, Inc.

Forgas, J. P. (1991). "Affect and Person Perception," in Joseph P. Forgas, ed., *Emotion and Social Judgments* (New York: Pergamon Press)

Forgas, J. P., Bower, G. H. & Moylan, S. J. (1990). "Praise or Blame? Affective Influences on Attributions for Achievement," *Journal of Personality and Social Psychology*, 59: 809.

Forsyth, D. R. (1990). *Group Dynamics*. Brooks/Cole Publishing Co.

French, J. R. P. Jr. & Raven, B. (1968). "The Bases of Social Power," in Dorwin Cartwright and Alvin Zander, eds., *Group Dynamics*, 3rd ed. (New York: Harper & Row)

Gazda, G. et al., (1984). *Human Relations Development: A Manual for Educators*, 3rd ed. (Needham Heights, Mass.: Allyn & Bacon)

Gorham, J. (1988). "The Relationship Between Verbal Teacher Immediacy Behaviors and Student Learning," *Communication Education*, 37: 51.

Graen, G. (1976). "Role Making Processes Within Complex Organizations," in M. D. Dunette, ed., *Handbook of Industrial and Organizational Psychology* (Chicago: Rand McNally)

Grice, H. P. (1975). "Logic and Conversation," in Peter Cole and Jerry L. *Morgan,eds. Syntax and Semantics,* Vol. 3: Speech Acts (New York: Academic Press)

Grove, T. G. & Werkman, D. L. (1991). "Conversations with Able-Bodied and Visibly Disabled Strangers: An Adversarial Test of Predicted Outcome Value and Uncertainty Reduction Theories," *Human Communication Research,* 17 (June 1991): 507.

Gudykunst, W. B. & Kim, Y. Y. (1992). *Communicating with Strangers: An Approach to Intercultural Communication,* 2nd ed. (New York: McGraw-Hill)

Hall, E. T. (1959). *The Silent Language* (Greenwich, Conn.: Faweett)

Hall, E. T. (1969). *The Hidden Dimension* (Garden City, N.Y.: Doubleday)

Hall, E. T. (1976). *Beyond Culture* (New York: Doubleday)

Hare, P. (1976). *Handbook of Small Group Research, 2nd ed.* (New York: The Free Press)

Hattie, J. (1992). *Self-Concept* (Hilisdale, N.J.: Erlbaum)

Healey, J. G. & Bell, R. A. (1990)."Assessing Alternative Responses to Conflicts in Friendship," in Dudley D. Cahn, ed., *Intimates in Conflict: A Communication Perspective* (HiJIsdale, N.J.: Lawrence Erlbaum)

Hill, C. T. & Stull, D. E. (1987). "Gender and Self-Disclosure: Strategies for Exploring the Issues," in John H. Berg and Valerian J. Derlega, eds., *Self-Disclosure: Theory, Research, and Therapy* (New York: Plenum Press)

Hinken, T. R. & Schriesheim, C. A. (1989). "Development and Application of New Scales to Measure the French and Raven(1959)Bases of Social Power" *Journal of Applied Psychology,* 74:561-567

Hobbs, J. R. & Evans, D. A. (1980). "Conversation as Planned Behavior," *Cognitive Science,* 4: 349-377.

Hodgson, J. W. & Fischer, J. L. (1979). "Sex Differences in Identity and Intimacy Development," *Journal of Youth and Adolescence,* 8: 47.

Hollman, T. D. (1972). "Employment Interviewer's Errors in Processing Positive

and Negative Information," *Journal of Psychology,* 56: 130-134.

Holloway, E. L. (1995). Clinical Supervision- A System Approach. Sage Publications, Inc.

Jablin, F. M. (1985). "Task/Work Relationships: A Life-Span Perspective," in Mark L. Knapp and Gerald R. Miller, eds., *Handbook of Interpersonal Communication* (Beverly Hills, Calif.: Sage)

Jensen, A. D. & Chilberg, J. C. (1991). *Small Group Communication: Theory and Application* (Belmont, Calif.: Wadsworth)

Jick, T. D. (1993)."The Vision Thing (B)," in T. D. Jick, *Managing Change: Cases and Concepts* (Homewood, III.: Irwin)

Johnson, D. W. & Johnson, F. P. (1991). *Joining Togather - Group Theory and Group Skills*. Prentice-Hall International, Inc.

Jones, E. E. (1990). *Interpersonal Perception* (New York: W. H. Freeman)

Jordan, J. V. (1991). "The Relational Self: A New Perspective for Understanding Women's Development," in Jaine Strauss and George R. Goethals, eds., *The Self: Inter-disciplinary Approaches* (New York: Springer-Verlag)

Judd, C. M. & Park, B. (1993). "Definition and Assessment of Accuracy in Social Stereotypes," *Psychological Review,* 100 (January 1993):111.

Keller, P. W. & Brown, C. T. (1968). "An Interpersonal Ethic for Communication," *Journal of Communication*, 18: 79.

Kellermann, K. (1992). "Communication: Inherently Strategic and Primarily Automatic," *Communication Monographs,* 59 (September): 288.

Kellermann, K. & Reynolds, R. (1990). "When Ignorance Is Bliss: The Role of Motivation to Reduce Uncertainty in Uncertain Reduction Theory," *Human Communication Research,* 17 (Fall 1990): 67.

Kelly, L. (1982). "A Rose by Any Other Name Is Still a Rose: A Comparative Analysis of Reticence, Communication Apprehension, Unwillingness to Communicate, and Shyness," *Human Communication Research,* 8:102.

Kennedy, C. W. & Camden, C. T. (1983). "A New Look at Interruptions,"*Western Journal of Speech Communication,* 47: 55.

Kerr, N. L. (1992). "Issue Importance and Group Decision Making," in Stephen Worchel, Wendy Wood, and Jeffry A. Simpson, ed., *Group Process and Productivity* (Newbury Park, Calif.: Sage)

Knapp, M. L. & Hall, J. A. (1992). *Nonverbal Communication in Human Interaction,* 3rd ed. (New York: Holt, Rinehart & Winston)

Kotlowitz, A. (1991). *There Are No Children Here: The Story of Two Boys Growing up in the Other America* (New York: Doubleday)

Krannich, R. L. & Banis, W. J. (1990). *High Impact Resumes and Letters,* 4th ed. (Woodbridge, Va.: Impact Publications)

Lazes, P. & Falkenberg, M. (1991)." Workgroups in America Today," *Journal for Quality and Participation,* 14(3): 58-69

Leathers, D. G. (1992). *Successful Nonverbal Communication: Principles and Applications,* 2nd ed. (New York: Macmillan)

Lee, J. A. (1973). *The Colors of Love: An Exploration of the Ways of Loving* (Don Mills, Ont.: New Press).

Levine, D. (1985). *The Flight from Ambiguity* (Chicago: University of Chicago Press)

Lewis, R. A. (1978). "Emotional Intimacy Among Men," *Journal of Social Issues,* 34: 108-121.

LittleJohn, S. (1992). *Theories of Human Communication,* 4th ed. (Belmont, Calif.: Wadsworth)

Luscig, M. W. & Koester, J. (1993). *Intercultural Competence: Interpersonal Communication Across Cultures*. (New York: Harper Collins)

Marche, T. A. & Peterson, C. (1993). "The Development and Sex-Related Use of Interruption Behavior," *Human Communication Research,* 19 (March 1993): 405.

Marcus, L. (1979). Communication concepts and principles. In Francis J. Turner(ed.). *Social Work Treatment: Interlocking Theoretical Approaches,* 2nd., New York : The Free Press.

Markus, H. & Nurius, P. (1986). "Possible Selves," *American Psychologist,*

41:954-969.

Markus H. R. & Kitayama, S. (1991). "Cultural Variation in the Self-Concept," in Jaine Strauss and George R. Goethals, eds., *The Self: Interdisciplinary Approaches* (New York: Springer-Verlag)

McGill, M. E. (1985). *The McGill Report on Male Intimacy* (New York: Holt, Rinehart and Winston, 1985)

McLaughlin, M. L. (1984). Conversation: How Talk Is Organized (Newbury Park, Calif.: Sage)

Miller, G. R., Boster, F. J., Roloff, M. E. & Seibold, D. R. (1987). "MBRS Rekindled: Some Thoughts on Compliance Gaining in Interpersonal Settings," in Michael E. Roloff and Gerald R. Miller, eds., *Interpersonal Processes: New Directions in Communication Research* (Beverly Hills, Calif.: Sage)

National Institutes of Health, (1982). *Hearing Loss* (Washington, D.C.: National Institutes of Health)

Newton, D. A. & Burgoon, J. K. (1990). "Nonverbal Conflict Behaviors: Functions, Strategies, and Tactics," in Dudley D. Cahn, ed., *Intimates in Conflict: A Communication Perspective* (Hillsdale, N.J.: Lawrence Erlbaum)

Nofsinger, R. E. (1991). *Everyday Conversation* (Newbury Park, Calif.: Sage)

Noller, P. (1987). "Nonverbal Communication in Marriage," in Daniel Perlman and Steve Duck, eds., *Intimate Relationships: Development, Dynamics, and Deterioration* (Newbury Park, Calif.: Sage)

Noller, P. & Fitzpatrick, M. A. (1993). *Communication in Family Relation ships* (Englewood Cliffs, N.J.:Prentice Hall)

Ogden, C. K. & Richards, I. A. (1923). *The Meaning of Meaning* (London: Kegan, Paul, Trench, Trubner)

O'Hair, D. & Cody, M. J. (1987). "Machiaveilian Beliefs and Social Influence," *Western Journal of Speech Communication,* 51 (Summer 1987): 286-287.

Patterson, B. R. ; Bettini, L. & Nussbaum, J. F.(1993). "The Meaning of Friendship Across the Life-span: Two Studies," *Communication Quarterly,*

41 (Spring): 145.

Pearson, J. C., Turner, L. H. & Todd-Mancillas, W. (1991). *Gender and Communication*, 2nd ed. (Dubuque, Iowa: Wm. C. Brown)

Pleck, J. H. (1975). "Man to Man: Is Brotherhood Possible?" in N. Glazer-Malbin, ed., *Old Family/New Family: Interpersonal Relationships* (New York: Van Nostrand)

Pogrebin, L. C. (1987). *Among Friends: Who We Like, Why We Like Them, and What We Do With Them* (New York: McGraw-Hill)

Reardon, K. K. (1987). *Interpersonal Communication: Where Minds Meet* (Belmont, Calif.: Wadsworth)

Redding, W. C. (1972). *Communication Within the Organization: An Interpretive Review of Theory and Research* (New York: Industrial Communication Council)

Richards, A. (1965). *The Philosophy of Rhetoric* (New York: Oxford University Press)

Richmond, V. P. & McCroskey, J. C. (1989). *Communication: Apprehension, Avoidance, and Effectiveness*, 2nd ed. (Scottsdale, Ariz.: Gorsuch Scarisbrick)

Roloff, M. E. & Cloven, D. H. (1990). "The Chilling Effect in Interpersonal Relationships: The Reluctance to Spealt Ones Mind," in Dudley D. Cahn, eds., *Intimates in Conflict: A Communication Perspective* (Hilisdale, N.J.: Lawrence Erlbaum)

Rubin, Z. (1973). *Liking and Loving: An Invitation to Social Psychology*. New York : Holt, Rinehart and Winston.

Samovar, L. A. & Porter, R. E. (1991). *Communication Between Cultures* (Belmont, Calif.: Wadsworth)

Schutz, W. (1966). *The Interpersonal Underworld* (Palo Alto, Calif.: Science and Behavior Books)

Shaw, M. E. (1981). *Group Dynamics: The Psychology of Small Group Behavior*, 3rd ed. (New York: McGraw-Hill)

Sillars, A. L. & Weisberg, J. (1987). "Conflict as a Social Skill," in Michael E, Roloff and Gerald R. Miller, eds., *Interpersonal Processes: New Directions in Communication Research* (Beverly Hills, Calif.: Sage)

Spitzberg, B. H. & Cupach, W. R. (1984). *Interpersonal Communication Competence* (Beverly Hills, Calif.: Sage)

Steil, L. K. ; Barker, L. L. & Watson, K. W. (1983). *Effective Listening* (Reading, Mass.: Addison-Wesley)

Sternberg, R. J.(1986). "A Triangular Theory of Love," *Psychological Review,* 93 : 119-135.

Tannen, D. (1990). *You Just Don't Understand* (New York:Morrow)

Tannen, D. (1990). *You Just Don't Understand: Women and Men in Conversation* (New York: Ballantine)

Taylor, S. E.; Peplau, L. A. & Sears, D. O. (1997). *Social Psychology.* 9th., New York :Prentice-Hall, Inc.

Temple, L. E. & Loewen, K. R. (1993). "Perceptions of Power: First Impressions of a Woman Wearing a Jacket," *Perceptual and Motor Skills,* 76 (February 1993), 345.

Tengler, C. D. & Jablin, F. M. (1983). "Effects of Question Type, Orientation, and Sequencing in the Employment Screening Interview," *Communication Monographs,* 50: 261.

Thibaut, J. W. & Kelley, H. H. (1986). *The Social Psychology of Groups,* 2nd ed. (New Brunswick, N.J.: Transaction Books).

Trenholm, S. (1989). *Persuasion and Social Influence* (Englewood Cliffs, N.J.: Prentice Hall)

Trenholm, S. (1991). *Human Communication Theory,* 2nd ed. (Englewood Cliffs, N.J.: Prentice Hall)

Watziawick, P. ; Beavin, J. H. & Jackson, D. D. (1967). *Pragmatics of Human Communication* (New York: W. W. Norton)

Weiten, W. (1989). *Psychology: Themes and Variations* (Pacific Grove, Calif.: Brooks/Cole)

Wheeless, L. R., Barraclough, R. & Stewart, R. (1983). "Compliance- Gaining and Power in Persuasion," in Robert N. Bostrom, ed., *Communication Yearbook* (Beverly Hills, Calif.: Sage)

Whetten, D. A. & Cameron, K. S. (1991). *Developing Management Skills*, 2nd ed. (New York: HarperCollins)

White, R. & Lippitt, R. (1968). "Leader Behavior and Member Reaction in Three 'Social Climates'," in Dorwin Cartwright and Alvin Zander, eds., *Group Dynamics*, 3rd ed. (New York: Harper & Row)

Wilson, John A. R., Robick, M. C. & Michael, W. B. (1974). *Psychological foundations of Learning and Teaching*, 2nd ed. (New York: McGraw-Hill)

Wolvin, A. & Coakley, C. G. (1992). *Listening*, 4th ed. (Dubuque, Iowa: Wm. C. Brown)

Wood, J. T. (1994). *Gendered Lives: Communication, Gender, and Culture* (Belmont, Calif.: Wadsworth)

Wood, J. T. & Inman, C. C. (1993). "In a Different Mode: Masculine Styles of Communicating Closeness," *Journal of Applied Communication Research*, 21 (August): 291.

Zebrowitz, L. A. (1990). *Social Perception* (Pacific Grove, Calif.: Brooks/Cole)

心理學叢書

人際關係與溝通技巧〔精華版〕

編 著 者／鄭佩芬、王淑俐
校　　閱／曾華源
出 版 者／揚智文化事業股份有限公司
發 行 人／葉忠賢
總 編 輯／閻富萍
地　　址／台北縣深坑鄉北深路三段 260 號 8 樓
電　　話／(02)8662-6826
傳　　真／(02)2664-7633
E-mail ／service@ycrc.com.tw
印　　刷／鴻慶印刷事業有限公司
ISBN ／978-957-818-869-3
初版九刷／2014 年 2 月
定　　價／新台幣 380 元

國家圖書館出版品預行編目資料

人際關係與溝通技巧= Interpersonal relationships and communication skills / 鄭佩芬, 王淑俐編著. -- 初版. -- 臺北縣深坑鄉：揚智文化, 2008.07

面； 公分（心理學叢書）

精華版

參考書目：面

ISBN 978-957-818-869-3（平裝）

1.人際關係 2.溝通技巧

177.3 97004316